MÉTAPHYSIQUE

Livre Êta

LA *MÉTAPHYSIQUE* D'ARISTOTE

sous la direction de
David LEFEBVRE et Marwan RASHED

Cette série offre une traduction nouvelle de cette œuvre fondamentale.
L'introduction et une riche annotation réinscrivent chaque livre
dans l'ensemble du projet métaphysique.
Chaque auteur propose un commentaire à la fois textuel et philosophique
qui veut prendre acte du renouveau des études aristotéliciennes.

PARU

Livre Delta, par Richard Bodéüs et Annick Stevens
Livre Epsilon, par Enrico Berti

À PARAÎTRE

Livre Lambda, par Fabienne Baghdassarian

BIBLIOTHÈQUE DES TEXTES PHILOSOPHIQUES

Fondateur : Henri Gouhier   Directeur : Emmanuel Cattin

ARISTOTE

MÉTAPHYSIQUE

LIVRE ÈTA

Introduction, traduction et commentaire
par
Pierre-Marie Morel

*Ouvrage publié avec le soutien de l'Université Paris 1 Panthéon-Sorbonne
et de l'Institut Universitaire de France*

PARIS
LIBRAIRIE PHILOSOPHIQUE J. VRIN
6, place de la Sorbonne, V e
2015

© *Librairie Philosophique J. VRIN*, 2015

Imprimé en France

ISSN 0249-7972
ISBN 978-2-7116-2648-9

www.vrin.fr

ABRÉVIATIONS

Ouvrages d'Aristote :

Cat. : *Catégories*
De Int. : *De l'interprétation*
An. Pr. : *Premiers analytiques*
An. Post. : *Seconds Analytiques*
Top. : *Topiques*
Soph. El. : *Réfutations sophistiques*
GC : *De la génération et la corruption*
Phys. : *Physique*
DC : *Du ciel*
Meteor. : *Météorologiques*
DA : *De l'âme*
PN : *Parva naturalia*
De sensu : *De la sensation et des sensibles*
De Mem. : *De la mémoire et de la réminiscence*
De Somno : *Du sommeil et de la veille*
De Ins. : *Des rêves*
De Divin. : *De la divination dans le sommeil*
De Long. : *De la longévité et de la vie brève*
De Juv. : *De la jeunesse et de la vieillesse*
De Resp. : *De la respiration*
De Vit. : *De la vie et de la mort*
HA : *Histoire des animaux*
PA : *Parties des animaux*
MA : *Mouvement des animaux*
IA : *Marche des animaux/Locomotion des animaux*
GA : *Génération des animaux*
Metaph. [1] : *Métaphysique*

---

1. *N.b.* : dans le cours du texte, les références à la *Métaphysique* seront généralement données sans mention du titre de l'œuvre.

EN : *Éthique à Nicomaque*
Pol. : *Politique*
Rhet. : *Rhétorique*

Auteurs modernes :

Bonitz, *Ind. Ar.* : Bonitz H., *Index aristotelicus*, Berlin, 1970; 2ᵉ éd., Graz, 1955.
Bostock : Aristotle. *Metaphysics*. Books *Z* and *H*, translated with a commentary by D. Bostock, Clarendon Press, 1994.
Burnyeat, *Map* : Burnyeat M., *A Map of* Metaphysics *Zeta*, Pittsburg, Mathesis Publications, 2001.
F-P : Frede M., Patzig G., *Aristoteles Metaphysik Z*, Text, Übersetzung und Kommentar, München, 1988, vol. II.
Notes : *Notes on H-Θ of Aristotle's Metaphysics*, being the record by M. Burnyeat and others, Oxford, 1984.
Ross : *Aristotle's Metaphysics*. Text with Introduction and Commentary by D. Ross, Oxford, Clarendon Press, 1924; 1958; 1966, vol. II.

Commentateurs antiques et médiévaux :

Ps.-Alex., *In Metaph.* : Pseudo-Alexandre d'Aphrodise, commentaire à la *Métaphysique*.
Thomas d'Aquin, *Sent. Metaph.* : Thomas d'Aquin, commentaire à la *Métaphysique*.

LE LIVRE ÈTA ET L'UNITÉ DE LA SUBSTANCE :
MATIÈRE ET FORME DANS LA *MÉTAPHYSIQUE*

Le Livre *Èta*[1] est au cœur du projet qui est celui d'Aristote dans les livres centraux de la *Métaphysique* : répondre à la question névralgique de la philosophie première, « qu'est-ce que la substance ? ». Pour qui, cependant, veut le prendre comme un tout, il apparaît comme un ensemble désordonné de remarques sans unité immédiatement saisissable. Son objet même fait question.

Il n'est pas étonnant, dans ces conditions, que peu de spécialistes en aient proposé une lecture interne. Du reste, il n'a pas toujours eu les faveurs des commentateurs. Dans l'ombre du livre Z, où la question de l'*ousia*, de la substance, est abordée de la manière la plus frontale, il en est apparu le plus souvent comme un simple résumé synthétique complété de quelques précisions sans enjeux véritables. De fait, H1 commence par un sommaire de Z, ou d'une partie de celui-ci, ce qui a pu laisser croire que le petit livre H n'était qu'un appendice du livre qui le précède[2]. Le dernier chapitre du livre (H6) a

---

1. Livre VIII de la *Métaphysique*, toujours désigné ci-dessous par la lettre grecque : H. Il constitue l'un des livres communément qualifiés de « centraux » : Z, H, Θ.

2. On a parfois contesté, comme V. Décarie, *L'objet de la métaphysique selon Aristote*, Montréal-Paris, Vrin, 1961 ; 1972², p. 153, non seulement l'intérêt de H, mais aussi son lien effectif avec Z, au point de voir en H une simple « discussion différente du même problème » et en H1 un « résumé des plus suspects ». D. Devereux, « The relationship between Books Zeta and Eta of Aristotle's *Metaphysics* », *Oxford Studies in Ancient Philosophy* XXV, Winter 2003, p. 159-211, émet pour sa part l'hypothèse selon laquelle H serait un vestige non révisé de la version originale de l'ensemble Z-H. Il serait donc antérieur à Z dans son état actuel.

suscité chez les interprètes récents une curiosité particulière, sans doute parce qu'il est explicitement associé à la conception aristo-télicienne de la substance entendue comme forme, et ainsi de la défi-nition. Cela s'est fait le plus souvent au détriment des cinq chapitres précédents[1].

Le livre H en tant que tel a fait l'objet d'une attention plus soutenue à partir des années 1980, dans le sillage de l'intérêt nouveau que l'on a porté alors au livre Z[2]. Cette réévaluation est due notam-ment à l'influence des *Notes* du Groupe de Londres[3]. Il a néanmoins fallu un certain temps pour que les arguments de H soient admis au même rang que ceux de Z[4]. Le début des années 2000 a été marqué, de ce point de vue, par les observations très éclairantes de M. Burnyeat dans son livre *A Map of Metaphysics Zeta*. M. Burnyeat

1. Parmi les exceptions, voir M.L. Gill, « *Metaphysics* H 1-5 on Perceptible Substances », *in* C. Rapp (ed.), *Aristoteles. Metaphysik. Die Substanzbücher (Z-H-Θ)*, Berlin, Akademie Verlag, 1996, p. 209-228 ; S. Menn, « *Metaphysics* Z10-16 and the Argument-Structure of *Metaphysics* Z », *Oxford Studies in Ancient Philosophy* XXI, Winter 2001, p. 83-134 (p. 133) ; E.C. Halper, *One and Many in Aristotle's* Metaphysics. *The Central Books*, Columbus, 1ʳᵉ éd. : Ohio State University Press, 1989 ; 2ᵉ éd. : Parmenides Publishing, 2005 ; S.G. Seminara, *Matter and Explanation. On Aristotle's* Metaphysics *Book H*, Thèse, École normale supérieure de Lyon-Università degli studi Roma Tre, 2014.

2. Je pense en particulier au commentaire de Z par M. Frede et G. Patzig, *Aristoteles Metaphysik Z, Text, Übersetzung und Kommentar*, 2 vol., München, 1988 (ci-dessous : F-P). Pour une bibliographie complète sur Z et un état de la question détaillé, voir G. Galluzzo, M. Mariani, *Aristotle's Metaphysics Book Z : The Contemporary Debate*, Pisa, Edizioni della Normale, 2006 et la traduction avec commentaire de G. Galluzzo, dans la présente série (à paraître). Voir également M.L. Gill, « Aristotle's *Metaphysics* Reconsidered », *Journal of History of Philosophy* 43, 2005-3, p. 223-251.

3. M. Burnyeat, *Notes on H-Θ of Aristotle's Metaphysics*, being the record by M. Burnyeat and others, Oxford, 1984 (ci-dessous : *Notes*). Les *Notes* ne donnent pas pour autant d'interprétation globale de H et leurs auteurs estiment que, si nous étions privés du chapitre 6, le reste du livre serait sans grand intérêt. Voir *Notes*, p. 45.

4. Il est révélateur que le livre H ne soit pas mentionné dans la discussion entre M. Frede et D. Morrison sur le problème de la définition des substances sensibles. Voir M. Frede, « The Definition of Sensible Substances in *Metaphysics* Z », dans D. Devereux, P. Pellegrin (éd.), *Biologie, logique et métaphysique chez Aristote*, Actes du Séminaire C.N.R.S.-N.S.F., Oléron, 28 juin-3 juillet 1987, Paris, 1990, p. 113-129, et D. Morrison, « Some Remarks on Definition in *Metaphysics* Z », dans D. Devereux, P. Pellegrin (éd.), *op. cit.*, p. 131-144. Frede défend la thèse selon laquelle il n'y a pas de définition, au sens strict et traditionnel, de la substance sensible. Sa démarche n'est pas illégitime au sens où il la contient dans les limites définies par le livre Z lui-même. Cependant, la question se pose aujourd'hui de savoir si l'on peut précisément traiter du *logos tês ousias*, et en particulier de la définition de la substance sensible, sans prendre H en compte.

estime notamment que c'est en H que l'on doit s'attendre à trouver le cœur même de ce que l'on considère comme la « métaphysique » d'Aristote[1]. Comme nous le verrons, en effet, Burnyeat propose d'associer très étroitement H en son entier à Z17 et de prendre l'ensemble formé par Z et H comme un tout dont Z1-16 et Z17-H seraient les deux parties constitutives[2]. S. Menn entend aller plus loin encore dans cette direction en affirmant que H confère à Z17 un rôle décisif pour répondre à l'aporie cruciale de Z13, sur laquelle nous reviendrons plus loin, à savoir qu'aucune *ousia* ne peut être composée de non-*ousiai* ou d'*ousiai* qui seraient présentes en elle en acte[3]. Il n'en demeure pas moins que le livre H, hormis dans les commentaires qui lui ont été consacrés pour des nécessités éditoriales[4], est le plus souvent, ou bien traité comme un ensemble décousu de remarques ponctuelles, ou bien réduit à son dernier chapitre.

J'entends montrer ici que H mérite pour lui-même une attention particulière, non seulement parce qu'il exprime certains acquis antérieurs d'une manière qui lui est propre, mais également parce qu'il produit des résultats nouveaux par rapport au livre Z. La particularité la plus visible de H est de formuler en termes de puissance et d'acte la question de l'unité de la substance composée. À la lumière de cette dualité des manières d'être, Aristote étudie directement le rapport entre la matière et la forme, rapport que l'on qualifie communément d'« hylémorphique » et qui constitue la substance composée. Toutefois, l'apport de H ne peut se réduire à une simple reformulation, à un nouvel habillage conceptuel destiné à illustrer un hylémorphisme qui irait désormais de soi. C'est au livre H que la double équivalence de la matière et de la puissance, d'un côté, de la forme et de l'acte, de l'autre, est explicitement présentée comme la solution du problème de l'unité de la substance et de la définition.

Cette explication de l'unité de la substance est d'une importance décisive pour l'histoire de la métaphysique et de l'ontologie. Elle

---

1. Voir M. Burnyeat, *A Map of* Metaphysics Zeta, Pittsburg, Mathesis Publications, 2001 (ci-dessous : Burnyeat, *Map*), p. 68 : « H looks to be the place where Aristotle's considered metaphysical doctrines will be found. »

2. Burnyeat, *Map*, p. 66-68.

3. S. Menn, « On Myles Burnyeat's *Map of Metaphysics Zeta* », *Ancient Philosophy* 31, 2011, p. 161-202, p. 190. M.L. Gill considère pour sa part que H6 constitue un nouveau point de départ dans l'économie des livres centraux et qu'il introduit un développement qui s'achève en Θ9.

4. En premier lieu celui de D. Bostock, Aristotle. *Metaphysics. Books Z and H*, translated with a commentary, Oxford, Clarendon Press, 1994 (ci-dessous : Bostock).

rompt en effet avec les ontologies de la composition élémentaire. Parmi celles-ci, on comptera d'abord les théories des physiciens antérieurs, qui sont fondées sur une logique de l'élément matériel (les éléments primordiaux, l'Illimité ou les atomes). On comptera également les compositions platoniciennes obtenues par conjonctions d'universaux. Aristote, on le verra, objecte à la doctrine platonicienne des formes intelligibles ou Idées que l'essence séparée ou la forme « Homme », essence censément simple et indivisible, se compose en fait d'« Animal » et de « Bipède ». À ces ontologies de la composition élémentaire, Aristote substitue une théorie modalisée de l'unité substantielle, une ontologie de l'accomplissement [1] : selon cette nouvelle ontologie, matière et forme ne sont pas deux composants hétérogènes, mais deux principes nécessairement corrélés, dont chacun remplit sa fonction à l'intérieur d'une composition véritablement une. En H, il devient clair que les principes qui constituent les substances sensibles et qui en expliquent le devenir, à savoir la matière et la forme, ne sont pas deux entités élémentaires qui viendraient s'additionner et s'adjoindre comme deux parties originellement distinctes, car dans ces conditions l'unité de la substance ne serait jamais réalisée. Matière et forme sont les deux aspects – potentiel pour le premier, actuel pour le second – sous lesquels nous devons analyser les substances pour pouvoir les définir, pour déterminer quel type de définition nous voulons précisément en donner, et pour en expliquer les états et propriétés.

1. Je n'entends pas parler ici de *modalité* au sens logique mais au sens ontologique, au sens où il s'agit de distinguer entre différentes manières d'être, la puissance (δύναμις) et l'acte (ἐνέργεια), d'une seule et même substance. De fait, l'être s'entend en plusieurs sens, non seulement du point de vue des catégories, mais aussi selon la distinction de la puissance et de l'acte (Θ 1, 1045b32-35). Il n'en demeure pas moins que cette distinction recoupe partiellement la modalité au sens logique, dans la mesure où l'être en puissance implique la modalité du possible. L'erreur des Mégariques, telle qu'elle est dénoncée par Aristote en Θ3-4, est précisément d'avoir confondu la puissance et l'acte, faute d'avoir admis le possible. Le modèle de la puissance et de l'acte relève en ce sens d'une *ontologie de l'accomplissement*, comme j'ai proposé de le caractériser dans P.-M. Morel, *Aristote. Une philosophie de l'activité*, Paris, GF-Flammarion, 2003 ; 2013[2], p. 122-129, si l'on entend ce dernier terme en un double sens, à la fois selon le processus (comme la construction en cours de la maison à partir des matériaux qui la contiennent en puissance) et selon le résultat (comme la maison en acte, effectivement construite). L'expression me semble préférable à celle de modèle « dynamique », choisie par exemple par Ross, qui constitue un faux-ami, laissant entendre que la distinction de la puissance (δύναμις) et de l'acte implique nécessairement le mouvement. L'acte ne s'entend pas nécessairement comme mouvement mais, d'une manière plus générale, comme l'état accompli de ce dont il est l'acte.

On pourrait considérer que ce qui vient d'être affirmé, et que les pages suivantes entendent justifier, peut être tiré du seul chapitre 6, le dernier du livre et le plus commenté comme je l'ai dit. En réalité, la lecture des chapitres 1 à 5 montre que le chapitre 6 n'est que le point culminant d'une analyse commencée dans les chapitres précédents[1]. Aussi la compréhension même de H6 dépend-elle des cinq chapitres qui précèdent. Or, l'un des traits les plus marquants de cette enquête préparatoire est qu'elle met au premier plan la substance sensible, c'est-à-dire le composé sensible de matière et de forme[2]. Corrélativement, elle porte une attention nouvelle et soutenue à la matière, et à la manière dont elle est, à la fois, partie de la définition – ou de certaines définitions – et cause de certaines des propriétés de la substance dont elle est matière. Sur ce point encore, le livre H fait avancer l'enquête sur la substance de manière décisive, car il permet de comprendre en quel sens la matière, qui assurément n'est pas la substance au sens le plus fort ni au degré le plus élevé, est cependant substance en un certain sens, à savoir substance « en puissance ».

Cette introduction envisagera successivement le livre H sous trois rubriques :
1) La place de H dans la *Métaphysique* et son organisation interne, ainsi que sa réception antique ;
2) le statut des substances sensibles et la question de la matière ;
3) la question de la définition et la traduction de l'hylémorphisme en termes de puissance et d'acte.

Pour le dire dès à présent en quelques mots, la lecture du livre H que l'on propose ici peut se résumer à cinq positions :
a) Le livre H est étroitement lié au livre Z, parce qu'il en développe l'un des points centraux : l'unité de la substance et celle de l'énoncé qui l'exprime, à savoir la définition.
b) Le livre H peut être lu comme un tout et possède une certaine unité. Cela ne veut pas dire qu'il soit parfaitement construit, ni qu'il suive une ligne argumentative continue[3].

---

1. Voir en ce sens Burnyeat, *Map*, p. 69. Burnyeat semble même considérer plus loin (p. 71) que H6 est le point culminant de l'enquête engagée en Z1.
2. Voir en ce sens M.L. Gill, « *Metaphysics* H 1-5 on Perceptible Substances », art. cit., p. 211 ; E.C. Halper, *One and Many in Aristotle's* Metaphysics, *op. cit.* ; S.G. Seminara, *Matter and Explanation, op. cit.*
3. C'est en particulier le cas du chapitre 3, qui se présente comme une suite discontinue de notes, même si, comme nous le verrons, elles se laissent unifier jusqu'à un certain point.

c) H porte un intérêt particulier à la substance sensible et au statut de la matière.

d) Les observations de H sur la substance sensible et la matière conduisent à concevoir l'unité de la substance comme unité de la matière et de la forme, c'est-à-dire comme une unité de type hylémorphique. Ce modèle s'applique au composé sensible et à l'énoncé de définition.

e) H traite explicitement la question de l'*ousia* d'un point de vue qui n'est que marginal ou implicite en Z : l'expression du rapport forme-matière en termes de puissance et d'acte. Cette traduction de la relation hylémorphique constitue une étape décisive dans la résolution du problème de l'unité de la substance.

I

LE LIVRE H DANS LA *MÉTAPHYSIQUE* D'ARISTOTE

a) *Le livre H et la science de l'être en tant qu'être.*

Le livre H commence par une allusion à une recherche sur « les causes, les principes et les éléments des substances » (H 1, 1042a5-6). Avant de revenir plus en détail sur ce renvoi[1], constatons que notre traité part de l'enquête préalable sur l'*ousia*. Que savons-nous à ce sujet ?

On rappellera d'abord que la science recherchée dans l'enquête métaphysique, science des premières causes et des premiers principes, est dite constituer la « science de l'être en tant qu'être » :

> Il y a une certaine science qui étudie l'être en tant qu'être et ce qui lui appartient par soi. Or elle n'est identique à aucune de celles qui sont dites partielles, car aucune des autres sciences n'examine universellement l'être en tant qu'être, mais, découpant une certaine partie de l'être, elles étudient l'attribut de cette partie, comme le font par exemple les sciences mathématiques[2].

La philosophie première sera donc science de l'être sans spécification, c'est-à-dire science de l'être en tant qu'il est, ou de l'être comme tel. Ce sera la science de l'être pris dans son universalité. Elle examinera l'être de manière en quelque sorte « transversale », en étudiant tous ses aspects, c'est-à-dire aussi bien ce que tous les êtres ont en commun que ce en quoi ils diffèrent[3]. Elle sera aussi science de tous les types de substances. Elle étudiera non seulement les

---

1. *Infra* [1.1].
2. Γ 1, 1003a21-26.
3. L'être se dit non seulement de ce que les choses ont en commun, mais aussi de ce par quoi elles diffèrent : les différences *sont* (B 3, 998b21-27).

substances composées, mais aussi la substance immobile, que celle-ci soit substance effectivement *séparée*, comme le principe divin – compris comme acte pur – du livre Λ, ou bien qu'elle soit substance *séparable*, à savoir cette substance immobile qu'est toute forme en acte, dès lors qu'elle est considérée abstraction faite de la matière à laquelle elle est unie dans les composés sensibles. Cette tâche identifie la philosophie première par opposition à la physique, qui ne saurait venir qu'après elle et qui constitue pour cette raison une sorte de philosophie seconde[1]. Les mathématiques ne portent que sur une partie de l'être, parce qu'elles l'étudient sous l'aspect de la quantité. Leurs objets sont pensés comme séparables de la matière mais n'existent pas par soi ni séparément.

La livre E de la *Métaphysique* ajoute à cette thèse une précision qui justifie qu'Aristote parle, précisément, de « philosophie première » :

> Si donc il n'y avait pas d'autre substance en dehors de celles qui sont constituées par la nature, la physique serait la science première ; mais s'il y a une substance immobile, la science en question doit être première et doit être la philosophie première, et elle est universelle au sens où elle est première. Et elle aura pour tâche d'étudier l'être en tant qu'être, ce qu'il est et ce qui lui appartient en tant qu'être[2].

La science recherchée, et de fait exposée, dans les traités métaphysiques est universelle, comme toute science, mais elle l'est parce qu'elle est « première ». Le sens même de ce qualificatif fait question, notamment si l'on entend distinguer, dans la *Métaphysique*, entre un axe « théologique » et un axe « ontologique »[3] : est-elle première en un sens éminent et « théologique », parce qu'elle aurait pour objet l'étant suprême, le premier moteur immobile divin qui, par sa pureté et son efficience, a priorité sur tous les autres et qui a par excellence le statut de premier principe ? Ou bien est-elle « première » en un sens fondamentalement « ontologique », parce

---

1. Voir en effet *Phys.* II 2, 194b9-15 : le physicien connaît la forme et l'essence dans une matière (ἐν ὕλῃ), tandis que « la tâche de la philosophie première est de déterminer la manière d'être du séparable, c'est-à-dire de l'essence ». Sur la physique comme philosophie seconde par rapport à la philosophie première, voir Γ 2, 1004a4 ; Z 11, 1037a15.
2. E 1, 1026a27-32.
3. Selon la voie tracée par P. Aubenque, *Le Problème de l'être chez Aristote. Essai sur la problématique aristotélicienne*, Paris, P.U.F., 1962. Je renvoie, dans la même série que la présente publication, à la présentation par E. Berti des problèmes généraux posés par le texte de la *Métaphysique* : Aristote. *Métaphysique, Livre Epsilon*, Introduction, traduction et commentaire par E. Berti, Paris, Vrin, 2015, notamment p. 7-11.

qu'elle aurait pour objet ce qu'il y a de commun à tous les êtres, ou encore parce qu'elle porterait sur ce qui est premier dans les êtres quels qu'ils soient ? Dans ce cas, si ce qui est « premier » dans les êtres, c'est l'*ousia* – comme le livre Z l'affirme clairement –, la science de l'être en tant qu'être doit être comprise avant tout comme science de la substance.

Cette question, massive et centrale pour la compréhension de l'enquête aristotélicienne, n'a pas à être tranchée ici. On doit néanmoins garder à l'esprit que la philosophie première, sans être nécessairement aporétique ou fragmentée, ne se limite pas à un seul et unique objet. De fait, elle étudie : l'être en tant qu'être et, sous ce chef, la substance principalement ; les substances autres que sensibles et en particulier le premier moteur immobile ; les principes des raisonnements, comme le principe de non contradiction [1]. On notera également, pour préciser le cadre de la présente enquête, que la problématique des livres Z-H, celle de la substance, se situe clairement sur le versant ontologique de la philosophie première.

Il est difficilement discutable, quoi qu'il en soit, que l'enquête sur l'*ousia* forme le noyau même de la science de l'être en tant qu'être. C'est ce que montre clairement le tournant décisif de Γ2, qui opère le passage de la question « qu'est-ce que l'être ? » à la question « qu'est-ce que la substance ? » » :

> L'être s'entend en plusieurs sens, mais relativement à un seul terme (πρὸς ἕν) et à une seule nature déterminée et non par homonymie (…) [2].
>
> L'être s'entend en plusieurs sens, mais chacun relativement à un principe unique, car certaines choses sont dites des « êtres » parce que ce sont des substances, d'autres parce que ce sont des propriétés de la substance, d'autres parce qu'elles sont un acheminement vers la substance, ou des destructions, des privations, des qualités, ou des facteurs productifs ou générateurs, soit d'une substance, soit de ce qui s'entend relativement à la substance, ou parce qu'elles sont des négations de ce qui est relatif à la substance ou de la substance elle-même. C'est pourquoi nous disons aussi que le non-être *est* non-être [3].

L'être s'entend « en plusieurs sens », sans être pour autant rigoureusement homonyme, car toutes les déterminations qui

---

1. Voir C. Natali, *Aristotele*, Roma, Carocci Editore, 2014, p. 215.
2. Γ 2, 1003a33-34.
3. Γ 2, 1003b5-10.

peuvent être dites « être », comme les catégories ou la puissance et l'acte, ne le sont pas dans le même sens. De plus les prédicats de la substance ne sont pas des étants véritables ou des êtres de plein droit : ils ne *sont* que conditionnellement, c'est-à-dire à condition d'être réalisés dans une substance particulière. Ils sont, ainsi, relatifs à la substance même de cette substance particulière. Aristote admet, en Z1, que l'on peut se demander si le *se promener*, le *se bien porter*, le *être assis*, sont ou non des êtres. Ils ne sont assurément pas rien. Quand je me promène, le mouvement de promenade est un fait, un événement ou un état de chose véritable, et non pas une pure vue de l'esprit ni un épiphénomène évanescent qui n'aurait pas plus de réalité que son contraire. Toutefois, Aristote précise aussitôt qu'aucune de ces qualifications n'existe par soi (καθ᾽ αὑτὸ) ni ne peut être séparée de la substance, et que c'est bien plutôt *ce qui* se promène ou *ce qui* se porte bien qui est un être à proprement parler (Z 1, 1028a20-25). C'est parce que quelqu'un se promène, se porte bien ou est assis que le *se promener*, le *se bien porter* et le *être assis* ont une certaine réalité. C'est donc « à cause de » la substance que les autres prédicats *sont* (1028a29-30). Ainsi, « l'être au sens premier (πρώτως), et non pas quelque chose qui est, mais l'être absolument parlant (ἁπλῶς) sera la substance » (1028a30-31). Les autres sens de l'être sont « énoncés relativement à un terme unique », ce sont des πρὸς ἕν λεγόμενα, c'est-à-dire des qualifications rapportées à la substance entendue comme terme premier de référence.

La primauté de la substance est ontologique et causale. Elle tient également à son statut de sujet logique, ou terme premier de référence pour la prédication :

> La substance, au sens principal, premier et éminent du terme, c'est ce qui n'est ni affirmé d'un sujet ni dans un sujet, comme tel homme ou tel cheval [1].

Seront dites dans les *Catégories* « substances secondes » : les espèces, par exemple l'homme en général, et les genres, comme « Animal », dans lesquels sont contenues les substances au sens premier. Toutes les qualifications autres que la substance première sont donc « affirmées des substances premières prises comme sujets » ou bien « dans ces sujets eux-mêmes » [2]. La notion de « substance

---

1. *Cat.* 5, 2a11-14.
2. *Cat.* 5, 2a34-35. Ainsi, le blanc est « dans un sujet » (tel homme particulier), et peut donc en ce sens être attribué au sujet, mais il ne lui est pas attribué par essence, car

première » s'applique dans la *Métaphysique* à la forme (Z 7, 1032b1-2) et non pas à l'individu compris par opposition à la forme. On retiendra toutefois du texte des *Catégories* trois éléments sur lesquels l'enquête menée en Z et H va s'appuyer : la substance a position de sujet – elle n'est pas elle-même prédiquée d'un sujet –, elle est prioritairement forme, et elle est un individu ou un « ceci » (τόδε τι) [1]. Il faut donc – c'est précisément l'objet de Z – comprendre comment la substance réalise la synthèse de ces trois caractéristiques.

C'est dans cette perspective que Z3, qui constitue l'arrière-plan de H1, envisage les quatre sens possibles de la substance : l'être essentiel ou quiddité (τὸ τί ἦν εἶναι), l'universel, le genre, le sujet (ou substrat). Le genre et l'universel vont être écartés à la lumière de la critique de Platon et de la thèse des universaux séparés, notamment dans les chapitres 13 à 16. L'être n'est pas lui-même un universel, parce que l'universel est un prédicat et non un sujet [2]. C'est en un sens une qualité, un « être tel » (τοιόνδε) et non pas un « ceci » (τόδε τι) [3]. L'une des tâches de la *Métaphysique* sera d'ailleurs de montrer en quel sens on peut tenir sur l'être un discours universel – ce que toute science doit être, puisque ni la définition ni la démonstration n'ont pour objet l'individuel en tant que tel –, alors que l'être au sens premier est un « ceci » particulier et que l'être lui-même n'est ni un universel ni un genre, mais un terme commun à différents types de déterminations, terme que l'on doit donc entendre en différents sens. L'être essentiel et le sujet ou substrat sont en tout cas légitimement considérés, en Z3, comme les meilleurs points de discussion si l'on veut produire des résultats positifs sur l'être au sens premier, à savoir l'*ousia*.

Toutefois, lorsqu'il envisage la possibilité que la substance soit définie par son statut de sujet (ὑποκείμενον), Aristote rencontre une nouvelle difficulté : la notion de sujet n'est pas univoque. Elle peut

---

le sujet peut être défini sans la blancheur, et la définition de la blancheur n'exprime pas l'essence de ce sujet. Je peux dire « Socrate est blanc », mais en définissant sa blancheur je ne définis qu'un accident et non pas l'essence de Socrate. En revanche, « animal » et plus encore « homme » sont « affirmés » du sujet Socrate, car leurs définitions entreront dans la définition de l'homme individuel.

1. Voir également Δ8 : « il suit de là qu'il y a deux manières de comprendre la substance : le sujet ultime, qui n'est plus affirmé d'aucun autre, et encore ce qui, tout en étant un ceci, est aussi séparé, c'est-à-dire la configuration ou forme de chaque chose » (Δ 8, 1017b23-26).

2. Z 13, 1038b16.

3. Z 13, 1039a1-2 ; 15-16.

s'entendre – et le livre H va s'employer à clarifier ce point – comme matière, comme forme, ou bien comme le composé des deux[1]. La matière est une option très sérieuse, car elle seule semble constituer un sujet absolument ultime[2]. Or, en Z 3, 1029a28, la substance est présentée comme séparable, c'est-à-dire comme existant par soi et distinctement des autres substances, et comme étant une individualité déterminée, un « ceci ». Un composé particulier (Socrate, François 1er, tel canard ou tel lapin) est substance parce qu'il a une existence séparée et un statut d'individualité. La matière ne présente pas de telles propriétés : dans les individus vivants, ni les éléments, ni les tissus, ni les organes, ni même le corps – s'il est considéré abstraction faite de l'âme qui lui confère vie et organisation fonctionnelle – n'ont d'existence séparée. La matière ne peut donc être le type de sujet que nous cherchons. Aristote retourne ainsi, en une phrase, les arguments qui militaient en faveur de l'identification, qu'il attribue aux physiciens antérieurs, de la matière au type de substrat que doit être l'*ousia* :

> Si l'on examine les choses à partir de ce point de vue, il suit que la matière est substance. Or c'est impossible, car on est d'avis que le séparable et le ceci appartiennent au premier titre à la substance, c'est pourquoi on sera d'avis que la forme et le composé des deux sont substance plus que la matière[3].

Il apparaît par la suite que la forme, puisqu'elle est antérieure au composé, est substance au premier chef. Elle constitue l'essence de la chose – essence séparable par énonciation ou « en raison »[4] –, telle qu'elle est énoncée dans la définition.

La forme est « plus substance » ou « substance plutôt » que la matière et que le composé, non seulement parce qu'elle satisfait aux réquisits mentionnés plus haut, mais également parce qu'elle constitue la raison d'être des propriétés constitutives de la chose. Elle est, en quelque sorte, la fonction d'organisation d'une matière donnée. Si le vivant, par exemple, a la capacité de se mouvoir, c'est en vertu de sa forme, son âme, qui implique précisément le mouvement, parce qu'elle est, entre autres, cause de mouvement. Le texte de Z3 est donc

---

1. Z 3, 1029a2-3.

2. Z 3, 1029a10-26.

3. ἐκ μὲν οὖν τούτων θεωροῦσι συμβαίνει οὐσίαν εἶναι τὴν ὕλην· ἀδύνατον δέ· καὶ γὰρ τὸ χωριστὸν καὶ τὸ τόδε τι ὑπάρχειν δοκεῖ μάλιστα τῇ οὐσίᾳ, διὸ τὸ εἶδος καὶ τὸ ἐξ ἀμφοῖν οὐσία δόξειεν ἂν εἶναι μᾶλλον τῆς ὕλης. (Z 3, 1029a26-30).

4. *Phys.* II 1, 193b4-5 ; H 1, 1042a29.

clair dans son intention première. Il pose cependant des difficultés, dans la mesure où il semble admettre que l'exclusion de la matière hors de la sphère de la substantialité n'est que relative. Que l'on comprenne, en Z 3, 1029a30, le comparatif μᾶλλον comme un comparatif de degré (« plus que »)[1] ou comme un comparatif de substitution (« plutôt que »)[2], il introduit une équivoque. Cette dernière est renforcée par le caractère fondamentalement dialectique de ce chapitre, et de ce passage en particulier, où les indicateurs « endoxaux »[3] ne manquent pas. Aristote n'affirme donc pas expressément que la matière n'est absolument pas substance. Il laisse entendre qu'elle l'est à un moindre titre, ou bien qu'elle l'est en un sens différent. Nous verrons que H1 donne de solides raisons pour comprendre μᾶλλον en Z3 comme un comparatif de degré, en affirmant que la matière est bien substance, même si elle n'est pas substance au sens éminent.

Pour l'heure, deux points sont encore à préciser :

a) Que veut dire Aristote quand il laisse entendre en Z3 que la matière n'est pas totalement dépourvue de substantialité ? N'est-ce pas là une invitation discrète à s'interroger plus précisément sur le statut des substances sensibles ou composées ? La difficulté est d'autant plus grande que Z15 affirmera clairement qu'il n'y a ni démonstration ni définition de ce qui est soumis au devenir, car cela tombe sous la modalité du contingent, tandis que démonstration et définition portent sur le nécessaire. On devrait donc dire, en principe, qu'il n'y a « ni définition ni démonstration des individualités sensibles »[4].

b) D'une manière plus générale, à la suite des observations et apories de Z4-6 et de Z10-12 sur la définition, dont je traiterai dans la troisième partie de cette introduction, il reste à dire ce qui fonde l'unité de l'énoncé définitionnel et de son objet premier, à savoir la forme. La question est cruciale, car elle concerne la polémique menée par Aristote contre la pratique académicienne de la définition. Z15, là encore, en est une illustration. À la suite du texte précédemment cité,

---

1. Voir par exemple Bostock : « *more than* » ; Jaulin : « plus que ».
2. Voir par exemple Tricot ; F-P (« *eher ousia…als die Materie* »).
3. J'entends par là les tournures suggérant que nous avons affaire à des *endoxa* ou Idées admises, qu'il est de règle d'utiliser dans la formation des prémisses dialectiques. Voir les expressions que je traduis dans le texte cité par « on est d'avis que » (δοκεῖ) ; « on sera d'avis que » (δόξειεν ἄν).
4. Z 15, 1039b27-29 ; *An. Post.* II 13, 97b26.

Aristote montre, contre les Platoniciens, qu'il est impossible de définir les Idées. Or celles-ci ne sont pas corruptibles. Dès lors, le même argument que celui qui avait été employé pour invalider les définitions portant sur les individualités ne peut suffire. Si les Idées sont indéfinissables, c'est pour une autre raison : parce que les noms employés dans la définition portent sur des classes et peuvent donc s'appliquer à d'autres êtres particuliers que celui que l'on cherche à définir. Pierre est un animal raisonnable, mais Paul ou Virginie également. De plus, si chacun des termes entrant dans la définition – par exemple : « Animal » et « Bipède » pour la définition de « Homme » –, parce qu'il est une « Idée », est un être existant par soi, alors on peut se demander ce qui fait l'unité de l'énoncé de définition. Une définition est un énoncé universel ayant une unité propre, parce qu'elle n'est pas l'addition d'entités séparées. Ce problème, envisagé notamment en Z12, sera directement abordé en H 6, 1045a12-25.

Le problème de la définition ne tient donc pas essentiellement au statut (corruptible) des substances sensibles. On peut dès lors se demander si les arguments contre la possibilité de donner des définitions des individualités sensibles ne sont pas des arguments forcés, empruntés au moins partiellement à l'Académie. N'est-il pas en fait possible de les définir, soit en concentrant la définition sur ce qu'elles ont d'immuable – les propriétés de la forme [1] –, soit en accordant à la matière le droit d'être prise en compte dans la définition ? Comme on va le voir, H va permettre de donner une réponse positive à ces deux questions. Il va explicitement désigner la forme des substances sensibles comme l'objet premier de leurs définitions, mais aussi justifier la présence de la matière, au moins sous conditions, dans ces dernières. Il montrera ainsi que nous pouvons proposer des définitions, non pas des individualités sensibles en tant que telles, mais des composés sensibles saisis en général, c'est-à-dire de ce qui, bien que sensible, est malgré tout définissable.

Le chapitre 17 a, dans l'économie du livre Z, un statut particulier : contrastant avec le caractère aporétique de la plupart des chapitres précédents, il semble conclure positivement et définitivement en faveur de l'identification de la substance à la forme et à l'être essentiel. Ce faisant, il propose une véritable réponse aux deux questions qui viennent d'être évoquées. En réponse à (a), il établit que la recherche

---

1. De fait, en Z 11, 1037a25-30, Aristote a admis la possibilité de définir le composé en se référant à la substance première, c'est-à-dire à la forme.

causale « porte sur la matière » au sens où elle demande pourquoi telle matière est telle chose [1]. La solution est claire dans son principe : c'est en vertu de la forme que la matière est telle chose déterminée [2]. En réponse à (b), Z17 affirme que l'être essentiel ou quiddité (τὸ τί ἦν εἶναι), c'est-à-dire la forme en tant que différence ultime et objet propre de la définition, est proprement cause du fait que la chose est ce qu'elle est [3]. Elle peut être cause au sens où la cause finale – comme la destination de la maison, abri permettant de se protéger – est la raison des propriétés de l'être individuel déterminé, ou bien comme moteur premier, c'est-à-dire comme cause efficiente ou productive – comme l'extinction du feu dans les nuages produit le bruit que nous appelons le tonnerre [4]. Cela revient toujours, ajoute Aristote, considérant une matière donnée, à rechercher pourquoi elle possède telles propriétés. On ne parle pas alors de la matière entendue comme substrat indéterminé de ce dont elle est matière, mais d'une matière informée, qu'il s'agit de distinguer analytiquement de la forme, afin d'en exhiber les aptitudes. On dira ainsi que ce corps ayant telles déterminations est un être humain. Or s'il est tel, c'est parce qu'il est caractérisé par les propriétés *formelles* qui en font un être humain et en vertu desquelles il est déterminé ainsi plutôt qu'autrement. Or « c'est cela, la substance » [5]. En d'autres termes, ce qui permet de dire que cet être là est un homme, et non pas un canard, un lapin ou une tasse de café, c'est que la matière en laquelle il se réalise et qui en fait un composé particulier [6] est déterminée, avant toute autre chose et essentiellement, par sa forme : c'est un être raisonnable, mortel, etc.

Aristote ne s'en tient d'ailleurs pas là. Il revient, en 1041b11 et jusqu'à la fin du chapitre, au problème de la composition, dont on a vu qu'il était crucial pour l'enquête sur la substance et la définition. Il commence par poser le principe suivant :

> considérons que ce qui est composé de quelque chose l'est de telle sorte que la totalité est une ; il n'est pas comme le tas, mais comme la

---

1. Z 17, 1041b5.
2. Z 17, 1041b8-9.
3. Z 17, 1041a28.
4. Z 17, 1041a29-32.
5. Z 17, 1041b8-9 : τοῦτο δ' ἡ οὐσία.
6. Je ne me prononce pas ici sur le problème de l'individuation, dont on peut se demander si elle est le fait de la matière, de la forme ou de leur conjonction. Je constate simplement que la matière est au moins condition nécessaire de l'existence particulière pour les réalités sensibles.

syllabe; or la syllabe n'est pas ses éléments : B et A ce n'est pas la même chose que BA, pas plus que la chair n'est feu et terre [1].

De fait, si ces éléments sont séparés, ils subsistent par eux-mêmes, sans liaison nécessaire au tout qu'ils constituaient initialement. Il faut donc à la totalité un principe d'unité qui n'est pas simplement l'un des éléments qui la composent. Ce principe, conclut Aristote, ne saurait être que la substance entendue au sens de forme, c'est-à-dire un principe (ἀρχή) véritable et non pas un simple élément composant (στοιχεῖον) [2], que l'on parle de parties corporelles ou de couches matérielles, ou bien de ces « éléments » intelligibles que sont les idéalités platoniciennes.

On pourrait estimer que l'on détient là une réponse satisfaisante, parce qu'univoque, à la double question du statut de la matière et de l'unité du composé. De plus, les différentes possibilités initialement envisagées à propos de l'*ousia* ont été successivement éliminées : la substance première n'est proprement ni l'universel, ni le genre, ni le substrat matériel, mais l'être essentiel ou quiddité, c'est-à-dire la forme. À première vue, H ne serait rien d'autre qu'une reprise redondante de ces acquis.

La situation est cependant plus complexe. Comme nous l'avons déjà signalé et ainsi que nous le verrons plus en détail au cours du commentaire [3], H1 contient une sorte de sommaire du livre Z ou de la majeure partie de celui-ci. Or ce passage est bien plus qu'un sommaire, car il a également une fonction programmatique. À la lumière de ce sommaire, le livre H se présente en réalité comme un prolongement, et non pas comme un simple résumé, du livre Z.

Du reste, un lecteur quelque peu insistant pourrait faire remarquer que la réponse de Z au problème de l'unité est incomplète et qu'en ce sens elle ressemble à une pétition de principe. Il est sans aucun doute très intéressant de dire que c'est la forme ou l'être essentiel qui fait l'unité de la substance composée, mais il reste encore

---

1. Z 17, 1041b11-14. Je considère que la première proposition, bien qu'elle soit introduite par ἐπεὶ δὲ, n'est pas une véritable conditionnelle, ainsi que cela arrive régulièrement chez Aristote. Par conséquent, la syntaxe de la phrase n'est pas incomplète, comme l'affirment D. Ross, *Aristotle's Metaphysics*. Text with Introduction and Commentary, Oxford, Clarendon Press, 2 vol., 1924; 1958; 1966 (ci-dessous : Ross), p. 225, et F-P, *ad. loc.*, qui pensent qu'Aristote, dans la suite de la phrase, « perd de vue » le ἐπεὶ δὲ, c'est-à-dire le caractère conditionnel de la prémisse.

2. Z 17, 1041b25-33. Sur cette opposition, voir S. Menn, « *Metaphysics* Z10-16 and the Argument-Structure of *Metaphysics* Z », art. cit.

3. Voir *infra*, *Commentaire* [1.2].

à dire pourquoi cela se produit ainsi : comment expliquer que
la forme et la matière ne soient pas deux entités simplement
additionnées mais constituent une substance une et unifiée ? Ne faut-
il pas exprimer leur relation autrement qu'en termes de composition élémentaire et ne faut-il pas admettre, si la matière entre
nécessairement dans la composition de la substance, qu'elle a elle-
même quelque chose de substantiel, et qu'elle n'en est pas un simple
accident ? Enfin, si l'on parle ici de la substance composée, est-il
légitime d'étendre la solution apparente de Z17 à toute substance, y
compris à « cette substance séparée des substances sensibles » [1], dont
Z17 rappelle qu'il faudra bien s'occuper à un moment donné, sans
dire du reste quelles entités il faut tenir pour des « substances
séparées » ? Pour toutes ces raisons, il est clair que l'enquête n'est pas
close à la fin de Z [2].

Je propose de franchir un pas de plus, par rapport aux travaux
cités au début de cette introduction, concernant le rapport entre H et
Z. Selon moi, c'est seulement à la fin de H que la solution de l'aporie
sur l'unité de la définition et du défini trouve sa formulation
complète, parce que c'est là, et nulle part auparavant, que se réalise la
convergence des trois éléments de cette solution : (a) l'unité de la
matière et de la forme, (b) la traduction de l'hylémorphisme en
termes de puissance et d'acte, (c) l'application de ces deux modèles à
la double unité du défini et de la définition.

b) *Structure et thèmes du livre H.*

Concernant maintenant la structure du livre H, il faut bien dire
que nous sommes face à une énigme. Aristote n'annonce pas
clairement quel serait l'objet du livre, ni les étapes de l'enquête qu'il
est censé contenir. Il ne va donc pas de soi, on l'a dit, que le livre ait
une véritable unité. La structure que j'indique ici est donc déjà le fait
d'une certaine interprétation, dont la suite de ma présentation
exposera les raisons. Appliquant le plus possible le principe de charité
– que ce soit envers Aristote ou envers ses premiers éditeurs –, je pars
de l'hypothèse d'une unité au moins relative de H. Comme on le verra

---

1. Z 17, 1041a8-9 : περὶ ἐκείνης τῆς οὐσίας ἥτις ἐστὶ κεχωρισμένη τῶν αἰσθητῶν
οὐσιῶν.
2. C'est une des raisons pour lesquelles l'hypothèse de D. Devereux, « The
relationship between Books Zeta and Eta of Aristotle's *Metaphysics* », art. cit., en faveur
d'une antériorité de H par rapport à Z, et notamment à Z17, me paraît très difficile à
défendre.

dans la suite de cette introduction, la clarification de H6 sur la définition et l'unité du composé est préparée par les chapitres précédents. Pour autant, je ne prétends pas établir que l'argumentation suivrait un fil continu, sans ruptures ni digressions.

Si l'on suit la progression de H chapitre par chapitre, on obtient la structure suivante, qui sera reprise dans le commentaire :

1. Reprise de l'enquête sur la substance et amorce d'un nouveau développement.

1.1 Tableau dialectique. Certains types de substance sont communément admis (les substances sensibles), d'autres non (les formes intelligibles et les êtres mathématiques).

1.2 Rappel de certains des acquis du livre Z. L'être essentiel et le sujet sont substances ; le premier est l'objet de la définition. Ni l'universel ni le genre ne sont substance.

1.3 Analyse de la substance sensible. La substance est sujet, soit comme matière – qui est un « ceci » (τόδε τι) en puissance –, soit comme composé, soit comme forme.

1.4 Le cas de la matière. La matière des composés sensibles est elle aussi substance. Elle est en effet impliquée dans tous les changements qui affectent les composés sensibles.

2. La substance des composés sensibles comme forme et acte.

2.1 Transition : annonce d'une investigation sur la substance entendue comme acte des composés sensibles.

2.2 La matière et les différences. Les différences étudiées sont des déterminations d'une certaine matière (le seuil est un morceau de bois ou de pierre disposé de telle manière).

2.3 Différences matérielles et substance. Ces déterminations sont à la matière comme l'acte par rapport à la puissance et sont, dans chaque cas, l'analogue de la substance.

2.4 Typologie des définitions. On peut envisager trois manières de donner des définitions : par les différences et la forme ; par la matière ; par le composé des deux.

3. Difficultés particulières.

3.1 Le nom et la forme. Le nom peut exprimer la forme ou le composé, mais c'est la forme (et non le composé) qui constitue l'être essentiel de la chose (l'homme, c'est l'âme).

3.2 La forme et l'unité de la définition. Ce qui fait l'unité de la substance n'est réductible ni aux composants matériels ni aux parties de la définition (Animal, Bipède). Cette unité est la substance, qui est cause de l'être dont elle est la substance.

3.3 L'éternité de la forme et le devenir des substances sensibles. La substance comme forme est éternelle ; elle n'est donc soumise ni à génération ni à destruction, y compris lorsque le composé sensible est sujet à l'une ou à l'autre. Le statut des artefacts constitue un cas particulier parmi les substances sensibles.

3.4 Apories sur la définition. Selon Antisthène, la définition exprimerait, au mieux, la qualité. Par ailleurs, il y a définition de la substance composée, mais pas des termes simples ; la définition est donc composée d'indéfinissables.

3.5 Substance et nombre. Étude de l'analogie entre la substance et le nombre. Conclusion du chapitre.

4. La matière des composés sensibles et les principes de la recherche causale.

4.1 Matière et provenance. Affirmation de la nécessité de la définition et de l'explication matérielles, en tenant compte des degrés de détermination de la matière.

4.2 Principes de la recherche causale concernant les composés. Distinguer les différentes causes impliquées et rechercher la cause la plus proche.

4.3 Limites des différents modèles explicatifs. Ordre et distinction des questions causales.

5. La matière et le devenir : le cas de la corruption.

5.1 Remarques sur la matière et le changement. Seuls les êtres soumis au devenir ont une matière.

5.2 La matière, puissance des contraires. Distinction entre matière et provenance. Tout corps dont provient un autre corps n'est pas nécessairement « matière » de ce dernier.

6. Unité de la définition et unité de la substance.

6.1 Aporie de la définition. Problème de l'unité de la définition.

6.2 L'unité hylémorphique du composé sensible fonde l'unité de sa définition.

6.3 Généralisation à toute définition. L'unité de la définition est de type matière-forme, comme l'unité du défini. Cette unité est véritablement substantielle, parce que la matière et la forme sont une seule chose, puissance d'un côté et acte de l'autre. Les natures simples n'ont pas de matière.

6.4 Conclusion polémique et réponse à l'aporie. Critique des conceptions conjonctives de la définition. Identité de la matière prochaine et de la forme.

c) *Commentaires et réceptions antiques du livre H.*

Le livre H n'a pas fait l'objet d'une attention particulière chez les premiers lecteurs antiques de la *Métaphysique*. Cela s'explique en partie par les intentions qui sont les leurs lorsqu'ils s'intéressent à la philosophie première du Stagirite. Alexandre d'Aphrodise[1] signale par exemple que l'intérêt porté à la *Métaphysique* par Eudore d'Alexandrie, érudit platonicien et pythagorisant du Ier siècle avant J.-C., est commandé par son souci de reconstruire la doctrine de Platon, dont le texte aristotélicien serait ici la source. Les désaccords d'Eudore avec Aristote ne l'auraient pas empêché de l'incorporer à une doctrine d'inspiration platonicienne. Plutarque, dans sa *Vie d'Alexandre*, estime pour sa part que les traités métaphysiques d'Aristote – qu'il connaît sans doute mal – sont destinés à être lus par un lecteur dont la formation philosophique est déjà achevée[2] et qu'ils constituent un texte fondamentalement théologique et platonisant. Clément d'Alexandrie[3], au IIIe siècle de notre ère, témoigne encore de cette orientation théologique de la lecture de la *Métaphysique*. Dans un tel cadre le livre H, si peu « théologique », pouvait difficilement trouver sa place.

La situation est différente avec Alexandre d'Aphrodise lui-même. Il a probablement commenté l'ensemble des traités composant la *Métaphysique* et marque de ce point de vue un tournant dans son exégèse[4]. Le livre H fait partie de la section pour laquelle nous ne

---

1. Alexandre d'Aphrodise, *In Metaph.* 58.31-59.8. Je dois la plupart des indications contenues dans cette section à un exposé présenté par Riccardo Chiaradonna sur « La réception antique du livre H » dans mon séminaire de 2012-2013 à l'École Normale Supérieure de Lyon. Concernant la *Métaphysique* dans son ensemble, je renvoie le lecteur à son étude, fondamentale, sur la réception et la transmission antiques du *corpus* aristotélicien : R. Chiaradonna, « Interpretazione filosofica e ricezione del *corpus*. Il caso di Aristotele (100 a. C. – 250 d. C.) », *Quaestio* 11, 2011, p. 83-114.

2. Plutarque, *Vie d'Alexandre* 7.

3. Clément d'Alexandrie, *Stromates* I xxviii, 176.2-3.

4. Alexandre, par ailleurs, n'est sans doute pas le premier à adopter une vue d'ensemble de la *Métaphysique*. C'est aussi le cas de Nicolas de Damas, généralement identifié à l'historien de la fin du Ier siècle avant J.-C. Il consacre à la *Métaphysique* une étude ou une section d'un traité plus vaste sur la philosophie d'Aristote. Il connaît manifestement très bien la *Métaphysique* et il en discute notamment l'organisation

possédons que le commentaire du Pseudo-Alexandre (les livres E à N,
c'est-à-dire : VI à XIV), usuellement identifié désormais à Michel
d'Éphèse (XIIᵉ siècle)[1]. Ce dernier commentaire est cependant très
précieux pour la méticulosité avec laquelle il rend compte des
arguments du livre H. En particulier, il le rattache clairement à la
problématique de la définition telle qu'elle a été abordée en Z[2]. Il
estime ainsi que le recours à l'hylémorphisme en H6 constitue une
véritable « solution » (λύσις) aux difficultés rencontrées en Z[3], solution qu'il a qualifiée plus haut de « merveilleuse » lorsqu'il s'agissait
d'évaluer les définitions produites par division, en Z12[4]. Asclépius, au
VIᵉ siècle, associe pour sa part H au livre Θ, estimant que la tâche de Z
est de traiter de l'être par soi tandis que celle de H-Θ est de l'envisager
sous l'aspect de la puissance et de l'acte[5].

Cette tendance nouvelle à la systématisation se retrouve, en
grande partie sous l'influence d'Alexandre, dans les pratiques
exégétiques de l'école de Plotin, dont l'enseignement se situe autour
de 250-270. Son disciple Porphyre rapporte en effet, dans un passage
célèbre de sa *Vie de Plotin*, qu'on y étudiait très précisément les traités
métaphysiques d'Aristote, ainsi que ses commentateurs, y compris
péripatéticiens, comme Alexandre[6]. De fait, les traités de Plotin
témoignent d'une connaissance approfondie de la *Métaphysique* et
d'un intérêt, sans équivalent chez les platoniciens antérieurs, pour
l'ensemble de la philosophie d'Aristote. Plus encore, il arrive à Plotin
de se référer au livre H lui-même et aux thèmes qui sont les siens. Il
reprend ainsi l'affirmation de H 3, 1043b1-3, selon laquelle, pour

thématique interne. Il la connaît assez, par exemple, pour en extirper la *Métaphysique*
de Théophraste et l'attribuer à son véritable auteur. Voir à ce sujet D. Gutas,
Theophrastus On First Principles (known as his Metaphysics*)*, Greek Text and Medieval
Arabic Translation, Edited and Translated with Introduction, Commentaries and
Glossaries, as Well as the Medieval Latin Translation, and with an Excursus on Graeco-
Arabic Editorial Technique, Leiden-Boston, Brill, 2010, p. 14-19. On sait par ailleurs
que Nicolas a eu une forte influence sur les commentateurs qui lui ont succédé. Son
rôle doit être il est vrai réévalué si l'on estime, comme S. Fazzo, « Nicolas, l'auteur du
Sommaire de la philosophie d'Aristote. Doutes sur son identité, sa datation, son
origine », *Revue des Études Grecques* 121, 2008-1, p. 99-126, que le Nicolas auteur du
traité sur la philosophie d'Aristote a vécu bien plus tard, au IVᵉ siècle après J.-C.

1. C. Luna, *Trois Études sur la Tradition des Commentaires Anciens à la*
Métaphysique d'Aristote, Leiden-Boston-Köln, Brill, 2001.

2. Ps.-Alex., *In Metaph.* 459.4-6 ; 544.1.

3. Ps.-Alex., *In Metaph.* 560.21-24.

4. Ps.-Alex., *In Metaph.* 520.21.

5. Asclépius, *In Metaph.* 375.5-21.

6. Porphyre, *Vie de Plotin* 14, 5-14.

toute substance, son être véritable coïncide avec son essence et sa forme, tandis que le composé n'est pas identique à son essence – l'être de l'homme, c'est son âme[1]. Il retourne toutefois la position d'Aristote en montrant que l'hylémorphisme doit être dépassé : l'âme, y compris l'âme individuelle, ne peut pas être définie comme étant l'âme d'un corps, parce qu'elle est par nature séparée. La partie supérieure – et proprement essentielle – de l'âme, précisément, n'est pas « descendue » dans le corps. Porphyre, dans son *Commentaire aux Harmoniques de Ptolémée*, fait lui-même une allusion claire à H, pour évoquer la distinction de H2 entre trois types de définition[2]. Il mentionne Archytas, ainsi qu'Aristote le fait en H 2, 1043a21-22, comme représentant de ceux qui formulent des définitions du composé en tant que tel, c'est-à-dire des définitions donnant à la fois la matière et la forme. Signalons qu'au Vᵉ siècle, Syrianus, le maître de Proclus, montre qu'Aristote, bien qu'il n'ait pas été suffisamment platonicien à ses yeux, est conduit, en H, à concevoir la forme de manière presque platonicienne, parce qu'il est contraint d'en reconnaître l'absolue simplicité[3].

Thomas d'Aquin, enfin, livrera un commentaire attentif du livre H, voyant en celui-ci un développement sur la substance sensible, tout à la fois complémentaire et distinct de l'étude *modo logico* (« logique » ou « dialectique ») selon lui menée en Z[4]. Comme nous l'avons vu, c'est là une option de lecture, pour H tout au moins, qui trouve de solides appuis dans le texte d'Aristote.

---

1. Voir Plotin, *Ennéades* I 1 [53], 2, 1-9 ; IV 7 [2], 1, 22-25 ; VI 8 [39], 14, 1-6 ; VI 2 [43], 5, 19-26.
2. Porphyre, *In Ptol. Harm.* 11.21-26.
3. Syrianus, *In Metaph.* 115.19-26. Il s'agit probablement d'une référence à H 3, 1043b27-32 ou à H 6, 1045b1-2 ; 23. Dans un autre passage (*In Metaph.* 40.2-7), Syrianus évoque, en des termes qui rappellent H 6, 1045b17-22, l'unité de ce qui est en puissance et de l'être en acte vers lequel tend cette puissance.
4. Thomas d'Aquin, *Sent. Metaph.* Liber VIII, lectio 1.

II

LE STATUT DES SUBSTANCES SENSIBLES
ET LA QUESTION DE LA MATIÈRE

a) *La matière dans la Métaphysique*

Comme je l'ai déjà signalé, H manifeste un intérêt particulier pour la substance sensible et la matière. Or la matière et la causalité matérielle ont à première vue le mauvais rôle dans la *Métaphysique*. D'une part, la matière ne fait pas l'objet d'une analyse spécifique, ce que l'on peut du reste considérer comme normal, si l'on admet que son étude relève avant tout de la physique. D'autre part, le statut de l'explication par la matière est un enjeu polémique, Aristote s'opposant nettement aux explications que l'on pourrait dire « matérialistes » des propriétés des substances. La critique des théories antérieures, au livre A, conduit à rejeter les thèses de ceux qui se contentent de la causalité matérielle – ou plutôt de l'idée qu'ils se font de la matière – et méconnaissent les autres déterminations causales.

Lorsque l'on aborde l'enquête positive sur l'*ousia* en tant que telle, dans le livre Z, les choses se présentent en principe différemment : on ne part plus, comme dans le livre A, des conceptions erronées de la matière. Le lecteur se trouve alors face à un exposé, non pas intégralement positif [1], mais en tout cas moins ouvertement dialectique, un exposé dans lequel le statut de certains passages n'est pas clairement signalé et où l'on discerne un certain nombre de thèses visiblement assumées par Aristote. Toutefois, là encore, la matière est avant tout

---

1. Se pose en effet la question de savoir dans quelle mesure et jusqu'à quel point le livre Z, jusqu'en Z16 inclus, doit être considéré comme un traité dialectique, dans l'idée – voir par exemple S. Menn, « *Metaphysics* Z10-16 and the Argument-Structure of *Metaphysics* Z », art. cit. – qu'il serait en dialogue constant avec Platon et la doctrine des formes.

un point polémique, le substrat matériel devant être soigneusement distingué de ce type de substrat qu'est l'*ousia*, contrairement à l'avis de ceux pour qui la matière est elle-même le véritable sujet ultime[1].

Comme nous l'avons vu, Z3 refuse à la matière le statut de substance, parce qu'elle n'est qu'un substrat indéterminé, alors que l'*ousia* se caractérise avant tout par le fait qu'elle est quelque chose de séparé et constitue un « ceci ».

Toutefois, une lecture plus attentive montre que la *Métaphysique* est loin d'en avoir terminé avec la matière à la fin de Z3. La question du statut de la matière est débattue, et cela d'autant plus qu'elle pose le problème fondamental de l'objet même de la *Métaphysique*, ou tout au moins des livres dits « centraux » : si l'enquête sur la substance a pour objet premier la substance en tant que forme, c'est-à-dire ce dont il y a définition à proprement parler, la matière ne saurait y occuper qu'une position marginale. On peut du reste en dire autant de l'étude du devenir. C'est une des raisons qui ont conduit un certain nombre d'interprètes de la *Métaphysique* à penser que Z7-9 n'appartenait pas à la première rédaction de Z, mais avait été inséré après coup[2]. Je ne discuterai pas ici cette question, mais je note que le problème de fond concerne également le livre H, non seulement parce qu'il est étroitement lié à Z, mais également parce qu'il fait une place centrale à la matière et à l'analyse du devenir.

Le livre H autorise même à dire de la matière, on l'a signalé plus haut, qu'elle « est *ousia* ». Comprenons, par anticipation, que la matière ne peut être désignée comme étant *la* substance de telle entité composée de matière et de forme, qu'elle n'est jamais par elle-même substance au sens absolu, mais qu'elle n'est pas pour autant exclue de la substantialité, c'est-à-dire de ce qui fait qu'une substance composée donnée est une substance. L'objet de H (ou l'un de ses principaux objets) est précisément de confirmer cette thèse et d'en évaluer les implications[3].

---

1. Z 3, 1029a26-30.
2. Voir notamment – après Ross – Burnyeat, *Map*. Sur cette section au statut discuté, je renvoie également à l'argumentation de S. Menn, *The Aim and the Argument of Aristotle's Metaphysics* (à paraître). Il estime que Z7-9 appartient originellement à Z. Voir aussi S. Menn, « *Metaphysics* Z10-16 and the Argument-Structure of *Metaphysics* Z », art. cit. S. Menn pense du reste que H 3, 1043b13-21 fait référence à cette section.
3. Voir en ce sens S.G. Seminara, *Matter and Explanation*, *op. cit.*, pour qui la question de la matière constitue le cœur même de la problématique de H.

Pour le saisir, nous devons tout d'abord revenir sur le lien entre H et ce qui le précède, à savoir non seulement le livre Z, mais aussi le livre A, que cette antériorité soit chronologique ou simplement éditoriale. Dans un second temps, nous devrons nous tourner vers H lui-même, en signalant les jalons qui conduisent de H1 aux thèses centrales de H6 sur la question de la matière.

Ces deux thèses sont les suivantes : a) matière et puissance sont en un sens des termes équivalents[1]; b) la matière ultime, c'est-à-dire « prochaine » (*eschatê*)[2], et la forme constituent une unité[3].

Quelles que soient les difficultés que ces deux assertions posent en elles-mêmes, elles justifient selon moi une grande partie des développements antérieurs du livre H. La lecture que l'on défendra dans ce chapitre est que les deux thèses de H6 reposent sur la nouvelle élaboration de la notion même de matière, à laquelle procèdent les chapitres H1 à H5.

Aristote va montrer au moins trois choses essentielles à propos de la matière : qu'elle a un rôle à jouer dans la *définition* des substances sensibles; qu'elle contribue à *l'explication* des composés sensibles; qu'elle comprend différents degrés de détermination. La matière, en effet, peut être dite un « ceci » en puissance, parce qu'elle définit des niveaux de potentialité, dont le plus élaboré, selon H6, est substantiellement uni aux déterminations formelles[4]. Nous

---

1. « d'une part la matière et d'autre part la forme, d'un côté ce qui est en puissance et de l'autre ce qui est en acte », H 6, 1045a23-24. Je dis « équivalents » et non pas synonymes, puisque la puissance a plus d'extension que la matière. Ainsi, l'âme, comme entéléchie première, a des « puissances » ou facultés, qu'elle a à actualiser; or elle est forme (voir *DA* II 1, 412a19-28). De même, un acte n'est pas nécessairement une forme : l'acte de la vision n'est pas en soi une forme et le Premier Moteur, acte pur, n'est pas présenté par Aristote comme une « forme » pure. Voir sur ce dernier point les observations de G. Aubry, *Dieu sans la puissance. Dunamis et energeia chez Aristote et Plotin*, Paris, Vrin, 2006, p. 20.
2. Sur cette expression, voir notamment Z 10, 1035b30-31.
3. « la matière prochaine et la forme sont une seule et même chose, l'une en puissance et l'autre en acte », H 6, 1045b17-19.
4. Voir M.L. Gill, *Aristotle on Substance. The Paradox of Unity*, Princeton, Princeton University Press, 1989, p. 128 *sq.* M.L. Gill elle-même, dans son étude « Unity of Definition in *Metaphysics* H. 6 and Z. 12 », *in* J. Lennox, R. Bolton (eds), *Being, Nature, and Life in Aristotle. Essays in Honor of Allan Gotthelf*, Cambridge, Cambridge University Press, 2010, p. 97-121, insiste en revanche sur le fait que H6 prend l'exemple d'une sphère de bronze, plutôt que celui de l'organisme vivant. Aristote entendrait ainsi montrer que le problème de l'unité concerne la matière persistante, quel que soit le niveau auquel on l'envisage.

reviendrons plus loin sur le premier point [1]. Examinons pour l'instant les deux autres.

Il n'est pas nécessaire d'étudier ici en détail l'argumentation du livre A contre les physiciens qui ont eu le tort de penser que la matière était l'unique principe de toutes choses. En A 3, 983b6-18, Aristote emploie un argument radical selon lequel cette thèse rend inconcevable toute génération et toute corruption. Si tout est matière, en effet, et si la matière est elle-même inengendrée et incorruptible parce qu'elle est l'origine de toute chose et le substrat permanent du devenir, alors on doit conclure qu'il n'y a rien qui puisse être engendré ou détruit.

Ce n'est cependant pas le dernier mot d'Aristote sur ce point, car il reconnaît à ses prédécesseurs le mérite d'avoir eu une sorte de prénotion du substrat. Cette préfiguration encore balbutiante est certes susceptible de nous égarer, mais elle peut également nous mettre sur la voie d'une conception adéquate de la causalité matérielle. Dans le passage cité, ce qui est pris comme exemple de substrat permanent, ce n'est pas un élément matériel, comme l'eau ou le feu, mais Socrate, en tant que sujet de « beau » ou de « musicien ». Ainsi, en évoquant la cause matérielle et en la qualifiant en 983b10 de « substance sous-jacente » (οὐσία ὑπομενούση), Aristote introduit subrepticement la notion de substrat (ὑποκείμενον, l. 16) avec la double ambiguïté débattue en Z3 : la matière qui remplit cette fonction est-elle en un sens *ousia*? Le substrat doit-il s'entendre uniquement comme sujet matériel indéterminé, ou bien doit-on aussi l'entendre comme sujet logique de prédication [2]?

En Z, la question « qu'est-ce qui est substance? » conduit à envisager, comme on l'a rappelé, quatre possibilités (être essentiel, universel, genre, substrat). L'examen de la quatrième possibilité conduit logiquement à envisager la position de ceux qui font de la matière le substrat de toutes choses. Aristote rejette toutefois l'identification de la substance à la matière-sujet, dans un passage déjà cité [3]. Ce texte pose plusieurs difficultés qui tiennent pour partie à son statut logique. On peut en effet considérer qu'il s'agit de la position même d'Aristote, mais on ne peut faire abstraction du climat dialectique qui entoure ce passage. Se pose en outre la question de savoir si la matière

---

1. Voir *infra*, p. 117-125.
2. Ambiguïté rappelée en Z 13, 1038b5-6.
3. Z 3, 1029a26-30. Voir *supra*, p. 18.

dont il est question est exactement la même que celle dont on parlera en d'autres occurrences : il se peut qu'Aristote évoque ici la matière la plus indéterminée – sinon une matière « première », tout au moins la matière de niveau élémentaire – par opposition à la matière prochaine évoquée par exemple en H 6, 1045b18. Laissons pour l'instant cette question de côté, pour nous en tenir à une observation purement factuelle : ce passage dit expressément, et littéralement, qu'il est *impossible* que la matière soit substance.

L'affaire va se présenter différemment dans la suite du livre Z. C'est notamment le cas en Z7-9, où l'étude porte sur les choses en devenir, ce qui conduit nécessairement à examiner la matière dont elles sont composées. En Z 7, 1033a4-5, Aristote indique même que « le cercle de bronze a la matière dans sa définition », ce qui renforce l'hypothèse de la présence de la matière dans la définition – ou dans certaines définitions [1].

Le dernier mot sur la question de l'appréciation portée par Z sur la matière doit cependant revenir à Z17. Comme nous l'avons vu, le livre Z s'achève par l'affirmation nette du primat de la cause formelle et finale dans l'explication causale [2] : si la recherche de la cause porte sur la matière, c'est dans la mesure où nous recherchons la cause (formelle, finale, efficiente) qui fait de telle matière ce qu'elle est en acte, ce qui fait par exemple que tels matériaux sont une maison ou que tel corps est celui d'un être humain [3]. La fin de Z17 le confirme par le biais de l'exemple des syllabes : la syllabe BA perd son essence dès lors qu'elle est réduite à ses éléments, les lettres B et A, ce qui montre que la matière n'est jamais par elle-même principe d'unité [4]. Cette thèse ne sera pas démentie en H. Elle sera cependant envisagée à partir d'un nouveau point de vue : celui des spécifications et des propriétés de la matière elle-même.

Il ressort de ces différents passages que la matière n'est pas la substance, parce qu'elle n'est ni un *tode ti* ni quelque chose de séparable. Le livre Z, toutefois, envisage également qu'elle entre – au moins sous certaines conditions – dans la définition des êtres en devenir en tant que tels, parce qu'elle est, non seulement une condition

---

1. Voir *infra*, p. 117-125.
2. Z 17, 1041a28 ; b7-8 ; 28.
3. Z 17, 1041b5-9.
4. Z 17, 1041b11-33.

nécessaire de leur existence, mais également un aspect de leur essence. La situation, à la fin de Z17, est donc équivoque.

b) *Matière et puissance, de H1 à H6.*

Commençons par H1. Dans ce chapitre introductif, comme nous l'avons vu, Aristote entend récapituler un certain nombre de points considérés comme acquis. Toutefois la discussion dialectique ne prend pas fin pour autant, puisqu'il revient sur les opinions dominantes concernant la substance, en se demandant « qu'est-ce qui est substance ? ». Sur certaines substances, dit-il, tous sont d'accord et ils disent qu'elles sont effectivement des substances ; sur d'autres – comme les Idées et les réalités mathématiques – seuls quelques-uns s'accordent. Les substances qui font l'objet d'un consensus sont les substances sensibles et elles méritent une attention particulière :

> Mais venons-en maintenant aux substances communément admises. Ce sont les substances sensibles ; or les substances sensibles ont toutes une matière. Or est substance le sujet, qui en un sens est la matière (j'appelle « matière » ce qui, n'étant pas un ceci en acte, est un ceci en puissance), et en un autre sens la notion et la forme, ce qui, étant un ceci, est séparable en raison. Troisièmement, c'est ce qui est constitué <de matière et de forme>, et dont seul il y a génération et destruction, et qui est séparable sans restriction (…) [1].

Ce passage fait écho à Z3 sur un point essentiel, à savoir les différentes hypothèses concernant l'identité du substrat véritablement substantiel : la matière, la forme ou le composé des deux. Citons Z3 :

> Car c'est surtout le sujet premier qui semble être substance. Or en un sens on dit que c'est la matière, en un autre la forme et en un troisième le composé de celles-ci [2].

La similarité entre les deux textes est donc claire, mais la différence ne l'est pas moins. D'une part, le texte de H introduit la distinction entre puissance et acte ; d'autre part, en opposition claire au premier texte cité de Z3, la matière est un « ceci » (τόδε τι). Aristote précise : « en puissance », mais c'est à l'évidence un changement de point de vue fondamental.

---

1. H 1, 1042a24-31.
2. Z 3, 1029a1-3 : μάλιστα γὰρ δοκεῖ εἶναι οὐσία τὸ ὑποκείμενον πρῶτον. τοιοῦτον δὲ τρόπον μέν τινα ἡ ὕλη λέγεται, ἄλλον δὲ τρόπον ἡ μορφή, τρίτον δὲ τὸ ἐκ τούτων.

Les lignes suivantes de H1 vont d'ailleurs permettre de franchir un pas de plus. Elles affirment littéralement que la matière « est substance » :

> Mais il est manifeste que la matière également est substance. Dans tous les changements entre opposés, en effet, il y a quelque chose qui est sujet pour les changements [1].

L'affirmation du statut substantiel de la matière est du reste rappelée dans les chapitres suivants. C'est le cas au début de H2 :

> Puisque la substance entendue comme sujet au sens de matière est communément admise, et que par ailleurs elle est substance en puissance, il reste à dire ce qu'est la substance, entendue comme acte, des choses sensibles [2].

De même, H4 commencera par une expression qui semble tenir pour acquis que l'on puisse légitimement parler de « substance matérielle » :

> Concernant la substance matérielle (Περὶ δὲ τῆς ὑλικῆς οὐσίας), il ne doit pas échapper que, même si toutes choses viennent d'un même composant premier ou bien des mêmes composants premiers, et même si la même matière a fonction de principe pour les êtres en devenir, néanmoins il y en a une qui est appropriée à chacun [3].

L'attribution à la matière du statut de substance n'est donc pas un incident de parcours, une expression proposée « en passant » : c'est le premier temps d'un changement de discours, par rapport à Z3, que H2 et H4 vont confirmer [4]. Ce changement de discours ne signifie pas pour autant changement de doctrine : plutôt un raffinement de la doctrine telle qu'elle est exposée en Z3.

---

1. H 1, 1042a32-34 : ὅτι δ' ἐστὶν οὐσία καὶ ἡ ὕλη, δῆλον· ἐν πάσαις γὰρ ταῖς ἀντικειμέναις μεταβολαῖς ἐστί τι τὸ ὑποκείμενον ταῖς μεταβολαῖς.
2. H 2, 1042b9-11 : Ἐπεὶ δ' ἡ μὲν ὡς ὑποκειμένη καὶ ὡς ὕλη οὐσία ὁμολογεῖται, αὕτη δ' ἐστὶν ἡ δυνάμει, λοιπὸν τὴν ὡς ἐνέργειαν οὐσίαν τῶν αἰσθητῶν εἰπεῖν τίς ἐστιν.
3. H 4, 1044a15-18. Voir aussi l'occurrence de l'expression « substance matérielle » (οὐσία ὑλική) en Θ 7, 1049a36.
4. Comme le dit G. Aubry, *Dieu sans la puissance, op. cit.*, p. 84, à propos de la « candidature » de la matière au statut de substance en Z3, « H 1 marque (…) un progrès par rapport à Z en ce qu'il procède à la réintégration du candidat matière, mis jusqu'à présent hors-jeu ». Voir encore M. Zingano, « L'homonymie de l'être et le projet métaphysique d'Aristote », *Revue internationale de Philosophie* 201, 1997-3, p. 333-356, à propos du changement de discours entre Z3 et H1, p. 341 : « en ajoutant aux distinctions antérieures celle de l'acte et de la puissance, la matière peut être érigée en candidat à la substance à condition de l'être en puissance. »

Comme nous l'avons vu, le passage de Z3 déclarant « impossible » que la matière soit substance ne nie pas totalement le caractère substantiel de la matière. Il laisse entendre que la matière n'est pas substance de plein droit ou encore qu'elle est, des trois sujets possibles, celui qui a le plus faible « coefficient » de substantialité [1]. Ceux que critique Aristote ont le tort de croire que seule la matière est substance parce qu'ils considèrent un seul critère de substantialité, le sujet ultime (τὸ ἔσχατον; Z 3, 1029a24), et oublient les deux autres critères énoncés en Z 3, 1029a27-28 : le fait d'être séparable (χωριστὸν) et le fait de constituer un « ceci » (τόδε τι). Le texte de H1 peut vouloir dire, en accord avec la doctrine sous-jacente de Z3, que la matière est substance, mais qu'elle n'est pas *la seule* à l'être – d'où, sans doute, le καὶ : « la matière *également* est substance » – et qu'elle l'est même avec une restriction de taille : elle l'est *en puissance*, parce qu'elle est un « ceci en puissance ». C'est du reste ce qu'affirme aussitôt le début de H2 cité ci-dessus.

L'insistance sur l'hypothèse « matière » n'en est pas moins révélatrice, de même que l'on doit sans doute tenir pour significative, au regard des formulations antérieures, la brutalité des formules accordant à la matière le statut de substance. En H1, une telle formule est à la fois une provocation et une annonce. Une provocation, puisque le texte de H1 s'adresse, comme l'a noté Burnyeat, à un lecteur « intelligent », bien averti de ce qui se passe dans les traités de philosophie première et sans doute bon connaisseur de Z. Aussi le lecteur en question ne peut-il que s'arrêter sur ce passage et chercher ce qu'Aristote peut bien vouloir dire. C'est aussi, implicitement, une annonce, car la formule appelle des développements complémentaires sur l'importance des types et des niveaux de détermination matérielle dans la définition des substances sensibles (H2 ; H4 ; H5), et sur ce que veut dire « être en puissance » (H2 ; H6).

H1 propose en tout cas une conception de la matière beaucoup moins restrictive que celle de Z3. La matière, dans le dernier passage cité de H1, est comprise comme substrat du changement sous ses quatre catégories : selon le lieu, la quantité, la qualité et la substance. L'orientation du chapitre se confirme : il s'agit de dresser le cadre

---

1. Pour reprendre l'expression de P. Pellegrin, « Taxinomie, moriologie, division. Réponses à G.E.R. Lloyd », dans D. Devereux, P. Pellegrin (éd.), *Biologie, logique et métaphysique chez Aristote*, Actes du Séminaire C.N.R.S.-N.S.F., Oléron, 28 juin-3 juillet 1987, Paris, 1990, p. 37-47.

d'une investigation sur les substances sensibles, donc sur les substances soumises au devenir; or ce cadre impose une prise en compte des propriétés de la matière en tant que sujet du changement. Nous sommes dès lors en droit d'attendre, de la part d'Aristote, des précisions complémentaires concernant la dimension, non plus simplement constitutive, mais véritablement fonctionnelle de la matière : quelles sont les propriétés de la matière qui font de la matière non pas seulement une strate indéterminée ou faiblement déterminée de la réalité physique, mais un ensemble de propriétés, d'aptitudes ou de potentialités nécessaires à la réalisation des changements en question? H1 spécifie, si l'on peut dire, cette matière en la qualifiant de « matière topique » pour le changement de lieu et de « matière entrant en jeu dans la génération et la destruction » pour le changement substantiel [1]. Dans la suite du livre, il va poursuivre l'entreprise de caractérisation de la matière en montrant qu'elle présente, y compris comme substrat, un certain nombre de déterminations. Le livre H ne se contente manifestement pas de concevoir la matière comme un substrat indéterminé intégralement passif : il s'emploie à en exposer les fonctions et les aptitudes, en tant qu'elle constitue le substrat des composés sensibles et de leur devenir.

De fait, après H1, l'intérêt pour la matière, loin de faiblir, se traduit par des efforts renouvelés pour en élaborer une conception plus fine. On pourrait croire qu'au début de H2, on en a en quelque sorte terminé avec la matière, étant donné qu'Aristote annonce : « il reste à dire ce qu'est la substance, entendue comme acte, des choses sensibles » [2]. Il faudrait ainsi comprendre : « nous avons suffisamment parlé de la "substance en puissance" que constitue la matière, parlons maintenant de la substance comme acte, c'est-à-dire la forme ». La suite du texte va cependant montrer qu'il n'en va pas ainsi et que nous sommes loin d'avoir épuisé ce qu'il y avait à dire sur la matière.

Je me contenterai ici, avant d'y revenir plus en détail dans le commentaire, de signaler les principales étapes de ce qui m'apparaît comme une progression vers une caractérisation de plus en plus complexe de la matière, en H2, 4, 5, 6.

i) La matière n'est pas indifférente au processus d'information. En H2, évoquant les différences, analogues à la forme et à l'acte, qui organisent la matière dans les composés, comme la

---

1. H 1, 1042b6. Voir *infra*, Commentaire [1.4].
2. H 2, 1042b10-11.

juxtaposition des matériaux ou leur mélange, Aristote précise
que « l'acte est différent en différentes matières » (H 2,
1043a12-13). Cette thèse est également mentionnée en H 4,
1044a27-29.

ii) La matière, dans un composé donné, est en puissance ses
déterminations actuelles et, comme telle, trouve place dans sa
définition (H 2, 1043a12-21).

iii) On doit distinguer au moins deux types ou deux niveaux
de matière[1]. Selon H 4, 1044a15-25, le premier niveau est
celui du ou des composant(s) premiers, c'est-à-dire, non pas
nécessairement l'hypothétique « matière première », mais plus
probablement l'élément ou les éléments dont tout composé
provient. Pour caractériser la matière de tel composé sensible
particulier, il convient cependant de donner « sa matière
propre » ou « appropriée » (τις οἰκεία ἑκάστου).

iv) La matière est puissance des contraires (H 5, 1044b21-34),
mais ce qui subit une corruption accidentelle (comme le vin
lorsqu'il devient vinaigre ou le vivant lorsqu'il devient
cadavre) n'est pas « matière » de ce qui en provient (H 5,
1044b34-1045a6). En effet, « x vient de y » ne signifie pas
nécessairement que « y est matière de x ». En d'autres termes,
la relation « être matière de » a moins d'extension que la relation « provenir de », dont elle est une spécification. Pour définir les substances sensibles et expliquer leurs propriétés, il faut
donc, non seulement affiner notre conception de la matière,
mais également délimiter le champ de la causalité matérielle.

v) On doit distinguer entre matière intelligible (le genre) et
matière sensible ; dans toute définition, un terme a fonction de
matière et l'autre a fonction d'acte (H 6, 1045a33-35).

vi) La matière prochaine (ἐσχάτη ὕλη) et la forme constituent une
seule et même chose, l'une en puissance et l'autre en acte (H 6,
1045b18-19).

Le rôle de la matière dans la définition et l'explication et, d'une
manière générale, dans l'investigation concernant les substances

---

1. C'est une distinction synthétique, car on doit souvent, dans les faits, distinguer
un plus grand nombre de niveaux matériels, comme on le voit dans le chapitre 4, où
Aristote donne un exemple invitant à distinguer au moins quatre niveaux de matière
pour expliquer la composition de la bile : les éléments (matière « première » en H 4,
1044a23) ; le doux ; le gras et le phlegme.

sensibles constitue donc une sorte de fil rouge du livre H. Celui-ci montre que nous ne devons pas nous contenter de concevoir la matière comme un simple substrat indéterminé, ainsi qu'on l'a d'abord fait en Z3. La matière présente en effet des caractéristiques, variées et graduelles, qui doivent être prises en compte dans l'analyse des substances sensibles.

Il ne faudrait pas pour autant oublier, comme je l'ai signalé en (iv), que l'objectif d'Aristote est aussi de marquer les limites de l'explication matérielle, y compris dans les chapitres qui lui attribuent une place de premier plan, à savoir les chapitres 4 et 5. Ces derniers donnent des indications précises sur ce qui, dans les processus affectant les substances sensibles, ne s'explique pas par la matière (tout ce qui, dans le devenir même, n'est pas soumis au devenir) et sur les processus (comme les corruptions accidentelles du chapitre 5), qui ne s'expliquent pas par la matière propre de ce qui est engagé dans le devenir.

Il y a en tout cas dans le livre H un mouvement de fond en direction d'une conception plus fine de la matière, qui n'est plus simplement un substrat indéterminé, mais un substrat à la fois partiellement déterminé et déterminable, et qui constitue un ensemble de potentialités en vue de l'actualisation. Un lien ténu se tisse dès lors entre la matière et la finalité, comme nous le verrons au cours du commentaire[1]. C'est un changement fondamental de discours par rapport à Z3, qui considérait le substrat matériel comme privé de qualifications positives. Il apparaît ainsi que les deux thèses de H6 que j'ai soulignées au début de ce chapitre – (a) la double équivalence de la matière et de la puissance, d'une part, et de la forme et de l'acte, de l'autre ; (b) l'unité immédiate du composé – sont préparées par les chapitres précédents, à savoir H1-5.

---

1. Voir D. Charles, « Θ 7 et 8 : quelques questions à propos de la potentialité (*dunamis*) et de l'actualité (*energeia*) » dans M. Crubellier, A. Jaulin, D. Lefebvre, P.-M. Morel (éd.), Dunamis. *Autour de la puissance chez Aristote*, « Aristote. Traductions et études », Louvain-La-Neuve, Éditions Peeters, 2008, p. 353-390, p. 353 : « ce qui fait que potentialité et actualité sont couplées de façon à former une unité composée, c'est qu'elles partagent une cause, à savoir ce que c'est, pour chacune d'elles, d'être ce qu'elle est (une cause formelle) ». Charles défend une interprétation « explicative » (ou téléologique) de la reformulation de la question de l'unité du composé en termes de puissance et d'acte, lecture selon laquelle l'acte coïncide avec la forme plutôt qu'avec le composé achevé. La matière ne serait donc pas « ce qui est en puissance un composé achevé » (p. 356), mais le corrélat – non-accidentel – de la forme *dans* la substance composée.

D'une manière générale, et pour résumer, le livre H opère le passage d'une conception de la matière comme simple substrat à une conception fonctionnelle de la matière. La matière est toujours envisagée comme un substrat, mais il s'agit désormais d'un substrat qualifié et considéré au travers de ses aptitudes à l'information. Le livre H montre ainsi que la matière contient, en elle-même, une partie des raisons positives qui fondent l'unité du composé sensible. Le livre Z, il est vrai, n'ignorait absolument pas la substance sensible, au point même de faire allusion aux résultats des recherches biologiques et psychologiques. Aristote mentionne par exemple la thèse selon laquelle la faculté perceptive entre dans la définition de chacune des parties et des fonctions de l'animal[1]. Toutefois, en H, la thèse de l'unité de la substance sensible, désormais placée au premier plan, est renforcée par des arguments nouveaux : elle ne résulte plus seulement de la forme, mais aussi des aptitudes de la matière prochaine. Si l'on considère que, pour Aristote, la forme d'une substance naturelle est son principe immanent d'organisation et de développement, il est naturel et nécessaire de prendre en compte ce que précisément elle organise, à savoir la matière.

---

1. Voir Z 10, 1035b16-18 et P.-M. Morel, « Parties du corps et fonctions de l'âme en *Métaphysique* Z », *in* G. Van Riel, P. Destrée (eds), *Ancient Perspectives on Aristotle's De Anima*, Leuven, Leuven University Press, 2009, p. 125-139.

III

LE PROBLÈME DE LA DÉFINITION ET L'UNITÉ DE LA SUBSTANCE

a) *L'héritage de Z*

La question de la définition[1] est au cœur de la problématique du livre H. Celui-ci pose tout d'abord – et cherche à résoudre – le problème de l'unité de la définition. Une seconde question se pose également, bien que de manière indirecte : faut-il admettre différents types de définition, et notamment des définitions mentionnant la matière du défini ? Le commentaire au chapitre 2 nous permettra de répondre à la seconde question. Arrêtons-nous ici sur la première. L'intérêt de H pour la question de la définition se manifeste dès le premier chapitre. Celui-ci rappelle, en H 1, 1042a17-21, que la définition est l'énonciation de la quiddité ou être essentiel et fait allusion à l'enquête de Z10-11 sur les parties de la définition et du défini. Le chapitre 2 explique que les différences sont en grand nombre – en nombre plus grand par exemple que ne le pensait Démocrite qui n'en identifiait que trois –, et que le « ce que c'est », c'est-à-dire ce qu'établit précisément la définition, « se dit en autant de façons » (τὸ ἔστι τοσαυταχῶς λέγεται)[2]. Pour définir mais aussi pour expliquer, il conviendra donc d'identifier les genres sous lesquels se rangent les différences. Ainsi, sous les genres contraires que sont le droit et le courbe, on placera les différences de configuration ou de granulosité

---

1. Je traduis ainsi ὁρισμός ou λόγος, quand ce dernier terme ne désigne pas l'énonciation en général, dont la définition est une espèce (cf. par exemple Z 4, 1031a12 ; H 1, 1042a17).
2. H 2, 1042b25-26. Qu'il s'agisse ici du problème de la définition ne fait pas de doute, ainsi que le confirme ὁρισθήσεται, à la ligne 29, que je souligne : « l'être *sera défini* par l'ensemble de ces <différences>. »

des surfaces. On peut par ailleurs distinguer différents types de définition. Le chapitre 3 évoque plusieurs apories concernant la définition. Tout d'abord, comment sait-on si le nom désigne la forme ou le composé ? Si en outre toute définition énonce plusieurs choses, comme les composants matériels et leur mode d'organisation (ainsi, dans la définition de la maison, les briques et leur juxtaposition) ou encore comme les notions contenues dans l'énonciation (ainsi, dans la définition de l'homme, l'Animal et le Bipède), comment énoncer ce qui fait l'unité substantielle de l'objet défini ? La définition peut-elle donner l'essence ou doit-elle se contenter d'énoncer une qualité du défini, comme l'affirmait Antisthène ? Puisqu'elle contient nécessairement une pluralité de termes, on dira que la définition consiste à « prédiquer un terme d'un autre » (τι κατὰ τινος) [1], les termes simples dont elle est composée étant pour leur part indéfinissables. Le chapitre 4, à l'occasion de l'analyse du devenir des substances sensibles, rappelle que la cause formelle n'est donnée que dans les définitions énonçant la cause (H 4, 1044b15). Le chapitre 6, enfin, revient sur les apories de H3. Il établit que l'unité de la définition n'est pas conjonctive – ce qui en ferait une addition des éléments entrant dans sa composition, comme les lettres qui composent l'*Iliade* –, mais d'abord référentielle : la définition est une, parce qu'elle est définition *d'une chose une* [2]. Suffit-il cependant d'affirmer l'unité objective ou réelle du défini pour garantir l'unité de la définition ? Aristote établit également l'unité interne, ou structurelle, de l'énoncé définitionnel. La difficulté rencontrée en H3 à propos de l'unité se résout en effet, dès lors que l'on distingue, dans le défini comme dans la définition, entre être en puissance et être en acte, et corrélativement entre matière et forme. Ainsi, l'unité recherchée n'est pas conjonctive, mais proprement substantielle.

Dans le détail, cependant, le traitement par H de la définition pose un certain nombre de difficultés et le consensus est loin de l'emporter chez les commentateurs. Partons de ce qui est le moins discutable. Le livre H, comme le livre Z, pose que la forme est substance au premier chef et qu'elle constitue l'essence de la chose – essence séparable par énonciation ou « en raison » [3] –, telle qu'elle est énoncée dans la définition. Il soutient également qu'une définition est un énoncé

1. H 3, 1043b30-31.
2. H 6, 1045a12-14.
3. *Phys.* II 1, 193b4-5 ; *Metaph.* H 1, 1042a29.

universel exprimant, non pas un agrégat d'entités séparées, mais une unité réelle. Là encore, le terrain semble avoir été préparé par le traitement de la définition dans le livre Z, traitement dont il faut rappeler ici les principales étapes.

En Z4-5, Aristote a établi la corrélation de la définition, de la quiddité et du par soi[1] : c'est de la substance entendue comme forme qu'il y a proprement définition. La section Z10-11 pose la question suivante : puisque la définition est une certaine énonciation et que toute énonciation a des parties, ces dernières doivent-elles figurer dans la définition ? Il apparaît que les parties de la substance formelle sont les véritables parties de la définition (par opposition aux parties du composé sensible, qui sont des parties matérielles)[2]. Ce sont les parties de l'espèce « Homme » qui figurent dans sa définition (« Animal », « Bipède » ou « Raisonnable »), et non pas les parties du corps, qui constituent la matière de tel être humain individuel.

On note cependant une certaine hésitation, en Z7 et en Z11, à propos de la possibilité de produire des définitions des composés sensibles en tant que tels, hésitation sur laquelle nous aurons à revenir[3]. La principale difficulté devient en tout cas celle de l'unité de la définition : qu'est-ce qui fait de la définition un discours véritablement *un* ?[4]

La question devient centrale dans le chapitre Z12[5], dont le premier temps (1037b8-27) peut être schématiquement restitué ainsi :

i) qu'est ce qui fait l'unité de ce dont il y a définition ? Pourquoi en effet le complexe « animal bipède » constitue-t-il une définition possible de l'homme, et pourquoi est-il un et non multiple ?

ii) La réponse ne peut pas être la prédication par elle-même, car il y a des prédications accidentelles, comme dans « homme blanc ». Il n'y a pas, dans ce cas, d'unité essentielle.

iii) La participation, elle non plus, ne peut être invoquée pour unifier le genre et les différences. Le texte se prête ici à deux interprétations. a) Si « participer de *x* » veut dire, selon Aristote, « admettre la définition de *x* »[6], les différences

---

1. Voir Z 4, 1029b14 ; 1030a6-7 ; 1030b4-6 ; Z 5, 1031a11-14.
2. Z 10, 1035b31 *sq.* ; Z 11, 1037a25-27.
3. Z 7, 1033a4-5 ; Z 11, 1037a13-17.
4. Z 11, 1037a8-19.
5. La place de Z12, médiocrement articulé à Z11, est discutée, notamment par F-P.
6. Pour le sens technique de « participer » chez Aristote, voir *Top.* IV 1, 121a11-12.

participent du genre, puisque celui-ci est une partie de la définition selon la différence finale, comme « animal » est une partie de « animal rationnel ». Inversement, le genre ne participe pas de ses différences, puisque l'espèce n'entre pas dans la définition du genre. b) Le texte semble cependant porter avant tout sur la conception platonicienne de la participation[1], comme l'indique son recours à un argument différent, celui des contraires : si le genre participait des différences, il devrait participer simultanément des différences qui le divisent, comme bipède et quadrupède pour le genre Animal. Aristote sous-entend donc qu'une solution de type platonicien – qui articule les idéalités en les faisant participer les unes des autres, y compris en faisant participer le genre des différences – n'est pas tenable.

iv) Même si le genre participait des différences, nous retomberions dans l'aporie de la pluralité, car il participerait d'une pluralité de termes. Ainsi « Homme » participerait des différences constituant la série définitionnelle « pédestre, bipède, sans ailes ».

v) Pourtant, il y a nécessairement unité de la définition puisqu'elle est définition de la substance ; la substance signifie en effet une chose une, qui est un « ceci », un *tode ti*.

L'adjonction du genre à la définition, parce qu'elle semble condamner à *pluraliser* cette dernière et ainsi à manquer la simplicité du défini, pose un réel problème. C'est alors qu'Aristote invoque la méthode de définition par divisions, c'est-à-dire celle qui consiste à poser le genre premier, puis la série ordonnée des différences[2].

---

1. Comme le pense par exemple Ross, p. 206-207, qui estime qu'Aristote fait ici allusion à la participation platonicienne prise dans le même sens qu'en H 6, 1045a14-20. Voir *infra* [6.1].

2. Aristote critique dans plusieurs textes la méthode de division telle qu'elle est pratiquée à l'Académie. Voir *PA* I 3, 643b13-17 ; 643b28-644a10 ; *An. Post.* II 5, 13 ; *An. Pr.* I 31. En *An. Post.* II 13, cependant, il apparaît clairement que cette critique doit être nuancée : elle vise principalement la dichotomie, et avec elle l'erreur qui consiste à présupposer que la division binaire est à chaque fois pertinente ; elle vise le caractère indéfini de la série des divisions ; elle objecte que la nature de ce qui est à définir est présupposé dans les divisions qui y conduisent ; elle établit que la division ne démontre pas. Cela ne veut pas dire que la division, bien menée, ne soit pas un instrument efficace pour produire la série ordonnée des différences. Par ailleurs, on ne peut écarter la possibilité qu'Aristote ait lui-même opposé – sciemment ou *de facto* – au modèle de la définition par genre/différences une méthode consistant en une « intégration

Aristote introduit ensuite ce qui peut apparaître comme une première solution au problème de l'unité :

> Si donc le genre n'existe pas de manière absolue en dehors des formes qui s'y rapportent, ou bien s'il existe, mais comme la matière existe (car l'expression vocale est genre, c'est-à-dire matière, tandis que les différences produisent à partir d'elle les formes, c'est-à-dire les lettres), il est clair que la définition est l'énoncé produit à partir des différences [1].

Le genre s'efface derrière les différences et l'ensemble des différences derrière la dernière. Si le genre existe, c'est en tant que matière, comme la voix, l'expression vocale, est matière des lettres produites par différenciation. La différence ultime est donc forme de la matière constituée par le genre et les différences antérieures. C'est là une solution, une λύσις, géniale et admirable, si l'on en croit Michel d'Éphèse [2], celle qui consiste à comprendre l'unité de la définition en termes de matière et de forme. Celles-ci sont en effet, ajoute-t-il, « naturellement capables par elles-mêmes de s'unifier et d'être une seule chose » (ὑφ' αὑτῶν πεφύκασιν ἐνοῦσθαι καὶ ἓν γίνεσθαι) [3]. Nous reviendrons plus loin sur cette assimilation du genre à la *matière* de la définition, car c'est un point essentiel dans l'argumentation de H6.

Pourtant Z12 ne livre pas la totalité de la solution, car l'aporie n'est toujours pas résolue en Z13 :

> (…) il est impossible en effet qu'une substance soit composée de substances inhérentes effectivement réalisées ; car une dualité effectivement réalisée ne peut en aucun cas être une unité effectivement réalisée, mais si la dualité est en puissance, alors il y aura unité (ainsi la ligne double est constituée de deux demi-lignes, du moins en puissance ; car la réalisation effective sépare), de sorte que, si la substance est une, elle ne sera pas constituée de substances qui lui seraient inhérentes et, sous cet aspect précis, ce que dit Démocrite est

successive des différences dans une lignée définitionnelle », selon A. Jaulin, Eidos *et* ousia. De l'unité théorique de la *Métaphysique d'Aristote*, Paris, Klincksieck, 1999, p. 161, n. 171, qui considère que les deux modèles sont compatibles. En faveur de l'incompatibilité des deux conceptions de la définition, voir par exemple M. Mignucci, *L'argomentazione dimostrativa di Aristotele : commento agli* Analitici secondi *I*, Padova, Antenore, 1975, p. 438-439.

1. εἰ οὖν τὸ γένος ἁπλῶς μὴ ἔστι παρὰ τὰ ὡς γένους εἴδη, ἢ εἰ ἔστι μὲν ὡς ὕλη δ' ἐστίν (ἡ μὲν γὰρ φωνὴ γένος καὶ ὕλη, αἱ δὲ διαφοραὶ τὰ εἴδη καὶ τὰ στοιχεῖα ἐκ ταύτης ποιοῦσιν), φανερὸν ὅτι ὁ ὁρισμός ἐστιν ὁ ἐκ τῶν διαφορῶν λόγος. (Z 12, 1038a5-9).

2. Ps-Alex., In Metaph. 520.14-21.

3. Ps.-Alex., In Metaph. 520.15.

exact; il dit en effet qu'il est impossible qu'une unité provienne d'une dualité ou qu'une dualité provienne d'une unité; car c'est des grandeurs indivisibles qu'il fait les substances [1].

Selon ce passage, si l'universel était substance et si Socrate était lui-même une substance, on aurait une substance composée de deux substances, « Socrate » et « Animal », « Animal » étant l'universel générique auquel appartient l'individu Socrate [2]. Or deux êtres existant en acte [3] forment une dualité substantielle irréductible, de sorte que, s'ils sont les éléments constituants ou « inhérents » (ἐνυπαρχουσῶν) d'une totalité donnée, celle-ci ne sera jamais un seul et unique être. De fait, quelques lignes plus haut, Aristote a noté que si d'une part « l'universel est inhérent à l'être essentiel, comme Animal est dans Homme et Cheval » (ἐν τούτῳ δὲ ἐνυπάρχειν, οἷον τὸ ζῷον ἐν τῷ ἀνθρώπῳ καὶ ἵππῳ) [4], et si d'autre part l'universel est substance, alors il reste à comprendre en quel sens l'universel peut être substance de ce dans quoi il est contenu. Il peut l'être en un sens si l'on considère que « Animal » entre dans la nature même de l'homme individuel [5]. Cependant, et malgré cette relative substantialité accordée au genre, il est requis de la substance qu'elle soit « propre » à ce dont elle est substance et n'appartienne pas à quelque chose d'autre; or l'universel est commun à une multiplicité [6].

Il faut à l'inverse admettre que deux êtres peuvent former une unité à la condition d'être deux, non pas en acte, mais en puissance (δυνάμει). Ainsi la ligne double sera composée de deux demi-lignes, dont la dualité ou la séparation n'est pourtant que potentielle [7]. Si l'on comprend bien l'exemple d'Aristote, l'erreur consistant à faire coexister en acte les composants de la définition reviendrait à tracer, au lieu d'une ligne double, deux lignes distinctes ayant même

---

1. ἀδύνατον γὰρ οὐσίαν ἐξ οὐσιῶν εἶναι ἐνυπαρχουσῶν ὡς ἐντελεχείᾳ· τὰ γὰρ δύο οὕτως ἐντελεχείᾳ οὐδέποτε ἓν ἐντελεχείᾳ, ἀλλ᾽ ἐὰν δυνάμει δύο ᾖ, ἔσται ἕν (οἷον ἡ διπλασία ἐκ δύο ἡμίσεων δυνάμει γε· ἡ γὰρ ἐντελέχεια χωρίζει), ὥστ᾽ εἰ ἡ οὐσία ἕν, οὐκ ἔσται ἐξ οὐσιῶν ἐνυπαρχουσῶν καὶ κατὰ τοῦτον τὸν τρόπον, ὃν λέγει Δημόκριτος ὀρθῶς· ἀδύνατον γὰρ εἶναί φησιν ἐκ δύο ἓν ἢ ἐξ ἑνὸς δύο γενέσθαι· τὰ γὰρ μεγέθη τὰ ἄτομα τὰς οὐσίας ποιεῖ. (Z 13, 1039a3-11).
2. Z 13, 1038b29-30.
3. Ou comme réalité effective (ὡς ἐντελεχείαι), les termes étant ici équivalents.
4. Z 13, 1038b18.
5. En supposant que c'est ce qu'Aristote entend signifier en Z 13, 1038b20-22, quand il admet que le genre doit être « substance de quelque chose ».
6. Z 13, 1038b10-11.
7. Z 13, 1039a3-7.

grandeur. Plus généralement, il fait écho à la façon dont Z12 a posé le problème de la définition : si l'homme se définit comme « animal bipède », et si « Animal » et « Bipède » sont réellement distincts, comme le sont les idéalités platoniciennes, l'homme sera irréductiblement double [1], de sorte que nous perdrons à la fois l'unité de la définition et celle du défini. Dans les termes de Z4-5, cela revient à poser, à la place d'une unité substantielle ou notionnelle, une simple addition (πρόσθεσις) [2] d'éléments – dans le cas du défini – ou de termes – dans le cas de la définition.

Le passage de Z13 est donc fondamental car, en même temps qu'il pose un double problème en effet central – celui de l'unité de la substance, redoublé de celui de la définition –, il avance les termes dans lesquels la solution devra être formulée : l'acte et la puissance.

Toutefois, nous sommes encore loin, dans ce passage manifestement aporétique, d'une solution présentée comme telle, et plus encore d'une solution qui intégrerait explicitement le modèle hylémorphique. De fait, l'aporie subsiste toujours à la fin du chapitre [3], lorsque Aristote revient sur le problème de la définition. Il ajoute en effet en substance : si, à l'inverse, aucune substance ne doit être « composée » (σύνθετον), et si toute définition est une certaine composition – au moins du genre et de la différence spécifique –, alors il n'y aura définition d'aucune substance. Pourtant, il a été établi précédemment que c'est précisément des substances qu'il y a définition au sens le plus rigoureux, parce que la définition exprime l'essence, à savoir ce qu'une chose est *par soi* et non pas en vertu de quelque autre détermination.

La question reste donc ouverte, à ce stade, de savoir ce qui permet à une pluralité d'entités (réelles ou notionnelles) de constituer une unité (substantielle ou définitionnelle). En H6, Aristote va précisément déclarer le problème résolu, en faisant converger les deux lignes ouvertes par Z12 et Z13, celle de la solution hylémorphique et celle de sa traduction en termes de puissance et d'acte.

b) *Hylémorphisme et définition en H6 : la règle des trois unités.*

De quoi est-il exactement question en H6 ? L'unité recherchée est-elle celle de la forme ou celle du composé ? Sur ce point, les avis

---

1. Z 12, 1037b13-14.
2. Z 4, 1029b30 ; 5, 1030b15-16 ; 1031a1-5.
3. Z 13, 1039a14-23.

divergent considérablement. On voudrait montrer ici que l'objet de
H6 n'est ni la forme de préférence au composé ni l'inverse, mais
l'hylémorphisme lui-même, solution à la fois logique et réelle aux
difficultés exposées antérieurement par Aristote.

Une première option de lecture consiste à soutenir que l'aporie
centrale abordée en H6, la difficulté allusivement signalée dès la
première ligne du chapitre, concerne l'unité de la forme[1]. Le cas de
la substance sensible n'en serait, selon Ross par exemple, qu'une
illustration. Comme nous l'avons vu, la question de l'unité de la
forme est la préoccupation centrale de Z10-12, section à laquelle se
réfère H1. Cette interprétation a en outre l'avantage de faire ressortir
l'importance de H6 dans la réfutation de la doctrine platonicienne
des Idées : l'unité de la forme est radicale et ne résulte pas d'une
conjonction, parce que ce qui compose la forme ne constitue pas une
addition de parties idéelles existant par soi, mais deux aspects
indissociables de la définition, le genre et la différence. Dans ce cas, la
solution de H6 consisterait avant tout dans l'affirmation du caractère
immédiat de l'unité de la forme.

La seconde interprétation possible est que H6 porte prioritairement sur l'unité du composé sensible[2]. La question de l'unité de la
définition serait tout au plus seconde par rapport à ce problème.
Bostock défend la version la plus radicale de cette lecture. Il considère
que l'unité de la forme n'est pas en mesure de garantir celle du
composé, parce que la forme ne serait qu'un « agencement »
(*arrangement*) de la matière[3]. Il y a cependant des versions nuancées

1. Elle est notamment défendue par Ross; V. Harte, « Metaphysics H6 : A Dialectic
with Platonism », *Phronesis* 41, 1996-3, p. 276-304, et plus récemment par
S. Delcomminette, « *Métaphysique* H 6 : unité de l'*ousia*, unité de l'*eidos* », *Elenchos*
XXV, 2014-1, p. 89-125, qui considère cependant que la question de l'unité de la forme
n'est pas radicalement distincte de celle de l'unité du composé.
2. Voir notamment Bostock, mais aussi : D. Charles, « Matter and Form : Unity,
Persistence, and Identity », *in* T. Scaltsas, D. Charles, M.L. Gill (eds), *Unity, Identity,
and Explanation in Aristotle's* Metaphysics, Oxford, Clarendon Press, 1994, p. 75-105
(p. 90-91); E.C. Halper, *One and Many in Aristotle's* Metaphysics. *The Central Books*,
Columbus, Ohio State University Press, 1989, Parmenides Publishing, 2005, 179-180;
M.L. Gill, *Aristotle on Substance. The Paradox of Unity*, op. cit., p. 138-144; M.J. Loux,
Primary Ousia. *An Essay on Aristotle's* Metaphysics Z *and* H, Cornell University Press,
Ithaca-London, 1991, p. 264-274, qui estime que le composé est envisagé également du
point de vue spécifique : non pas seulement comme étant cet homme-ci, mais aussi en
tant qu'homme pris en général, c'est-à-dire comme composé d'une matière et d'une
forme elles-mêmes prises en général. Sur cette distinction, voir Z 10, 1035b27-31.
3. Voir Bostock, p. 289.

ou mixtes de la seconde interprétation, comme celle qui consiste à dire que l'insistance sur la substance sensible n'est pas exclusive de considérations sur l'unité propre de la forme[1], ou encore que la solution au problème de l'unité de la forme vient de son caractère composé, parce que ses parties s'unifieraient selon un modèle qui n'est autre que celui de la prédication hylémorphique, qui définit également l'unité du composé sensible[2].

La seconde orientation a le mérite de souligner l'importance et la légitimité théorique de l'interrogation sur les substances sensibles et cela conformément à l'économie propre du livre H. Il est nécessaire de se prononcer sur les composés sensibles et de dire en quel sens ils sont des substances et quelle est leur manière propre d'être substances. Il est donc logique que la question de leur unité vienne conclure l'analyse. Dans sa version nuancée ou mixte, elle permet de tenir compte des sinuosités du chapitre et du fait qu'il applique le modèle hylémorphique, non seulement au composé sensible, mais également à la définition.

Si l'on en juge par la lettre du texte, en tout cas, on peut admettre les deux points suivants :

a) il y a deux types ou deux niveaux d'hylémorphisme ;

b) Aristote recourt à deux manières distinctes et complémentaires d'unifier la définition : (b-i) par l'objet (sensible ou intelligible) auquel la définition fait référence (unité que j'appellerai *référentielle*) et (b-ii) par la manière dont elle articule, dans sa structure même, le genre et la différence (unité interne ou *structurelle*). Or cela ne veut pas du tout dire que H6 délaisse l'unité du composé sensible, car elle est au contraire centrale : elle est impliquée par (a) et par (b-i), et elle permet de concevoir (b-ii).

La difficulté tient pour une bonne part au fait que H6 donne l'impression de changer d'objet constamment, à partir de H 6, 1045a23. La première partie du chapitre semble consacrée à la difficulté abordée à partir de H 3, 1043b32 : qu'est-ce qui fait l'unité de la définition, d'une part, et du nombre, d'autre part ? Le cas des substances composées n'est envisagé que dans le cadre d'une

1. Voir par exemple H. Steinfath, « Die Einheit der Definition und die Einheit der Substanz. Zum Verhältnis von Z 12 und H 6 », *in* C. Rapp (ed.), *Aristoteles. Metaphysik. Die Substanzbücher (Z-H-Θ)*, Berlin, Akademie Verlag, 1996, p. 229-251 (notamment p. 246).

2. Voir E. Keeling, « Unity in Aristotle's *Metaphysics* H6 », *Apeiron* 45, 2012, p. 238-261.

comparaison entre ce qui fait l'unité de la définition et ce qui fait l'unité d'un corps. Cependant, à partir de H 6, 1045a23, au moment où la solution proposée est présentée comme découlant du double rapport entre matière et forme et entre puissance et acte, Aristote applique ce paradigme à la « sphère de bronze », et l'attention se porte explicitement sur « les êtres en devenir » (1045a31). Puis l'évocation de la matière intelligible, en 1045a34-36, laisse place à nouveau aux substances séparables ou formelles et élargit la solution hylémorphique au problème de l'unité en général, au-delà des substances composées sensibles. Enfin, Aristote conclut ce développement sur l'unité hylémorphique par l'évocation du particulier (1045b20), dont l'unité et l'existence ont pour seule cause un « moteur », qui peut être le géniteur, l'artiste, ou la forme elle-même dans sa fonction motrice[1]. La toute dernière phrase, enfin, mentionne les réalités qui n'ont pas de matière et qui, pour cette raison, sont absolument et immédiatement *unes*. Il est donc très aventureux de vouloir limiter H6 à l'un seulement des objets mentionnés.

Sans doute Aristote n'aurait-il pas souscrit aux termes dans lesquels le problème se trouve actuellement formulé, et cela pour deux raisons au moins. La première est que la plupart des interprètes laissent de côté les chapitres 1, 2, 4, 5 de H et négligent donc l'effet de contexte qu'ils produisent. Or nous avons noté l'insistance répétée des chapitres 1, 2, 4, 5 sur la substance sensible. Le chapitre 3 lui-même, bien qu'il soit en partie dédié à la substance formelle et à la définition, part du composé sensible et pose la question du statut de la substance corruptible par opposition à la substance éternelle. La seconde raison est que les deux problématiques opposées – d'une part, l'unité de la forme et corrélativement de la définition et, d'autre part, l'unité du composé sensible – ne peuvent être en réalité séparées l'une de l'autre. Chaque être particulier ne fait qu'un avec son être essentiel[2] – tel homme particulier n'est distinct, ni numériquement ni essentiellement, de ce qui fait de lui un homme. La fin de Z17 le confirme en expliquant que la substance – comprise comme forme – est la raison même de l'unité de la chose. Ainsi ne peut-on expliquer

---

1. Voir en ce sens M.L. Gill, « Unity of Definition in *Metaphysics* H. 6 and Z. 12 », art. cit., p. 100.

2. Z 6, 1031b18-1032a11.

l'unité du composé sensible sans rendre compte de l'unité de la forme et corrélativement de la définition [1].

Dès lors, si l'on admet que le livre H est particulièrement concerné par la substance sensible, mais qu'il s'inscrit résolument, à la suite de Z, dans le cadre de l'enquête sur l'*ousia* en tant que telle, on peut fort bien voir en H6 une ultime mise au point sur les trois objets dont la théorie de la substance requiert l'unité : la substance sensible, la forme et la définition. Il est donc logique que H6, pour répondre à la question de l'unité de la substance en général, traite aussi bien de l'unité de la définition et de la forme que de l'unité du composé sensible. Il n'y a pas là, contrairement à ce que pourrait faire croire l'inflation des commentaires, de véritable « problème ».

En revanche, les difficultés réelles apparaissent dès lors qu'il s'agit d'identifier chacun des arguments avancés par Aristote en faveur de l'unité de la substance.

Notons en premier lieu que le recours au modèle hylémorphique, comme le Pseudo-Alexandre l'a souligné avec une certaine grandiloquence, est explicitement présenté en H6 comme la solution même à l'aporie initiale :

> Mais s'il y a, comme nous l'affirmons, d'une part la matière et d'autre part la forme, c'est-à-dire d'un côté ce qui est en puissance et de l'autre ce qui est en acte, il semblerait bien que l'objet de l'enquête ne pose plus de difficulté [2].

> (...) la difficulté disparaît, parce que l'un est matière, et l'autre forme [3].

Cette solution se fonde sur une distinction précédemment établie entre matière et forme – « comme nous l'affirmons » –, distinction elle-même redoublée, puisque la matière peut s'entendre comme puissance et la forme comme acte. Les chapitres précédents du livre H, on l'a vu, donnent suffisamment d'éléments pour que cette double distinction puisse être tenue pour acquise, une fois que nous sommes parvenus au chapitre 6.

---

1. Comme le rappelle M.J. Loux, *Primary* Ousia, *op. cit.*, p. 267, les problèmes qui concernent respectivement l'unité de la définition et l'unité du particulier ne sont pas des questions séparées, mais plutôt un même problème abordé de différents points de vue.
2. H 6, 1045a23-25.
3. H 6, 1045a29.

Il ne va cependant pas de soi que le modèle hylémorphique, même redoublé du modèle puissance-acte, soit une solution suffisante à l'aporie dont part H6, et qui est rappelée en H 6,1045a25 : si l'homme est défini comme un « animal bipède », comment échapper à l'aporie de la pluralisation du simple, à savoir à cette conséquence que l'homme n'est pas un mais double, à savoir l'addition de l'Animal et du Bipède [1] ? L'unité *référentielle* (b-i) de la définition ne paraît pas suffire, et l'attention se porte maintenant sur son unité *structurelle* (b-ii).

Comme nous l'avons vu, on ne peut échapper à l'aporie qu'en dépassant la conception conjonctive de l'unification, celle qui est encore à l'œuvre dans la doctrine platonicienne de la participation. Le problème est donc ici de comprendre comment le genre (Animal) peut être distingué de la différence (Bipède) sans pour autant que l'énonciation de cette dernière consiste en une addition. Il faut donc que le genre soit présent dans la différence de manière non cumulative. À ce stade, on peut encore supposer que l'intervention du modèle hylémorphique repose sur une simple analogie et que le cas des substances sensibles est purement illustratif : le genre est à la différence ce que la matière est à la forme ou la puissance à l'acte dans les composés sensibles. On comprend ainsi l'exemple du mot « vêtement » (H 6, 1045a26), arbitrairement choisi pour désigner fictivement un « cylindre de bronze » : ne nous laissons pas abuser par la dualité des termes – « cylindre » et « bronze » ou « animal » et « bipède » – car elle ne met pas en péril l'unité réelle, qui est unité du défini. L'argument, ainsi entendu, est faible. Cette analogie ne fonde qu'une induction empirique, alors que nous avons besoin d'établir l'unité de la définition d'une manière qui puisse valoir pour les substances séparées et non pas seulement pour les substances sensibles.

Du reste, la suite du texte, en H 6, 1045a33-b7, fait apparaître un autre type d'unité, plus radical en apparence que l'unité du composé hylémorphique :

> Or, il y a d'une part la matière pour la raison et d'autre part la matière
> pour la sensation et, dans la définition, il y a, toujours, d'une part la

---

1. C'est pourquoi E.C. Halper, *One and Many in Aristotle's* Metaphysics, *op. cit.*, p. 180-183, estime que la garantie d'unité se trouve, non pas dans la relation hylémorphique elle-même, mais dans l'unité de la forme, en ce qu'elle constitue l'actualité même du composé.

matière et d'autre part l'acte. Par exemple : « le cercle est une figure plane ». Pour ce qui est des entités qui n'ont pas de matière, ni pour la raison ni pour la sensation, chacune d'elles est immédiatement une certaine d'unité, de même qu'elle est un certain être : le ceci, la qualité, la quantité. C'est pourquoi n'entrent dans les définitions ni l'être ni l'un. L'être essentiel également est immédiatement une certaine unité et un certain être. C'est pourquoi il n'y a pour ces entités-là aucune cause autre de leur unité et de même de leur être : chacune est immédiatement un certain être et une certaine unité, et cela non pas parce qu'elles appartiendraient à l'être et à l'un considérés comme un genre, ni parce qu'elles seraient des réalités séparées, à côté des particuliers.

Sans entrer pour l'instant dans le détail du texte [1], on note que, dans le cas des termes absolument simples, l'unité n'a pas à être expliquée. Elle va de soi. H3 précise que les composants ultimes des définitions ne sont ni définissables, ni exprimables par un énoncé prédicatif [2]. L'unité des entités simples est du reste qualifiée par Aristote d'« immédiate » (εὐθὺς) [3], à propos des catégories et de l'être essentiel. La dernière phrase du traité, enfin, attribue aux entités simples en général, qui sont sans matière, une unité « absolue » (ἁπλῶς) [4]. Par contraste, l'unité d'un composé de matière et de forme pourrait nous apparaître comme une unité seconde ou dérivée. Pourtant, il n'en est rien : ce passage est encadré par l'affirmation, répétée, du caractère indémontrable de l'unité des composés hylémorphiques, d'abord en H 6, 1045a31-32, puis en H 6, 1045b19-22. Dans ce cas non plus, il n'y a pas à rechercher la cause de l'unité.

En appliquant la prédication hylémorphique, non seulement aux composés sensibles, mais également au cas de la matière communément dite « intelligible », ou matière « pour la raison » [5], Aristote

---

1. Voir *infra*, p. 194-200.
2. H 3, 1043b30-32.
3. H 6, 1045a36 ; b3 ; 5.
4. H 6, 1045b23.
5. J'ai opté pour cette seconde traduction de l'expression ὕλη νοητή, afin d'écarter toute confusion avec la « matière intelligible » que les néo-platoniciens identifieront dans la structure de l'intelligible compris au sens platonicien (la communauté séparée des Idées et des genres qui en déterminent les relations mutuelles). La « matière intelligible » d'Aristote n'a pas d'existence par soi, non seulement parce que les intelligibles aristotéliciens n'existent pas en acte à l'état séparé, mais plus encore parce qu'elle n'est autre que le genre qui, nous allons le voir, n'a pas d'existence propre en dehors des différences. Je me réserve toutefois la possibilité d'utiliser dans certains cas

montre donc qu'il y a trois types d'unités : l'unité hylémorphique de la substance sensible; l'unité hylémorphique de la définition; l'unité non-hylémorphique des termes simples. L'aporie initialement mentionnée, celle de l'unité, est donc résolue pour les trois cas qui peuvent se présenter et face auxquels échouent aussi bien les physiciens matérialistes que les Platoniciens.

Nous retrouvons ainsi la thèse (a) évoquée ci-dessus, à savoir la distinction entre deux types d'hylémorphisme, ainsi que la nécessité (b) de rendre compte de l'unité de la définition, non seulement par son caractère *référentiel* (b-i), mais aussi par ses propriétés *structurelles* (b-ii).

Je reviendrai dans le commentaire sur les difficultés que pose l'idée de matière « pour la raison » ou matière « intelligible ». Notons dès à présent que si nous prenons au sérieux le passage où elle est évoquée, et si nous n'en faisons pas une simple digression, le mouvement d'ensemble de H6 devient assez clair :

    i) Il y a une aporie concernant l'unité de la définition et ce problème est celui de l'unité du genre et de la différence (1045a7-22).

    ii) Si l'unité recherchée est de type matière-forme, alors il n'y a plus de difficulté, comme le montre le cas de substances sensibles (1045a23-33).

    iii) Or la définition elle aussi a une matière et une forme, et l'unité des êtres absolument simples n'a pas à être démontrée (1045a33-b7).

    iv) Donc la difficulté est résolue pour les trois types d'unité (1045b7-23).

c) L'hylémorphisme en termes de puissance et d'acte.

Il reste à savoir, cependant, en quoi l'unité hylémorphique garantit par elle-même celle de la substance. Aristote semble commettre une sorte de pétition de principe quand il affirme que l'unité de la matière et de la forme supprime le problème parce qu'elle va de soi : « la matière prochaine et la forme sont une seule et même chose, l'une en puissance et l'autre en acte »[1]; « chaque chose particulière est en effet *une* et ce qui est en puissance et ce qui est en acte font *un* en un

---

l'expression « matière intelligible », par commodité et pour ne pas désorienter le lecteur habitué à la traduction traditionnelle.

1. H 6, 1045b17-19.

sens, de sorte qu'il n'y a pas ici d'autre cause que ce qui, en tant que moteur, fait passer de la puissance à l'acte »[1].

Ce qui pourrait ici passer pour un coup de force théorique se comprend en fait beaucoup mieux si l'on mesure bien les avantages qui résultent de la traduction de la relation hylémorphique en termes de puissance et d'acte. Rappelons-nous en effet que, d'après Z 13, 1039a3-11, il est impossible qu'une substance soit constituée de deux substances en acte ou entéléchie, alors que, de ce qui est deux *en puissance*, peut provenir une unité. Assurément, ce n'est là qu'une anticipation très partielle du recours à l'hylémorphisme en H6. Toutefois ce passage indique déjà clairement deux choses essentielles : d'une part, qu'aucune unité substantielle ne peut résulter de la conjonction de deux êtres en acte et, d'autre part, que c'est en termes de puissance et d'acte que la solution au problème de l'unité substantielle doit être formulée.

La puissance en effet n'est pas une substance, quel que soit le sens que l'on donne à cette dernière (substance composée ou substance formelle), car elle ne constitue pas un ceci déterminé et séparable. Du reste, même si toutes les puissances n'ont pas le même degré d'indé-termination – certaines étant puissances des contraires, comme l'aptitude naturelle au savoir ou au non-savoir, tandis que d'autres sont des puissances qui tendent préférentiellement à l'actualisation d'un des contraires, comme l'aptitude du savant à actualiser sa puissance acquise de savoir –, l'être en puissance est, d'une manière générale, la modalité propre de l'indéterminé[2]. D'autre part, une potentialité déterminée est un prédicat et non pas un sujet d'attribu-tion. Aristote, en Γ 2, 1003b1, évoque, parmi les termes « énoncés relativement à un terme unique » (πρὸς ἕν λεγόμενα), ce qui « peut recevoir la santé » (comme le corps malade). Le prédicat « santé » ne désigne pas en l'occurrence un pur non-être, puisque il *est* relative-ment à quelque chose qui *est* en un sens plus fondamental, mais il n'est pas *actuellement*, ou en acte ; il est précisément *en puissance*. Fondamentalement, la puissance est une manière d'être – et non pas un être à proprement parler – différente de l'être en acte. Par ce fait même, elle peut être inhérente à l'être en acte sans s'ajouter à celui-ci

---

1. H 6, 1045b20-22. Une chose une est une par elle-même, dès lors qu'elle existe. La cause de son être, l'agent ou le moteur de son existence (comme l'artiste ou le géniteur), est du même coup cause de son unité.
2. Γ 4, 1007b28-29 : « l'indéterminé est être en puissance et non en acte » (τὸ γὰρ δυνάμει ὂν καὶ μὴ ἐντελεχείᾳ τὸ ἀόριστόν ἐστιν).

comme une substance s'ajouterait à une substance. Elle satisfait ainsi aux exigences exprimées en Z13.

La matière est précisément, dans le composé, ce qui est en puissance, même si elle n'est pas absolument dépourvue de propriétés actuelles, comme la texture ou la dureté qui caractérisent tel ou tel matériau. Du point de vue du devenir, comme matière préexistante ou générative, elle permet de comprendre la génération et les accidents d'une substance particulière, parce qu'elle est potentiellement les contraires, forme et privation[1]. Du point de vue de la composition et de l'existence accomplie, comme matière constitutive et sujet sous-jacent, elle fait que la substance demeure ce qu'elle est tout en étant capable de changement. Le cas des substances sensibles implique donc la distinction de l'acte et de la puissance : les substances sensibles sont sujettes au devenir, et lui-même n'est saisissable que si l'on prend en compte la distinction entre puissance et acte.

L'apport décisif de H au problème de l'unité – celle de la définition comme celle de la substance sensible – tient à cette convergence des deux modèles, modèle de la composition hylémorphique (matière-forme) et modèle de l'accomplissement (puissance-acte). Le fait que la matière soit un ceci en puissance et ne soit pas substance au même titre que la forme est donc d'un bénéfice considérable : ce qui est en puissance ne saurait exister ni par soi et séparément, ni par addition à ce qui est en acte. Le composé matière-forme offre désormais, aux définitions et aux composés sensibles, la garantie d'unité conférée par la structure puissance-acte[2]. En ce sens, l'unité du composé est aussi radicale que celle des termes simples, même si elle est d'un autre type.

Aristote est donc parfaitement fondé à affirmer en H6 qu'il n'y a pas à rechercher la cause de l'unité de la matière prochaine et de la forme, en dehors de ce qui en fait l'essence même : ce qu'une chose est sous l'aspect de sa matière prochaine – par opposition à la matière éloignée rapidement évoquée en H4 – ne diffère pas substantiellement de ce qu'elle est sous l'aspect de sa forme. Comme le dit Bostock, matière et forme, respectivement comprises comme sujet et prédicat de la définition, « s'emboîtent » (*fit together*) sans avoir

---

1. Voir notamment : Z 7, 1032a21 ; Λ 2, 1069b15-18 ; Λ 5, 1071a4-11.
2. Voir en ce sens G. Aubry, *Dieu sans la puissance, op. cit.*, p. 86-87.

besoin de quoi que ce soit d'autre pour réaliser leur combinaison mutuelle [1].

Du même coup, on saisit mieux pourquoi la matière est substance « en puissance ». Cela tient à quatre raisons principales : en tout premier lieu, parce qu'elle est substance au sens de sujet ou substrat; ensuite, parce qu'elle ne fait qu'un, *in re*, avec la forme, dont elle est pourtant distincte, dans la constitution de la substance composée; parce qu'elle n'a pas d'autre définition que celle de la chose en acte (la maison en puissance ne se définit pas autrement que la maison en acte); enfin, comme l'insistance de H sur le rôle de la matière l'a montré, parce qu'elle participe, grâce à ses aptitudes positives, à l'accomplissement de la fin contenue dans la forme.

La relation hylémorphique est donc tout aussi efficace, pour garantir l'unité, que la simplicité de l'indécomposable. L'hylémorphisme, ainsi entendu, triomphe du problème de l'unité, parce qu'il n'est pas une conjonction de simples éléments – éléments que sont, tout aussi bien, les idéalités platoniciennes et les agrégats corporels des physiciens –, mais la structure d'accomplissement d'un être un, qui a en lui-même son propre principe d'existence et d'unité.

Est-on parvenu, en H6, à la fin de l'histoire? Ce n'est pas certain : si la bataille de l'unité hylémorphique semble gagnée, Aristote n'en a pas encore terminé avec la question de la substance. En premier lieu, il a annoncé en H1 une réfutation de ceux qui font des Idées et des êtres mathématiques des réalités séparées, existant à part des substances sensibles. Or on ne trouve pas dans le livre H la critique attendue, critique que les livres M et N ont notamment pour fonction de développer. L'annonce d'éclaircissements, en Z17 [2], sur la substance qui est « séparée des substances sensibles » trouve peu d'échos en H. Les acquis de H, en ce sens, restent à mettre en perspective dans le cadre défini par le livre Λ, qui, d'une part, distingue entre les substances sensibles corruptibles, les substances sensibles incorruptibles et les substances incorruptibles non-sensibles et qui, d'autre part, explicite le mode d'être des substances effectivement séparées. De ce point de vue, H appelle indirectement les développements de Λ [3]. En second lieu, le modèle de la puissance et de l'acte, décisif pour la

1. Voir Bostock, p. 289-290.
2. Z 17, 1041a7-9.
3. En ce sens H anticiperait les développements de Λ, comme le soutient S.G. Seminara, *Matter and Explanation*, *op. cit.*

victoire de l'hylémorphisme, n'a pas fait l'objet de l'explicitation que l'on pouvait attendre. On peut même être déconcerté de voir Aristote recourir à ce modèle comme s'il était déjà caractérisé et justifié, alors qu'il ne lui consacre d'exposé ni en Z ni en H. On trouve en revanche en Θ un tel exposé. Faut-il supposer que le livre Θ, dont les acquis semblent sous-entendus au début de H, n'est pas postérieur mais antérieur à celui-ci, ou bien que ces deux traités seraient en fait mal raccordés, voire indépendants? Le début de Θ fait malgré tout transition avec l'enquête que couvrent Z et H[1]. De plus, il est un point que H passe pratiquement sous silence[2], alors même que Z17, de manière très concise, l'avait mis au cœur de l'investigation sur la substance : la coïncidence de la forme et de l'acte avec la cause finale. Sans doute cette thèse est-elle préparée en H par l'idée que la matière est puissance, non seulement par statut propre, mais encore par ses aptitudes positives à recevoir la forme. Le fait que la matière, par sa résistance partielle mais irréductible à l'information, rende cette unité précaire[3] – les composés sensibles s'affaiblissent, meurent, se dégradent –, est largement compensé par les propriétés qui font de telle matière la matière prochaine de telle forme. Aristote, en H, insiste d'ailleurs sur le caractère *approprié* de la matière prochaine : toute matière n'est pas appropriée à n'importe quelle forme. L'art du charpentier ne descend pas dans les flûtes[4]. Cela signifie que la forme est aussi fin et cause finale, parce qu'elle est le principe en vertu duquel la matière devient effectivement tel être déterminé, comme la forme de la maison explique le « devenir maison » des briques ou des pierres. Il est cependant frappant de constater qu'en H6 cette orientation téléologique reste implicite[5]. De ce point de vue encore, le

---

1. Θ 1, 1045b27-35 tient pour acquis que l'être se dit aussi selon la puissance et l'entéléchie (ou état accompli), ce qui fait sans doute référence à H.
2. À l'exception de quelques mentions faites en passant : H 2, 1043a9; H 4, 1044a36-b1.
3. Voir à ce sujet les observations de M.L. Gill, dans « Aristotle on Matters of Life and Death », *Proceedings of the Boston Area Colloquium in Ancient Philosophy*, Volume IV, 1988, p. 187-205, et dans « Unity of Definition in *Metaphysics* H. 6 and Z. 12 », art. cit., p. 121. Sur la corrélation de la puissance, de la résistance matérielle et de la corruptibilité, voir notamment Θ 8, 1050b6-28.
4. *DA* I 3, 407b21-23.
5. Voir en ce sens D. Charles, « Matter and Form : Unity, Persistence, and Identity », art. cit., p. 89-90, qui estime pour cette raison que H6 n'apporte pas de solution définitive et appelle les développements du livre Θ.

livre Θ, qui établit précisément la coïncidence de l'acte et de la fin[1], constitue une suite naturelle de l'épisode qui s'achève en H6. Le livre H ne mène pas à son terme cette ontologie de l'accomplissement que les livres Θ et Λ finiront de construire. Il en marque cependant une étape décisive : il montre ce qui fait l'unité des substances sensibles, c'est-à-dire des substances soumises au devenir, ainsi que l'unité de la définition. Il légitime pleinement, et désormais explicitement, la solution hylémorphiste au problème de l'unité substantielle.

---

1. Voir notamment Θ 8, 1050a9-10 : « l'acte est fin et c'est en vue de celle-ci que la puissance est conçue. »

MÉTAPHYSIQUE [1]

1. Le texte grec de référence est celui édité par D. Ross, dans *Aristotle's Metaphysics*. Text with Introduction and Commentary, Oxford, Clarendon Press, 2 vol., 1924; 1958; 1966. Les divergences sont indiquées dans les notes de la traduction. Les crochets obliques indiquent les gloses de traduction.

LIVRE H

Chapitre 1

Il faut maintenant récapituler ce qui a été dit et, après avoir 1042a3 rassemblé les éléments principaux, mener l'enquête à son terme. Nous avons donc dit que c'est des substances que nous 5 recherchions les causes, les principes et les éléments. Certaines substances sont admises par tous, tandis que certaines sont reconnues comme substances par quelques-uns seulement. Sont admises par tous les substances naturelles, comme feu, terre, eau, air et tous les autres corps simples ; ensuite les plantes et leurs parties, les animaux 10 et les parties des animaux, et enfin le Ciel et ses parties. Certains, de leur côté, disent que sont substances les formes <intelligibles> et les êtres mathématiques. Par ailleurs, <nos> arguments conduisent à poser d'autres substances : l'être essentiel et le sujet. Sous un autre point de vue, le genre serait plus substance que les espèces et l'universel plus substance que les particuliers. Or à l'universel et au genre 15 se rattachent aussi les Idées (c'est en vertu du même raisonnement, en effet, qu'elles sont réputées être substances). Puisque par ailleurs l'être essentiel est substance, et que la définition est l'énonciation de celui-ci, nous avons pour cette raison déterminé ce qu'il en est de la définition et de ce qui est prédiqué par soi. Or puisque la définition est une énonciation, et que l'énonciation a des parties, il était également nécessaire de considérer, concernant la partie, quelles 20 parties sont des parties de la substance et lesquelles n'en sont pas, et si les parties de la substance [1] sont aussi parties de la définition. Puis il

---

1. En lisant ταύτα (Michel d'Éphèse, Bonitz, Tricot) et non ταῦτα (donné par les manuscrits et édité par Ross).

s'est avéré que ni l'universel ni le genre ne sont substance; nous devrons examiner ultérieurement ce qu'il en est des Idées et des êtres mathématiques; certains disent en effet que ce sont des substances existant à part des substances sensibles.

Mais venons-en maintenant aux substances communément
25 admises. Ce sont les substances sensibles; or les substances sensibles ont toutes une matière. Or est substance le sujet, qui en un sens est la matière (j'appelle « matière » ce qui, n'étant pas un ceci en acte, est un ceci en puissance), et en un autre sens la notion et la forme, ce qui,
30 étant un ceci, est séparable en raison. Troisièmement, c'est ce qui est constitué <de matière et de forme>, et dont seul il y a génération et destruction, et qui est séparable sans restriction, car parmi les substances proprement définissables, les unes sont séparables mais pas les autres.

Mais il est manifeste que la matière également est substance. Dans tous les changements entre opposés, en effet, il y a quelque chose qui est sujet pour les changements. Ainsi, selon le lieu : ce qui maintenant est ici et ensuite ailleurs; selon l'augmentation, ce qui maintenant est
35 est ici et ensuite ailleurs; selon l'augmentation, ce qui maintenant est de telle grandeur et ensuite plus petit ou plus grand; et selon la modi-
1042b fication, ce qui maintenant est sain et ensuite malade. De même encore, dans le changement substantiel, ce qui maintenant est en train d'advenir et ensuite en état de destruction, et ce qui maintenant est sujet au sens du ceci et ensuite sujet par privation. Et les autres changements se produisent après que le changement substantiel ait eu
5 lieu, alors que celui-ci, dans un cas ou deux, ne se produit pas après eux. Il n'est pas nécessaire, en effet, si quelque chose a une matière impliquée dans le changement de lieu, que cela possède également la matière qui entre en jeu dans la génération et la destruction. Quant à la différence entre être engendré absolument et l'être d'une manière non absolue, on en a parlé dans nos ouvrages de philosophie naturelle.

CHAPITRE 2

Puisque la substance entendue comme sujet au sens de matière est communément admise, et que par ailleurs elle est substance en puissance, il reste à dire ce qu'est la substance, entendue comme acte, 10 des choses sensibles.

Démocrite, pour sa part, semble penser qu'il y a trois différences (le corps servant de sujet, c'est-à-dire la matière, un et identique à lui-même, se différencie selon le rythme, qui est la configuration, ou selon l'orientation, qui est la position, ou selon l'arrangement, qui est l'ordre). Les différences, cependant, sont manifestement en grand 15 nombre, par exemple par juxtaposition des éléments matériels, par exemple par mixture, comme l'hydromel ; ou encore par lien, comme un faisceau ; par collage, comme un livre ; par l'utilisation de clous, comme un coffret ; par plusieurs de ces procédés ; par la position, comme le seuil et le linteau (car ces objets-là diffèrent par la manière 20 dont ils sont posés) ; par le temps, comme le moment du dîner et celui du déjeuner. Et encore : par le lieu, comme les vents ; par les propriétés sensibles, comme la dureté et la mollesse, la densité et la rareté, la sécheresse et l'humidité, dans certains cas par certaines de ces propriétés et dans d'autres cas par toutes et, d'une manière générale, par excès et par défaut. 25

Aussi est-il clair que le « est » se dit en autant de façons. C'est un seuil, en effet, parce que c'est posé ainsi, et ce que signifie « être », c'est le fait qu'il est posé ainsi, et ce qui fait l'être de la glace, c'est que l'eau est solidifiée de telle manière. Dans certains cas, l'être sera défini par l'ensemble de ces <différences>, du fait que certaines <parties> sont mélangées, d'autres mêlées, d'autres liées, d'autres solidifiées, et 30 que d'autres se distinguent par les autres différences, comme la main ou le pied. Il faut donc poser les genres des différences (car ils seront principes de l'être), comme lorsque les choses diffèrent par le plus et le moins, ou le dense et le rare et par les autres propriétés du même

35 ordre, car tout cela est excès et défaut. Si par ailleurs quelque chose
<diffère> par la configuration, ou par le lisse ou le rugueux, toutes
<ces différences> relèveront du droit et du courbe. Pour certaines
1043a choses, leur être sera dans le fait d'être mélangées, et leur non-être
dans l'état contraire.

Il en résulte donc clairement que, si la substance est cause de
l'être pour chaque chose, c'est dans ces déterminations qu'il faut,
dans chaque cas, chercher l'explication de l'être. Ainsi, aucune de
ces <différences> n'est une substance, pas même en formant une
5 combinaison, et pourtant elles sont, dans chaque cas, l'analogue de la
substance. Et de même que dans les substances, ce qui est attribué
comme prédicat à la matière c'est l'acte même, de même est-ce
principalement le cas dans les autres définitions. Par exemple si l'on
doit définir un seuil, nous dirons que c'est du bois ou de la pierre
posés de telle façon; une maison, nous dirons que ce sont des briques
et du bois posés de telle façon (ou bien on ajoute la finalité dans
10 certains cas); s'il s'agit de la glace, de l'eau congelée ou solidifiée de
telle façon. Et une harmonie, tel mélange de l'aigu et du grave. Et il en
ira de la même manière dans les autres cas.

Il en résulte donc clairement que l'acte est différent en différentes
matières, et qu'il en va de même de l'énonciation <de la définition>.
Dans certains cas c'est la juxtaposition, dans d'autres le mélange,
dans d'autres encore une autre <des différences> mentionnées.
15 C'est pourquoi, parmi ceux qui donnent des définitions, certains, en
disant que ce qu'est la maison, c'est « des pierres, des briques et du
bois », disent ce qu'est la maison en puissance, car c'est là sa matière;
mais d'autres, en proposant comme définition « un abri servant à
protéger les biens et les personnes » ou quelque autre énoncé du
même type, disent ce qu'est la maison en acte [1]. Quant à ceux qui
associent les deux, ils désignent le troisième type de substance, qui est
composé de celles-ci (il semble en effet que la définition par les
20 différences soit définition de la forme et de l'acte, et que celle qui
énonce les composants internes, soit définition de la matière surtout).
Il en va comme des définitions du type de celles qu'admettait
Archytas, car elles sont des définitions du composé. Par exemple :
qu'est-ce que le calme des vents? Le repos dans une masse d'air. En
effet, l'air est la matière, tandis que le repos est acte et substance.

---

1. En lisant : ἐνεργείᾳ, selon la correction de Bekker, et non ἐνέργειαν conservé
par Ross.

Qu'est-ce que la bonace? C'est l'uniformité de surface de la mer. La mer c'est le sujet en tant que matière, l'uniformité de surface c'est l'acte et la forme.

Résultent donc clairement, de ce que l'on a dit, ce qu'est et quel est le mode d'être de la substance sensible. Car elle existe d'une part comme matière, d'autre part comme forme et acte, et d'autre part encore, en troisième, comme ce qui est composé de celles-ci.

CHAPITRE 3

Il ne faut pas ignorer, cependant, qu'il nous échappe parfois si le 30 nom signifie la substance composée ou bien l'acte et la forme, par exemple si « la maison » signifie l'ensemble, à savoir un abri fait de briques et de bois placés de telle façon, ou bien simplement l'acte et la forme, à savoir un abri. Ou encore : si « ligne » signifie la dyade prise dans sa longueur ou simplement la dyade, et encore si « animal » signifie l'âme dans un corps ou simplement l'âme. Cette dernière est 35 en effet substance et acte d'un certain corps. Il se pourrait aussi que « l'animal » soit pris dans les deux sens, non pas comme s'entendant selon une unique définition, mais relativement à un terme unique. Toutefois, bien que cela fasse quelque différence d'un certain point de vue, c'est sans importance pour la recherche de la substance sensible. L'être essentiel, en effet, appartient à la forme et à l'acte. 1043b Ainsi « âme » et « être de l'âme » sont identiques, alors que « être de l'homme » et « homme » ne le sont pas – sauf si l'on dit « homme » pour « l'âme » ; alors, d'une certaine manière ils seront identiques, de l'autre non.

Pour qui s'y intéresse de près, il est donc manifeste que la syllabe 5 n'est pas constituée des lettres et de leur juxtaposition, et que la maison, ce n'est pas non plus des briques et leur juxtaposition. Et cela à juste titre : ni la juxtaposition ni le mélange, en effet, ne sont constitués de ce dont il y a juxtaposition ou mélange. Il n'en va pas différemment dans les autres cas. Par exemple, si le seuil est tel par position, ce n'est pas la position qui est constituée du seuil, mais plutôt celui-ci de celle-là. Et l'homme n'est pas davantage l'Animal et 10 le Bipède, car il faut qu'il y ait quelque chose en plus de ces entités, si celles-ci sont la matière, qui ne soit ni un élément ni ce qui est composé d'éléments, mais la substance, ce que suppriment ceux qui parlent exclusivement de la matière. Si donc cette chose-là est la cause de l'être, et si c'est la substance[1], ils échoueront à énoncer la substance elle-même.

15 Celle-ci doit nécessairement, ou bien être éternelle, ou bien être destructible sans qu'il y ait destruction et engendrée sans qu'il y ait génération. Or on a montré clairement ailleurs que rien ne produit ni n'engendre la forme, mais telle chose est produite, et ce qui est engendré c'est le composé. Quant à savoir si les substances des êtres destructibles sont séparables, c'est encore loin d'être clair, si ce n'est que pour certaines tout au moins il est clair que c'est impossible : 20 celles qui ne sont pas susceptibles d'exister en dehors de certaines choses particulières, comme une maison ou un objet d'utilité courante. Peut-être même ne sont des substances ni ces choses-là ni aucune autre des choses qui n'ont pas une constitution naturelle ; on pourrait admettre en effet que seule la nature a statut de substance dans les choses destructibles.

Aussi la difficulté soulevée par ceux qui suivent Antisthène et 25 d'autres incultes du même tonneau a-t-elle une certaine pertinence, à savoir qu'il n'est pas possible de définir l'essence, la définition n'étant que vaste discours, mais que l'on peut malgré cela enseigner de quelle sorte est la chose, par exemple, à propos de l'argent, non pas ce qu'il est, mais qu'il est comme de l'étain. Ainsi, il y a une substance dont il est possible d'exposer la définition, à savoir la substance composée, 30 qu'elle soit sensible ou intelligible. Quant aux constituants premiers dont elle-même est constituée, il n'est pas possible de les définir, s'il est vrai qu'énoncer la définition signifie prédiquer un terme d'un autre et que l'un doit être pris comme matière et l'autre comme forme.

On voit par ailleurs clairement, si les substances sont d'une certaine manière des nombres, pourquoi elles le sont en ce sens, et non pas à la manière dont le disent certains, comme des agrégats 35 d'unités. La définition, en effet, est une sorte de nombre, car elle est divisible et se résout en indivisibles (en effet les énoncés <définition-nels> ne sont pas infinis), et il en va ainsi du nombre. Et encore : de même que si l'on retranche quelque chose du nombre ou qu'on lui ajoute quelque chose, le résultat ne constitue plus le même nombre 1044a mais un autre nombre, et cela même si l'on retranche ou ajoute la plus petite partie possible, de même ni la définition ni l'être essentiel ne resteront les mêmes si on en retranche ou y ajoute quelque chose.

---

1. En conservant, comme Ross, la leçon manuscrite : καὶ οὐσία τοῦτο.

Et encore : pour ce qui est du nombre il faut qu'il y ait quelque chose en vertu de quoi il est un, ce qu'en fait ces gens-là ne sont pas capables de dire, si le nombre est véritablement un (car ou bien il n'est pas vraiment un, mais n'est qu'une sorte de tas ; ou bien, s'il est 5 véritablement un, il faut dire ce qui produit l'unité à partir de la pluralité). La définition elle aussi est une, et semblablement, ils ne sont pas non plus capables de l'établir. Et c'est là une conséquence naturelle, car le même argument s'applique : la substance elle aussi est une, non pas au sens où, comme certains le disent, elle serait une sorte d'unité ou de point, mais en tant que chaque substance est une réalité effective, c'est-à-dire une nature. Et encore : de même que le nombre ne varie pas en plus et en moins, de même la substance 10 selon la forme, sinon en tant qu'elle est jointe à la matière.

Concernant donc la génération et la destruction de ce qu'on appelle des substances, en quel sens elles peuvent se produire et en quel sens elles ne le peuvent pas, et concernant la manière de rapporter la substance au nombre, que l'on tienne ces points pour acquis.

Chapitre 4

Concernant la substance matérielle, il ne doit pas échapper que, 15
même si toutes choses viennent d'un même composant premier ou
bien des mêmes composants premiers, et même si la même matière a
fonction de principe pour les êtres en devenir, néanmoins il y en a
une qui est appropriée à chacun. Par exemple : pour le phlegme, ce
sont les composants sucrés ou gras ; pour la bile, les composants
amers ou autres. Peut-être toutefois ces composants viennent-ils du 20
même composant. Par ailleurs, il y a plusieurs matières pour la même
chose quand l'une est matière de l'autre. Par exemple : le phlegme
vient du gras et du sucré, si le gras vient du sucré, et il vient de bile,
par réduction de la bile à sa matière première. La relation « ceci vient
de cela », en effet, s'entend en deux sens : ou bien au sens où il y a
progression, ou bien au sens où il y a réduction au principe.   25
Il est par ailleurs possible que d'une seule et même matière des
êtres différents soient engendrés, du fait de la cause motrice. Par
exemple : à partir du bois, un coffre ou un lit. Mais dans certains cas,
la matière est nécessairement différente pour des choses différentes.
Par exemple : une scie ne saurait être faite de bois, et ce n'est même
pas du ressort de la cause motrice, car on ne fera pas une scie avec de
la laine ou du bois. Si donc il est possible de faire la même chose à 30
partir d'une matière différente, il est clair que l'art, c'est-à-dire le
principe entendu comme principe moteur, doit être le même, car si à
la fois la matière et le moteur sont différents, le produit le sera aussi.
Quand, précisément, on recherche la cause, puisque les causes se
disent en plusieurs sens, il faut mentionner toutes les causes
susceptibles d'intervenir. Si l'on demande par exemple quelle est la
cause matérielle de l'homme : est-ce que ce sont les menstrues ? Et sa 35
cause motrice : est-ce le sperme ? Et sa cause formelle ? Ce sera son
être essentiel. Et sa cause finale ? Ce sera son but. Sans doute, du reste, **1044b**
les deux dernières n'en font-elles qu'une. Il faut par ailleurs désigner

les causes les plus proches. Qu'est-ce que la matière? Non pas le feu ou la terre, mais la matière propre. Concernant donc les substances naturelles et sujettes à génération, c'est ainsi que doit procéder celui 5 qui veut procéder correctement, s'il est entendu que telles sont les causes et leur nombre, et qu'il faut connaître les causes.

S'agissant toutefois des substances naturelles mais éternelles, on tiendra un autre discours. Certaines, en effet, n'ont probablement pas de matière, ou bien n'ont-elles pas une matière du même type, mais uniquement la matière qui est impliquée dans le changement de lieu. En tout cas, ce qui est naturel mais qui n'est pas substance n'a pas de matière, et dans ce cas le sujet, c'est la substance. C'est comme si l'on 10 demande quelle est la cause de l'éclipse; quelle en serait la matière? Elle n'en a pas, en effet. Mais c'est la Lune qui subit l'événement. Quelle est par ailleurs la cause motrice et destructrice de la lumière? La Terre. Mais il n'y a sans doute pas de cause finale. Quant à la cause formelle, c'est sa définition, mais elle n'apparaît pas tant que la définition n'est pas donnée avec la cause, comme quand on dit : « qu'est-ce que l'éclipse? une privation de lumière ». Mais si l'on ajoute « due à 15 l'interposition de la Terre », voilà la définition accompagnée de la cause. Ou encore : à propos du sommeil, on ne voit pas clairement ce qui le subit en priorité. Dira-t-on que c'est l'animal? Certes! mais l'animal selon quel aspect, et quelle partie de l'animal en priorité? Le cœur ou quelque chose d'autre. Ensuite : sous l'effet de quoi? Ensuite : de quelle affection – de cette partie et non pas du tout – s'agit-il? Dira-t-on que c'est une immobilisation de tel type? Certes! 20 mais en vertu de quelle affection subie par son sujet premier se produit-elle?

CHAPITRE 5

Puisqu'il y a, par ailleurs, des choses dont l'existence et la non existence n'impliquent ni génération ni destruction, comme les points, s'ils existent, et les formes prises en général – ce n'est pas en effet le blanc qui devient, mais le bois qui devient blanc (si tout ce qui devient vient de quelque chose et devient quelque chose) –, tous les 25 contraires ne viendront pas les uns des autres, mais c'est d'une autre manière que proviendront respectivement, d'un côté l'homme blanc de l'homme noir, et de l'autre le blanc du noir. Il n'y a pas non plus matière en toute chose : il y a matière de ce dont il y a génération et changement de l'un dans l'autre, mais ce dont l'existence ou la non existence n'impliquent pas le changement, cela n'a pas de matière.

La difficulté se pose de savoir ce qu'il en est, au regard des contraires, de la matière qui se trouve en chaque chose. Par exemple : 30 si le corps est en puissance sain, et si la maladie est le contraire de la santé, le corps est-il en puissance les deux états ? Et l'eau est-elle en puissance vin et vinaigre ? N'est-ce pas qu'elle est matière du premier état en vertu d'une propriété positive et de la forme, tandis qu'elle est matière du second par privation et destruction contraire à la nature ? Il y a d'ailleurs une difficulté, qui est de savoir pourquoi le vin n'est pas matière du vinaigre ni vinaigre en puissance (et pourtant c'est 35 bien du vin que provient le vinaigre !) et pourquoi l'animal n'est pas non plus [1] animal mort en puissance. Disons plutôt qu'il n'en est rien, et que c'est par accident que se produisent les destructions en 1045a question, que c'est la matière même de l'animal qui est, par destruction, puissance et matière de l'animal mort, et ainsi l'eau du

---

1. La négation est sous-entendue, ainsi que le comprend Michel d'Éphèse, qui préfère l'expliciter en écrivant : καὶ ὁ ζῶν δὲ διὰ τί οὐκ ἔστι δυνάμει νεκρός (Ps.-Alex., *In Metaph.* 560.3).

vinaigre. <Vinaigre et cadavre> adviennent en effet <du vin et de l'animal> comme la nuit vient du jour. En tout cas, tout ce qui subit un changement réciproque doit revenir à la matière. Par exemple, et
5 semblablement, si un animal provient d'un animal mort, il y a d'abord retour à la matière, et ensuite advient un animal; et une fois le vinaigre redevenu eau, advient ensuite du vin.

CHAPITRE 6

À propos de la difficulté dont on a parlé, concernant les définitions et les nombres : quelle est la cause de leur unité ? Car en tout ce qui contient plusieurs parties et qui forme un tout, non pas comme un tas mais comme un ensemble en plus des parties, il y a à 10 cela une cause, puisque dans les corps également on a, pour cause de l'unité, tantôt le contact, tantôt la viscosité ou quelque autre caractère semblable. Or la définition est une énonciation *une*, non pas par conjonction comme l'*Iliade*, mais du fait qu'elle se rapporte à une chose *une*. Qu'est-ce donc qui fait l'homme *un*, et pourquoi *un* et non 15 pas plusieurs, comme « Animal *et* Bipède », et la question se pose plus encore si, comme le disent certains, il est « Animal en soi *et* Bipède en soi » ? Mais qu'est-ce qui empêchera alors que l'homme soit ces entités-là, et que les hommes existent par participation, non pas à l'Homme ni à une entité *une*, mais à deux entités, Animal et Bipède ? Et d'une manière générale, pourquoi l'homme ne serait-il pas, non 20 pas *un* mais plusieurs, Animal *et* Bipède ? Il est en tout cas manifeste que si l'on s'accorde avec la manière qu'ils ont de définir et de s'exprimer, on ne peut ni donner d'explication ni résoudre la difficulté.

Mais s'il y a, comme nous l'affirmons, d'une part la matière et d'autre part la forme, c'est-à-dire d'un côté ce qui est en puissance et de l'autre ce qui est en acte, il semblerait bien que l'objet de l'enquête ne pose plus de difficulté. La difficulté, en effet, est la même que dans 25 le cas où l'on poserait, comme définition de « vêtement », « cylindre de bronze ». Ce nom vaudra en effet comme signe de l'énonciation, de sorte que ce sur quoi portera l'enquête, c'est la cause en vertu de laquelle la sphère et le bronze sont une seule chose. Or la difficulté disparaît, parce que l'un est matière, et l'autre forme. Quelle est donc 30 la cause qui fait que ce qui est en puissance est en acte, dans les êtres en devenir, en dehors du facteur productif ? Car il n'y a pas d'autre cause du fait que la sphère en puissance est sphère en acte, sinon ce qui constitue l'être essentiel de chacune des deux.

Or, il y a d'une part la matière pour la raison et d'autre part la matière pour la sensation et, dans la définition, il y a, toujours, d'une 35 part la matière et d'autre part l'acte. Par exemple : « le cercle est une figure plane ». Pour ce qui est des entités qui n'ont de matière, ni pour 1045b la raison ni pour la sensation, chacune d'elles est immédiatement une certaine unité, de même qu'elle est un certain être : le ceci, la qualité, la quantité. C'est pourquoi n'entrent dans les définitions ni l'être ni l'un. L'être essentiel également est immédiatement une certaine unité et un certain être. C'est pourquoi il n'y a pour ces entités-là aucune 5 cause autre de leur unité et de même de leur être : chacune est immédiatement un certain être et une certaine unité, et cela non pas parce qu'elles appartiendraient à l'être et à l'un considérés comme un genre, ni parce qu'elles seraient des réalités séparées, à côté des particuliers.

C'est pourtant en raison de cette difficulté [1] que certains parlent de « participation », et ils sont dans l'embarras à propos de ce qui est cause de la participation et ce que c'est que participer. D'autres 10 parlent de « coexistence », comme Lycophron dit que la connaissance est la coexistence du connaître et de l'âme. D'autres disent que la vie est une juxtaposition ou une conjonction de l'âme au corps. Mais c'est à chaque fois le même discours ! En effet, le fait d'être en bonne santé sera la coexistence ou la conjonction ou la juxtaposition de l'âme et de 15 la santé, et le fait que le bronze est un triangle sera une juxtaposition du bronze et du triangle, et le fait d'être blanc sera une juxtaposition d'une surface et de la blancheur. C'est parce qu'ils cherchent une raison unificatrice de la puissance et de la réalité effective, ainsi qu'une différence. Or, ainsi qu'on l'a dit, la matière prochaine et la forme sont une seule et même chose, l'une en puissance et l'autre en acte, de sorte que procéder comme ils le font, cela revient à 20 rechercher une cause de l'unité et du fait d'être *un*. Chaque chose particulière est en effet *une* et ce qui est en puissance et ce qui est en acte font *un* en un sens, de sorte qu'il n'y a pas ici d'autre cause que ce qui, en tant que moteur, fait passer de la puissance à l'acte. Quant aux choses qui n'ont pas de matière, chacune est purement et simplement une chose *une*.

---

1. Manifestement, la difficulté formulée au début du chapitre.

COMMENTAIRE

Résumé du chapitre

[1.1] *Transition et programme. Pour mener l'enquête à son terme, il faut analyser les principes, causes et éléments des substances. Or si certaines substances font consensus (les substances naturelles ou sensibles), d'autres ne sont admises que par quelques-uns (les formes et les êtres mathématiques).*

[1.2] *Rappel de points acquis sur la substance. On pose que : (a) l'être essentiel et le sujet sont substances; (b) ni l'universel ni le genre ne sont substance; (c) l'être essentiel est l'objet de la définition. L'examen de la thèse de l'existence substantielle des Idées et des êtres mathématiques sera mené ultérieurement.*

[1.3] *Analyse de la substance sensible. On analyse ensuite les substances faisant consensus, à savoir les substances naturelles ou sensibles. Elles ont pour caractéristique d'avoir toutes une matière. Or la substance est sujet (ὑποκείμενον), soit comme matière – qui est un « ceci » (τόδε τι) en puissance –, soit comme composé, soit comme forme.*

[1.4] *La matière également est substance. Les différents types de changements (de lieu, de quantité, de qualité et le changement substantiel) impliquent, en effet, une matière comme sujet ou substrat. Tous les êtres susceptibles de changement substantiel sont également susceptibles des trois autres types de changement, mais l'inverse n'est pas vrai, puisque certains êtres capables de changer de lieu ne subissent pas le changement substantiel.*

[1.1] *Transition et programme.*

1042a3-12 : « Il faut maintenant récapituler ce qui a été dit et, après avoir rassemblé les éléments principaux, mener l'enquête à son terme. Nous avons donc dit que [5] c'est des substances que nous recherchions les causes, les principes et les éléments. Certaines substances sont admises par tous, tandis que certaines sont reconnues comme substances par quelques-uns seulement. Sont admises par tous les substances naturelles, comme feu, terre, eau, air et tous les autres corps simples; ensuite les plantes et leurs parties, les [10] animaux et les parties des animaux, et enfin le Ciel et ses parties. Certains, de leur côté, disent que sont substances les formes <intelligibles> et les êtres mathématiques. »

Il est communément admis que H1, jusqu'en 42a24 – « mais venons-en maintenant aux substances communément admises »[1] –, constitue un sommaire ou un résumé du livre Z[2]. Toutefois, comme on va le voir, cette opinion est à la fois trop optimiste et réductrice. Trop optimiste parce que nous ne trouvons-là qu'un résumé partiel de Z; réductrice parce que ce passage est tout autre chose qu'un simple sommaire. Il est en fait l'amorce d'un nouveau développement sur la substance.

Le livre commence par une formule de transition : « il faut maintenant récapituler ce qui a été dit et, après avoir rassemblé les éléments principaux, mener l'enquête à son terme »[3]. Ce bref prologue peut être compris de trois manières.

a) Le sommaire indique que H en son entier n'est qu'une manière de conclure, par synthèse des arguments antérieurs, l'enquête qui commence en Z1, de sorte qu'il n'y aurait pratiquement rien à ajouter à Z. Cette lecture peut s'autoriser de l'un des sens possibles de

1. νῦν δὲ περὶ τῶν ὁμολογουμένων οὐσιῶν ἐπέλθωμεν.
2. Bostock, p. ix-x, estime, d'une manière générale, que les deux livres sont étroitement corrélés et que les conflits entre certains passages peuvent s'expliquer par leur caractère de « work in progress »; il rejoint le consensus en faveur de l'idée de sommaire, p. 248. Les Notes, p. 1-2, concèdent qu'il peut s'agir d'un sommaire de Z, mais que ce sommaire n'est pas de ceux qu'un lecteur attentif pourrait s'attendre à lire. Je reviendrai plus bas sur ces imperfections, dont Bostock, p. 250, propose une liste. Burnyeat, Map, p. 62, estime, après d'autres, que H1 propose un sommaire de la première version supposée de Z. Comme Ross, les Notes et F-P, il considère en effet que la section Z7-9, qui semble relativiser la priorité ontologique de la forme par rapport à la matière et se concentrer sur le devenir des substances sensibles, n'appartient pas à la première version de Z, ce qui expliquerait pourquoi H1 ne s'y référerait pas. Contre cette hypothèse, voir notamment S. Menn, « On Myles Burnyeat's Map of Metaphysics Zeta », art. cit., p. 177-179, qui cependant ne convoque pas H1 sur ce point précis.
3. 42a3-4 : Ἐκ δὴ τῶν εἰρημένων συλλογίσασθαι δεῖ καὶ συναγαγόντας τὸ κεφάλαιον τέλος ἐπιθεῖναι.

συλλογίζεσθαι, compris dans ce cas comme l'opération qui consiste à conclure, notamment en association avec συνάγειν [1].

Elle se défend cependant difficilement, et cela pour quatre raisons au moins. Premièrement, le participe aoriste συναγαγόντας semble indiquer une antériorité par rapport à l'étape finale[2], à savoir : « mener l'enquête à son terme ». Deuxièmement, συλλογίζεσθαι peut désigner, tout aussi bien, une opération de récapitulation qui ne serait pas nécessairement conclusive[3]. Troisièmement, la phrase dans son ensemble a manifestement un caractère rhétorique, faisant transition de manière assez convenue[4], et ne paraît donc pas investie d'une fonction logique technique, ce qui invite à prendre συλλογίσασθαι en un sens large. Quatrièmement, les premières lignes de H2 excluent que l'enquête sur la substance, telle qu'elle est résumée par H1, soit close :

> Puisque la substance entendue comme sujet au sens de matière est communément admise, et que par ailleurs elle est substance en puissance, il reste à dire ce qu'est la substance, entendue comme acte, des choses sensibles[5].

On doit donc envisager d'autres hypothèses.

b) La seconde hypothèse, soutenue par Bostock, est de voir dans la phrase d'introduction non seulement un rappel des acquis de Z, mais également l'annonce d'une enquête spécifique sur les substances sensibles, enquête qui s'achèverait à la fin de H2. Celui-ci conclut en effet :

---

1. Voir par exemple *Rhet.* I 2, 1357a8. C'est l'interprétation du Ps.-Alex., *In Metaph.* 544.5-7.
2. Burnyeat, *Map*, p. 66.
3. L'occurrence est comprise en ce sens par Bonitz, *Ind. Ar.*, 711b16-18. Voir également Ross, pour qui le verbe semble avoir ici son sens originel de « reckoning up », compter, estimer, prendre en compte (voir *EN* I 11, 1101a34).
4. Voir par exemple Platon, *Phèdre*, 267d5 : « - (…) pour ce qui est de la fin des discours, il semble que tous partagent le même avis, bien que certains l'appellent « récapitulation », et d'autres lui donnent un autre nom. - Tu veux dire que, sommairement, on rappelle à la fin aux auditeurs chacun des points de ce qui a été dit ? (- (…) τὸ δὲ δὴ τέλος τῶν λόγων κοινῇ πᾶσιν ἔοικε συνδεδογμένον εἶναι, ᾧ τινες μὲν <ἐπάνοδον>, ἄλλοι δ' ἄλλο τίθενται ὄνομα. -Τὸ ἐν κεφαλαίῳ ἕκαστα λέγεις ὑπομνῆσαι ἐπὶ τελευτῆς τοὺς ἀκούοντας περὶ τῶν εἰρημένων;). On notera l'association ἐν κεφαλαίῳ / ἐπὶ τελευτῆς, qui fait songer à l'association τὸ κεφάλαιον / τέλος ἐπιθεῖναι dans la première phrase de H1.
5. H 2, 1042b9-11.

Résultent donc clairement, de ce que l'on a dit, ce qu'est et quel est le mode d'être de la substance sensible. Car elle existe d'une part comme matière, d'autre part comme forme et acte, et d'autre part encore, en troisième, comme ce qui est composé de celles-ci [1].

En disant au début de H2 qu'il « reste à dire » (λοιπὸν... εἰπεῖν) ce qu'est la substance entendue comme acte des choses sensibles, Aristote indique clairement que ce qui précède est encore incomplet. Cette transition prospective suppose par ailleurs que H1 et H2 portent prioritairement sur la substance sensible. De fait, ils en offrent une vision assez complète, en la présentant sous ses trois aspects : la matière, la forme-acte, le composé. Le livre H est d'ailleurs loin d'en avoir terminé avec la substance sensible à la fin du chapitre 2. Les deux chapitres suivants (3 et 4) se présentent du reste comme des compléments à ce qui vient d'être dit. Ainsi, H3 met en garde, à propos de l'acte lui-même, sur le fait que l'on confond parfois la forme avec le composé [2], parce que nous usons d'un même mot pour désigner la forme « maison » et la maison faite de briques et de bois. C'est là une manière de faire porter une partie de l'examen sur les substances sensibles, fût-ce négativement. Plus encore, H4 fait porter l'analyse sur la matière, insistant en particulier sur le fait que chaque composé a une matière qui lui est appropriée [3]. Suit une enquête, dans les chapitres 4 et 5, sur le devenir des substances sensibles.

c) Il reste donc une troisième hypothèse, selon laquelle la résolution de l'enquête annoncée se situerait, non pas à la fin de H2, mais à la fin du livre H en son entier.

La question la plus difficile à trancher concerne H6, dont certains interprètes estiment qu'il est essentiellement concerné par la forme pure et la définition. Nous verrons cependant que l'objet de ce chapitre est plus large : en exprimant en termes de puissance et d'acte l'unité hylémorphique en tant que telle, il apporte une lumière nouvelle sur le statut de la substance en général ; il inclut donc dans son propos la substance sensible.

On doit dès lors comprendre la situation ainsi. Ce qui est étudié en Z – ou ce qui nous intéresse *maintenant* dans Z –, c'est la substance sensible sous un aspect qui n'a pas encore été envisagé,

---

1. H 2, 1043a26-28 : φανερὸν δὴ ἐκ τῶν εἰρημένων τίς ἡ αἰσθητὴ οὐσία ἐστὶ καὶ πῶς· ἡ μὲν γὰρ ὡς ὕλη, ἡ δ' ὡς μορφὴ καὶ ἐνέργεια, ἡ δὲ τρίτη ἡ ἐκ τούτων.
2. H 3, 1043a29-35.
3. H 4, 1044a15-19.

celui de la puissance et de l'acte. Or cet aspect appelle un développement particulier, consacré à la structure et au devenir des substances sensibles sous ses trois aspects : matière, forme, composé. De ce point de vue, c'est le livre H en son entier qui correspond au nouveau programme.

Il y a donc deux étapes dans le processus décrit dans la première phrase, dont la première consiste à récapituler les acquis antérieur et la seconde à mener l'enquête à son terme[1], ce qui tend à confirmer que Z n'a pas tiré toutes les conclusions de l'investigation sur la substance et qu'il revient à H de le faire.

La partie consacrée aux opinions admises sur les substances (42a4-12) est introduite par une formule censée désigner l'enquête en cours : « Nous avons donc dit que c'est des substances que nous recherchions les causes, les principes et les éléments. »[2]

Selon Bostock, la formule dans son ensemble serait un renvoi à Z1, puisque ce qui suit en H1 reprend Z2[3]. Il n'exclut pas pour autant la possibilité de confusions avec d'autres formules d'*incipit*, comme celles que l'on trouve en Γ1 et Γ2 ou encore en Λ 1, 1069a18-19, où figure l'expression : « les principes et les causes ». Bostock pourrait d'ailleurs ajouter Λ 1, 1069a25-26, qui précise que les anciens « recherchaient les principes, les éléments et les causes de la substance » (τῆς γὰρ οὐσίας ἐζήτουν ἀρχὰς καὶ στοιχεῖα καὶ αἴτια). On peut encore renvoyer aux premières lignes de E 1, 1025b3 : « on recherche les principes et les causes des êtres » (ἀρχαὶ καὶ τὰ αἴτια ζητεῖται τῶν ὄντων) et, deux lignes plus bas (b5) à propos des objets mathématiques, « il y a aussi pour les objets mathématiques des principes, des éléments et des causes » (καὶ τῶν μαθηματικῶν εἰσὶν ἀρχαὶ καὶ στοιχεῖα καὶ αἴτια). La suite du texte affirme que toute discipline rationnelle recherche les principes et les causes. Nous en trouvons d'ailleurs une application remarquable au tout début de la *Physique*, où l'on retrouve la triade « principes-éléments-causes »[4]. Le caractère

---

1. Voir Burnyeat, *Map*, p. 66 : « the summary is prelude to the completion, not the completion itself (…). The completion of Z is the rest of H. »

2. H 1, 1042a4-6 : τῶν οὐσιῶν ζητεῖται τὰ αἴτια καὶ αἱ ἀρχαὶ καὶ τὰ στοιχεῖα.

3. Pour Ross, p. 226, ces lignes renvoient « grossièrement » à Z1.

4. *Phys.* I 1, 184a10-16 : « Puisque le savoir et la science découlent, dans tous les domaines d'investigations dans lesquels il y a principes, causes ou éléments (ὧν εἰσὶν ἀρχαὶ ἢ αἴτια ἢ στοιχεῖα), de la connaissance de ces derniers <i.e. : principes, causes ou éléments> – car nous pensons connaître une chose quand nous en avons connu les causes premières, les principes premiers et jusqu'aux éléments –, il est clair qu'il faut

récurrent de formules similaires laisse en tout cas penser que l'occurrence de H1 n'a peut-être pas un sens très précis et qu'elle n'est là que pour indiquer, conformément aux acquis du livre Z, que nous nous situons dans le cadre de la science de l'être en tant qu'être, mais en tant qu'elle porte avant tout sur la substance.

On ne retient généralement pas la lecture de Michel d'Éphèse, selon laquelle « les causes » désignerait les formes, « les principes » la cause efficiente et la cause finale, et « les éléments » la matière [1]. Cette interprétation a en tout cas le mérite d'attirer l'attention sur la valeur distributive de la formule. Il semble qu'elle n'ait pas toujours le même sens, y compris à l'intérieur de la *Métaphysique*. Toutefois, dans le contexte de H et compte tenu des occurrences de « principes », « causes » et « éléments » que nous y trouvons, nous pouvons tenir pour très probable que « causes » désigne ici les quatre genres de cause (formelle, efficiente, matérielle, finale) [2] et que « principes » peut signifier plusieurs choses : les genres et les différences constituant les définitions, ou bien le premier composant, ou encore l'agent du premier mouvement d'une série donnée [3]. Ce qui fait surtout question, c'est l'ajout, un peu moins habituel, du troisième terme : les « éléments » (τὰ στοιχεῖα). Le terme, pris au sens général de « élément(s) de l'être » peut avoir différentes connotations, selon les occurrences. Elles sont souvent dialectiques [4]. On trouve de fréquentes appositions à « principes » (ἀρχαί) [5] ; et à « causes » (αἴτια) [6], ou aux deux à la fois [7]. Cependant, *stoicheion* peut aussi s'opposer à *archê*, quand il est entendu au sens d'élément matériel ou plus généralement constitutif [8], ce qui est le cas à la fin de Z, en Z 17, 1041b30-33. De

s'efforcer, dans la science de la nature également, de déterminer en premier lieu ce qui concerne les principes. »

1. Ps.-Alex., *In Metaph.* 544.11-13.
2. Voir, pour la substance comprise comme cause formelle : H 2, 1043a2 ; pour les différents genres de cause : H 4, 1044a26-b15.
3. Pour les genres des différences : H 2, 1042b32 ; pour le premier composant matériel : H 4, 1044a17, 25 ; pour le premier agent du mouvement : H 4, 1044a31.
4. A 3, 983b9 ; 8, 989b30 ; Λ 1, 1069a25-26 ; M 9, 1086a22.
5. B 1, 995b28 ; 3, 998a22 ; K 1, 1059b23, avec la restriction : « ce que certains appellent "éléments" » (τὰ καλούμενα ὑπό τινων στοιχεῖα) ; Λ 4, 1070a34-b16 ; M 10, 1087a2-5 ; N 4, 1091a31.
6. Λ 5, 1071a25.
7. E 1, 1025b5.
8. Sur cette opposition, voir S. Menn, « *Metaphysics* Z10-16 and the Argument-Structure of *Metaphysics* Z », art. cit., qui montre qu'Aristote entend substituer à la

même, en H 3, 1043b12, Aristote oppose, à l'unité substantielle des constituants de la définition, les « éléments », qui sont sans doute ici les composants matériels invoqués par les physiciens. Le terme *stoicheion* est donc dans ce contexte équivoque.

Pour toutes ces raisons, l'interprétation de l'énumération « principes-éléments-causes » reste ouverte, non seulement parce qu'elle peut être utilisée comme une expression stéréotypée et sans contenu précis, mais aussi parce qu'elle contient un terme ambigu, en partie utilisé pour désigner les théories des prédécesseurs à des fins polémiques.

Par son insistance sur la dimension proprement causale de l'enquête sur la substance, elle renvoie en tout cas à Z17[1]. De fait, au début de H2, on trouve une référence à une investigation causale antérieure, qui semble bien impliquer Z17 :

> Il en résulte donc clairement que, si la substance est cause de l'être pour chaque chose (εἴπερ ἡ οὐσία αἰτία τοῦ εἶναι ἕκαστον), c'est dans ces déterminations qu'il faut, dans chaque cas, chercher l'explication (τὸ αἴτιον) de l'être[2].

Le schéma de division dialectique est construit selon ce que les uns ou les autres admettent comme substances. Certains types de substance sont communément admis (les substances sensibles), d'autres non (les formes intelligibles et les êtres mathématiques). Aristote fait d'abord état d'un consensus en faveur de l'existence des « substances naturelles ». Il donne la liste suivante : « feu, terre, eau, air et tous les autres corps simples ; ensuite les plantes et leurs parties, les animaux et les parties des animaux, et enfin le Ciel et ses parties ». Ross, se fondant sur *DC* I 2, 268b27, estime logiquement que l'expression « tous les autres corps simples » désigne les différentes espèces des quatre éléments. On peut par ailleurs supposer que οὐρανός désigne ici le Ciel et non l'Univers[3], par rapprochement avec le passage parallèle de Z 2, 1028b12-13, qui mentionne les astres, la Lune et le

---

recherche des « éléments » (que ce soit chez Platon ou chez les physiciens), celle des « principes » immanents, seuls constitutifs des substances.

1. Burnyeat, *Map*, suivi sur ce point par M.L. Gill, « *Metaphysics* H 1-5 on Perceptible Substances », art. cit., p. 213.

2. H 2, 1043a2-4. Plus loin, en H 3, 1043b5, on retrouve la thèse selon laquelle la syllabe n'est pas composée des lettres et de leur combinaison, conformément à ce qui a été établi en Z 17, 1041b12.

3. En faveur de l'Univers, voir Ross, p. 227. Le Ps.-Alex. *In Met.*, 544.14-17 maintient les deux hypothèses.

Soleil. Viennent ensuite les substances supposées que seraient « les formes <intelligibles> et les êtres mathématiques », formule sous laquelle on reconnaît sans peine les Platoniciens [1]. Cette liste de substances reproduit un ensemble assez stéréotypé d'opinions admises [2]. Bien qu'il fasse état d'un accord concernant la première rubrique (les substances sensibles), Aristote ne peut lui-même s'y associer autrement que de manière superficielle, voire purement rhétorique. De fait, il ne reconnaît pas aux parties le statut de substances, comme il l'a indiqué en Z 16, 1040b5-10 : les parties des animaux ne sont pas des substances, car elles n'existent pas à l'état séparé, sinon comme parties purement matérielles (c'est-à-dire incapables d'accomplir une fonction essentiellement corrélée au tout). Elles ne sont donc que des « puissances ».

Il est clair, à lire ces lignes de H1, que la présente énumération des substances sensibles n'est pas satisfaisante et qu'il conviendra de l'abandonner si l'on veut se pencher sérieusement sur leur statut. C'est précisément ce qui se passera en 42a24, à partir de « Mais venons-en maintenant aux substances communément admises ». Non seulement la liste ne sera plus reprise, mais la problématique même va changer : il ne s'agira plus de se demander quelles sont les substances naturelles ou sensibles, mais ce qu'elles sont. Il ne sera plus question de les énumérer mais d'en analyser la nature. Ce changement de perspective est un réel retournement : Aristote ne partira plus d'une liste de substances possibles, mais d'une caractérisation structurelle des substances sensibles en tant que telles, caractérisation qui seule pourrait nous autoriser à en faire la liste. Comme on le sait, Aristote ne l'établit nulle part de manière absolument claire. On peut notamment se demander si elle excède le cas des êtres vivants (et par conséquent si Aristote admet d'autres substances sensibles en plus de ces derniers). Il est en tout cas très clair d'après notre texte que le bon chemin ne va pas de la typologie des substances possibles vers l'analyse de l'*ousia* en tant que telle, mais de cette dernière vers d'éventuelles distinctions typologiques.

---

1. Voir Z 2, 1028b19-20.
2. Voir les passages parallèles, avec variations, de Δ 8, 1017b10-14 ; Z 2, 1028b8-15 ; Z 16, 1040b5-10 ; Λ 1, 1069a30-36 ; DC III 1, 298a29-298b1.

[1.2] *Rappel de points acquis sur la substance.*

1042a12-24 : « Par ailleurs, <nos> arguments conduisent à poser d'autres substances : l'être essentiel et le sujet. Sous un autre point de vue, le genre serait plus substance que les espèces et l'universel plus substance que [15] les particuliers. Or à l'universel et au genre se rattachent aussi les Idées (c'est en vertu du même raisonnement, en effet, qu'elles sont réputées être substances). Puisque par ailleurs l'être essentiel est substance, et que la définition est l'énonciation de celui-ci, nous avons pour cette raison déterminé ce qu'il en est de la définition et de ce qui est prédiqué par soi. Or puisque la définition est une énonciation, et que l'énonciation a des parties, il était également nécessaire [20] de considérer, concernant la partie, quelles parties sont des parties de la substance et lesquelles n'en sont pas, et si les parties de la substance sont aussi parties de la définition. Puis il s'est avéré que ni l'universel ni le genre ne sont substance ; nous devrons examiner ultérieurement ce qu'il en est des Idées et des êtres mathématiques ; certains disent en effet que ce sont des substances existant à part des substances sensibles. ».

Ce passage formule trois assertions fondamentales que nous envisagerons successivement. Elles représentent les résultats majeurs du livre Z. À ce propos, je renvoie une fois pour toutes à la troisième partie de l'Introduction ci-dessus.

a) L'être essentiel et le sujet sont substances (42a12-13).

En rendant la proposition ἄλλας[1] δὲ δὴ συμβαίνει ἐκ τῶν λόγων οὐσίας εἶναι par « par ailleurs, <nos> arguments conduisent à poser d'autres substances », je suppose un possessif sous-entendu, considérant qu'il s'agit ici des arguments propres d'Aristote dans le livre Z – au moins la section allant de Z3 à Z9. L'alternative serait de comprendre qu'à partir de 42a12, on étudie ce qui est établi « par argumentation » (ἐκ τῶν λόγων), par opposition aux opinions de sens commun et aux substances qui « sont admises par tous ». L'ensemble des substances ainsi posées « par argumentation » engloberait celles qui sont posées par voie d'analyse, c'est-à-dire en décomposant les réalités dont on peut dire qu'elles ont un statut substantiel ou qu'il y a en elles un élément qui constitue leur *ousia*. Cependant, d'une

---

1. Corrigé en ἄλλως par Christ et Jaeger. Ross, en éditant ἄλλας, suit les manuscrits.

part, on voit mal dans ce cas ce qu'il faut faire des substances admises « par quelques-uns seulement », à savoir les Idées et les êtres mathématiques des lignes 42a11-12, car on peut dire qu'elles sont elles aussi produites « par argumentation » ; d'autre part, sous-entendre le possessif justifie bien mieux l'opposition de 42a13-14, opposition implicite mais indiscutable, avec ceux qui, voyant les choses autrement, attribuent au genre et à l'universel un statut substantiel supérieur, aux espèces dans le premier cas, et aux individus dans le second.

Comme on l'a dit ci-dessus, Aristote abandonne l'énumération des substances ou pseudo-substances, pour envisager les réponses possibles à la question « qu'est-ce qui *constitue* la substance ? ». Comme en Z2, et en préfiguration du renversement similaire de 42a24 à propos des substances sensibles, on passe de la recherche typologique à la question proprement essentielle, c'est-à-dire : « qu'est-ce que l'*ousia* ? ». Aristote rappelle la liste des postulants possibles au titre de substance, et non plus simplement la liste des entités habituellement classées parmi les substances, ainsi que les points discutés en Z.

Enfin et surtout, en mentionnant d'abord « l'être essentiel » (ou quiddité) [1] et « le sujet », Aristote commence par les deux options les plus plausibles selon lui. Elles sont examinées respectivement en Z3, pour le sujet – qui peut être admis comme substance sous certaines conditions et non sans équivoque, puisque la matière elle aussi est « sujet » – et en Z4-6, 10-12 et 17 pour le τὸ τί ἦν εἶναι. Cette mise en exergue de l'être essentiel et du sujet annonce le tour que va prendre la discussion en H1-2-3 : Aristote va concentrer son attention sur ces deux notions, genre et universel étant, comme en Z, rapidement écartés de la liste des équivalents possibles de la substance.

---

1. La traduction de τὸ τί ἦν εἶναι par « l'être essentiel », à défaut d'une solution meilleure qui s'imposerait absolument, rend assez bien l'idée que τὸ τί ἦν εἶναι désigne, du point de vue ontologique, l'essence-même de la chose et, du point de vue épistémologique, la définition la plus précise que l'on puisse en donner, la forme caractérisée par ses différences ultimes, au-delà desquelles on ne trouve plus que l'individu singulier et les accidents qui, par nature, n'entrent pas dans la définition. Je renvoie sur cette notion aux développements désormais classiques de P. Aubenque *Le Problème de l'être chez Aristote, op. cit.*, p. 461-464, et de J. Brunschwig, *Aristote. Topiques*, Paris, Les Belles Lettres, vol. I (livres I-IV), 1967, p. 119-120.

b) ni l'universel ni le genre ne sont substance (42a13-16; 42a21-22)

La première mention du genre et de l'universel a, à première lecture, un statut équivoque, car on peut d'abord penser qu'il s'agit d'un autre point de vue possible sur l'*ousia*. Toutefois, cette allusion renvoie visiblement à la séquence Z13-15, où l'hypothèse envisagée est clairement refusée, comme nous l'avons vu plus haut[1]. Avant de le dire explicitement en 42a21-22, Aristote le signale implicitement ici, en opposant respectivement au genre et à l'universel, d'abord l'espèce puis l'individu. Seules des individualités peuvent prétendre au statut, impliqué par la notion de substance, d'existant séparé. L'assimilation des Idées à des termes universels ou génériques[2], à la ligne 42a15, puis aux lignes 22-24, renforce le caractère indirectement polémique de l'allusion au genre et à l'universel. Si on croit pouvoir assimiler les Idées à des substances, précise Aristote entre parenthèses en 42a16, c'est en vertu du même raisonnement qui peut conduire, à tort, à assimiler l'universel et le genre à des substances. Or Z a invalidé une telle manière de voir.

Sans doute la discussion n'est-elle pas terminée sur ce point : le véritable enjeu polémique de la question du genre et de l'universel, comme le montre l'allusion maladroitement répétée à l'Académie, consiste dans la réfutation de l'hypothèse des Idées et de la substantialisation des êtres mathématiques. Il faudra en reparler ultérieurement, dit Aristote en 42a24. Il s'agit peut-être des livres M et N, mais, comme nous le verrons, H3 et H6 sont directement concernés par la polémique anti-platonicienne. Tout cela appelle, quoi qu'il en soit, non seulement une explication claire de ce qui fait l'unité de la définition, mais aussi une attention nouvelle au statut des substances sensibles, celles-là mêmes que l'hypothèse des Idées interdit de concevoir comme des substances, puisque, précisément les Idées seraient, aux dires des platoniciens, « des substances existant à part des substances sensibles » (42a23-24).

c) l'être essentiel est l'objet de la définition (42a17-21).

Ce qui vient d'être rappelé conduit à poser le problème de la définition. Ainsi s'explique sans doute que ce soit sur ce point que la discussion se poursuit à partir de 42a17. C'est aussi une amorce du

1. Voir en ce sens Ps.-Alex., *In Metaph*. 544.22-28.
2. Voir notamment Z 14, 1039b11-19.

développement qui commencera en H3 et se prolongera en H6. De fait, Aristote énonce les thèses positives qui résultent des analyses du livre précédent et qui vont faire en H l'objet d'un nouvel examen, à savoir :

(c-1) La corrélation de la définition, de la quiddité et du par soi. Cette thèse renvoie à plusieurs passages possibles de la section Z4-6 [1]. Elle peut également se fonder implicitement sur les résultats de Z17 : c'est la forme, assimilée à l'être essentiel, qui est éminemment substance et cause, pour la chose dont elle est forme. La dimension causale de la forme est absente dans ce passage précis de H1, mais elle apparaîtra en H2, H4 et H6. Le « par soi » désigne probablement ce qui est prédiqué par soi au premier sens, c'est-à-dire comme un attribut qui appartient à l'essence et à la définition même du sujet (comme la ligne dans la définition du triangle) [2].

(c-2) La distinction entre parties de la forme et parties matérielles et la question de savoir si les parties de la forme sont aussi parties de la définition. La référence à Z10-11 est ici très claire [3]. Il est d'ailleurs assez probable, comme le pensent notamment F-P, que H6 soit annoncé par Z 11, 1037a18-20, où Aristote pose le problème de l'unité de la définition et de ses parties en concluant que cela « doit être examiné ultérieurement » (σκεπτέον ὕστερον) [4]. Ici s'achève la partie de H1 traditionnellement assimilée à un « sommaire » du livre Z.

Face à ce résumé très schématique des principaux résultats de Z, un certain nombre de commentateurs ont exprimé leur insatis-faction [5]. Ils ont généralement souligné ce qu'ils estimaient être les

---

1. Voir par exemple : Z 4, 1029b14 ; 1030a6-7 ; 1030b4-6 ; Z 5, 1031a11-14 ; Z 6, 1031a18.
2. Voir *An. Post.* I 4, 73a34-b5. Thomas d'Aquin justifie ainsi la démarche d'Aristote : « comme la définition résulte d'attributs prédiqués par soi (*quia definitio constat ex his quae praedicantur per se*), pour cette raison, il a aussi établi ce qui est par soi » (*Sent. Metaph.* lib. VIII, l. 1, n. 5).
3. Voir notamment Z 10, 1034b20 ; 1034b34.
4. Voir *infra* [6.1].
5. Les plus critiques sont les auteurs des *Notes*, p. 1-2, qui envisagent néanmoins plusieurs possibilités : que le texte soit une transition fabriquée par un éditeur antique ; que H1 se réfère à une version primitive de Z ; que H soit en réalité antérieur à Z et qu'il ait été ensuite transféré après ce dernier ; que ce passage de H1 constitue, non pas un sommaire, mais une reformulation, plus positive, du problème du choix entre les divers candidats au statut de substance.

lacunes de ce sommaire [1]. Nous sommes incontestablement face à une version très condensée et assez sélective des acquis de Z, version qui se caractérise par une insistance particulière sur la thèse de l'adéquation de l'être essentiel, de la substance et de la définition. On ne voit pas, cependant, quelle loi impérative pourrait obliger Aristote à donner un état exhaustif et parfaitement objectif du livre précédent. Supposons en effet que ces lacunes supposées ne soient pas le fait d'une simple négligence. Il convient alors de s'interroger sur ce qu'il conviendrait plutôt d'appeler, dans ce cas, des ellipses stratégiques. Si Aristote ne mentionne pas tous les points de Z, est-ce nécessairement parce qu'il ne dispose pas encore du livre Z dans l'état où il nous est parvenu, et en particulier qu'il se réfère à une première version de celui-ci? Ou bien n'est-ce pas qu'il entend y revenir plus loin, en H1 ou dans la suite du livre, se laissant la possibilité de procéder à de nouveaux développements sur des questions encore ouvertes? Rien ne nous empêche, du reste, de réinscrire ce sommaire dans son contexte immédat. Ross lui-même indique avec justesse (p. 227) que la problématique de la séquence Z7-9, absente du sommaire proprement dit, apparaît quelques lignes plus bas, en 42a30, au travers de l'évocation de la génération et de la destruction. Il convient également de rester prudent devant l'absence supposée de toute mention de Z17 et de l'idée que la substance première est cause [2]. Nous avons déjà pu voir que la perspective étiologique, ou causale, ouverte par Z17 sera elle aussi reprise dans la suite de H. Aristote peut fort bien éviter délibérément de mentionner le statut causal de la forme, parce qu'il entend y revenir plus loin. On ne peut donc pas arguer de l'absence supposée, dans le sommaire de H1, de tel ou tel passage de Z pour affirmer que le livre H dans son ensemble ne s'y réfère pas. Il est également plus prudent, notons-le au passage, de ne rien en inférer concernant la structure et la genèse du livre Z. Je suppose donc que le fameux « sommaire » n'est pas une description pure et simple de ce que l'on trouve dans Z – où dans Z tel qu'Aristote l'a construit au

---

1. Principalement : Z7-9; Z 16, 1040b5-16; Z17. Bostock, p. 249-250 étend la liste des lacunes à d'autres passages ou points d'argumentation dont H1 ne fait pas mention. Ross, p. 226-227, voit dans l'absence de toute référence claire à Z7-9 une confirmation de l'hypothèse selon laquelle cette section ne figurerait pas dans la version primitive de Z.

2. Cette lacune supposée suggère à Burnyeat, *Map*, p. 67-68, suivi par S. Menn, « On Myles Burnyeat's *Map of Metaphysics Zeta* », art. cit., p. 189, que le sommaire renvoie à Z1-16 et appartient à une entité textuelle qui commencerait avec Z17.

moment où il écrit H1 –, mais une sélection de ce qu'il est essentiel de garder à l'esprit à propos de Z pour introduire la nouvelle investigation. En d'autres termes, l'introduction de H n'est pas tant un sommaire objectif de Z qu'une liste des résultats de Z qui doivent être tenus pour acquis *maintenant*, c'est-à-dire à ce point précis de l'enquête. Ce n'est donc pas un sommaire défectueux.

[1.3] *Analyse de la substance sensible.*

1042a24-31 : « Mais venons-en maintenant aux substances communément admises. [25] Ce sont les substances sensibles; or les substances sensibles ont toutes une matière. Or est substance le sujet, qui en un sens est la matière (j'appelle « matière » ce qui, n'étant pas un ceci en acte, est un ceci en puissance), et en un autre sens la notion et la forme, ce qui, étant un ceci, est séparable en raison. Troisièmement, [30] c'est ce qui est constitué <de matière et de forme>, et dont seul il y a génération et destruction, et qui est séparable sans restriction, car parmi les substances proprement définissables, les unes sont séparables mais pas les autres. »

Cette section est à la convergence des deux perspectives tracées dans les lignes précédentes : la typologie dialectique initiale, d'une part, et le problème de la structure de la substance en tant que telle (être essentiel et sujet), d'autre part. Le passage [1.2] portait sur l'être essentiel. Il est temps, maintenant, d'envisager le sujet (ὑποκείμενον). Sur l'attention particulière que le livre H porte à la substance sensible et à la matière, je renvoie à la deuxième partie de l'Introduction ci-dessus et, sur le présent passage en particulier, aux pages 34-37.

H1 fait ici clairement écho à Z3, en donnant la même liste des trois possibilités concernant le sujet ou substrat : matière, forme ou composé[1]. Il y a cependant une innovation majeure. Alors qu'en Z 3, 1029a20-25, la matière est considérée de manière très restrictive, comme un substrat privé de toute détermination, de sorte qu'elle ne peut en principe constituer un « ceci » (τόδε τι), H1 l'envisage très différemment : « la matière est un ceci en puissance ».

En introduisant la distinction entre la puissance et l'acte, le texte ouvre ici une perspective qui sera développée en H2 (1042b10; 1043a15 *sq.*); H5 (1044b30-36) : H6 (1045a24, 32, b19, 21), puis traitée systématiquement en Θ. Surtout, la matière n'est plus aussi

---

1. Z 3, 1029a1-3.

radicalement opposée au τόδε τι, puisqu'elle est un τόδε τι « en puissance ». C'est un tournant dans l'économie globale des livres centraux, au moins dans la formulation de la distinction entre matière et forme. Cela ne signifie pas que nous ayons affaire à un changement de doctrine par rapport à Z, qui du reste fait déjà un certain usage de la distinction puissance / acte[1], mais plutôt que le problème de la substantialité de la matière doit être désormais traité, non plus en termes de présence ou absence de détermination, mais en termes de potentialité et d'actualité, c'est-à-dire d'accomplissement. La matière, en tout cas, n'est pas un ceci actuellement, mais elle est un ceci en puissance.

Ce passage appelle trois remarques complémentaires :

(i) L'apparition, ici négative, de ἐνεργείᾳ préfigure les occurrences ultérieures dans H, où ἐνεργεία devient synonyme de forme[2].

(ii) La précision que seule la substance composée est sujette à génération et destruction implique que ni la matière ni la forme ne le sont. C'est un possible renvoi à Z 8, 1033b16-18, qui établit que la forme n'est pas sujette au devenir, à la différence du composé. C'est également une manière de préparer H 3, 1043b17, qui rappellera la thèse de l'éternité de la forme. Voir ci-dessous [3.3].

(iii) La forme est dite « séparable en raison » (τῷ λόγῳ), en 42a29. L'expression signifie sans doute quelque chose comme « par abstraction de la notion » ou « par la pensée », comme on sépare la concavité du nez camus, et cela par opposition à une séparation réelle de la forme, ce qu'Aristote refuse[3]. La question de la séparation revient à la ligne 30 : le composé – ce qui est « constitué » de la matière et de la forme – est séparable « sans restriction », ou encore « absolument », « purement et simplement » (ἁπλῶς). Il constitue un sujet individuel subsistant par lui-même (et non pas au sens où il serait séparé de la matière). En revanche, « parmi les substances proprement définissables » (τῶν γὰρ κατὰ τὸν λόγον οὐσιῶν), c'est-à-dire les formes en tant qu'elles sont les objets mêmes de la définition[4], on devra

1. Voir *supra*, Introduction, p. 46-47.
2. Bostock, p. 251.
3. M. Wedin, *Aristotle's Theory of Substance*, Oxford, Oxford University Press, 2000, p. 173, comprend : « capable of separate formulation ». Voir *contra* J. Owens, *The Doctrine of Being in the Aristotelian Metaphysics*, Toronto, Pontifical Institute of Medieval Studies, 1978, p. 381, qui prend λόγῳ au sens objectif et comprend : « separate in form ».
4. Voir *supra*, Introduction, p. 43 *sq*.

distinguer deux cas : celui des formes séparables seulement en raison, comme le concave peut être séparé du camus, et celui des formes séparables absolument [1], à savoir les intellects et Dieu [2], s'ils ont bien un tel statut.

[1.4] *La matière également est substance.*

1042a32-b8 : « Mais il est manifeste que la matière également est substance. Dans tous les changements entre opposés, en effet, il y a quelque chose qui est sujet pour les changements. Ainsi, selon le lieu : ce qui maintenant est ici et ensuite [35] ailleurs; selon l'augmentation, ce qui maintenant est de telle grandeur et ensuite plus petit ou plus grand; et selon la modification, ce qui maintenant est sain et [1042b] ensuite malade. De même encore, dans le changement substantiel, ce qui maintenant est en train d'advenir et ensuite en état de destruction, et ce qui maintenant est sujet au sens du ceci et ensuite sujet par privation. Et les autres changements se produisent après que le changement substantiel ait eu lieu, alors que [5] celui-ci, dans un cas ou deux, ne se produit pas après eux. Il n'est pas nécessaire, en effet, si quelque chose a une matière impliquée dans le changement de lieu, que cela possède également la matière qui entre en jeu dans la génération et la destruction. Quant à la différence entre être engendré absolument et l'être d'une manière non absolue, on en a parlé dans nos ouvrages de philosophie naturelle. »

On comprend désormais ce que signifiait l'idée que la matière est un τόδε τι *en puissance* et ce que signifie, maintenant, l'idée que la matière est « elle aussi substance » : la matière est un ceci en puissance dans la mesure où elle est sujet d'un changement et, si elle est substance, c'est précisément en tant que sujet. En d'autres termes, la matière n'est pas actuellement tel X, mais elle l'est en puissance, que cet X soit un être substantiel (canard, lapin, être humain) ou, par exemple, une simple qualité (grand, à col vert, etc.). Cela ne veut pas dire qu'elle soit susceptible d'exister en acte par elle-même, mais qu'elle est potentiellement la matière de tel composé substantiel en acte. Aristote va ainsi faire varier la notion de substance et l'appliquer à la matière considérée en tant que sujet. Ce qui l'y autorise, c'est l'application implicite, à la fonction de sujet, de la distinction entre la

---

1. Ps.-Alex., *In Metaph.* 546.3-4.
2. Ross, p. 227.

puissance et l'acte : je peux dire que le sujet est substance, au sens
où il participe de la permanence essentielle d'un X soumis au
changement, sans pour autant constituer la totalité de cet X *en acte*.
Aristote s'oppose ainsi radicalement à ceux – principalement les
physiciens antérieurs – qui croient pouvoir définir les choses par leur
sujet, comme si celui-ci (les atomes, le feu, l'illimité, etc.) était, en
acte, l'essence de la chose elle-même.

En parlant de « changements entre opposés », Aristote rappelle
que ce qui permet à la matière de remplir la double fonction d'être-
en-puissance et de substrat du changement, c'est son aptitude
essentielle à être sujet et puissance des opposés. Or l'un des attributs
de la substance est précisément de pouvoir perdurer tout en recevant
des prédicats contraires[1]. La liste des changements correspond
à la catégorisation habituelle d'Aristote, qui distingue quatre types
de changements, selon le lieu, la quantité, la qualité et comme
changement substantiel (génération et corruption)[2].

Les difficultés se présentent dès lors qu'il s'agit de déterminer
comment la matière remplit cette fonction de sujet. Est-ce en tant
qu'elle est elle-même l'unique sujet du changement (comme le
marbre est sujet de la statue, qu'elle soit en devenir ou achevée), ou en
tant qu'elle est matière du sujet du changement, à savoir le composé
(comme Socrate est le sujet qui passe de la position assise à la position
debout sans perdre son essence)? Bostock[3] a sans doute raison de
considérer que ce qui est sous-jacent au cours du changement dans
les trois premiers cas, ce n'est pas la matière elle-même ou la matière
abstraction faite de la forme, mais un composé particulier (par
exemple Socrate). C'est un composé qui change de lieu, qui devient
plus petit ou plus grand, et qui, initialement sain, devient malade. Le
substrat est donc *matériel*, non pas parce qu'il serait identifié à la
matière elle-même, mais dans la mesure où il contient une matière
qui lui permet de recevoir les opposés. Je peux dire que la matière est
sujet du changement, non pas nécessairement au sens où la matière
seule constituerait la substance de ce qui est en train de changer, mais

---

1. Ainsi, selon *Cat.* 5, 4a10-22, la couleur ne peut pas être blanche et noire, mais
une substance (un être humain) peut recevoir tantôt le blanc tantôt le noir, tantôt le
chaud tantôt le froid, etc.

2. Voir notamment Z 7, 1032a14-15.

3. Bostock, p. 252; voir aussi M.L. Gill, « *Metaphysics* H 1-5 on Perceptible
Substances », art. cit., p. 219.

pour dire que c'est en vertu de la matière qu'il contient que X, tout à la fois, change et demeure identique à lui-même.

Dans le quatrième cas (génération et destruction), la situation est plus complexe. Le composé ne préexiste pas à sa propre génération, de sorte que ce qui est sujet est alors la matière elle-même. Le sujet sera donc ici la matière éloignée ou élémentaire, quelle que soit exactement sa composition, ou bien le substrat que constituent le sang menstruel produit par la femelle[1] dans la reproduction des animaux sanguins. Cette matière encore indéterminée – ou trop faiblement déterminée pour constituer un être substantiel de plein droit – reçoit la forme et persiste comme substrat tout au long du processus de génération. Toutefois, lorsqu'il évoque le sujet qui précède la destruction, Aristote emploie l'expression « sujet au sens du ceci » (ὑποκείμενον ὡς τόδε τι) : « De même encore, dans le changement substantiel, <est sujet> ce qui maintenant est en train d'advenir et ensuite en état de destruction, et ce qui maintenant est sujet au sens du ceci et ensuite sujet par privation. » Or, en toute rigueur, la matière n'est précisément pas un τόδε τι, sinon en puissance.

L'une des solutions possibles consiste à voir sous la destruction non pas la matière elle-même, mais la matière *en tant qu'elle entre dans* la constitution du composé, voire le composé lui-même, puisque c'est un composé particulier et non la matière elle-même qui est susceptible d'être détruit et qui, de ce fait, remplit la fonction de substrat du changement[2], au moins jusqu'au moment où il a totalement perdu son identité substantielle. Dans la génération, selon Ross, c'est la matière qui serait sujet « par privation », au sens où elle est d'abord privée de ce qui doit être engendré.

Toutefois, la structure du passage résiste à l'interprétation de Ross : dans les cas précédents, pour chaque type de changement, c'est un seul et même sujet du changement qui est considéré comme étant « maintenant » (νῦν μὲν) sujet du premier opposé et « ensuite » (πάλιν δὲ) sujet du second. Pour justifier sa lecture, Ross doit en outre intervertir l'ordre de la génération et de la destruction. Il considère en

1. M.L. Gill, « *Metaphysics* H 1-5 on Perceptible Substances », art. cit., p. 220. Sur les menstrues comme matière, voir notamment : *GA* I 19, 727b31-33 ; 20, 729a10-11 ; 31 ; 22, 730b1.

2. Ross, p. 227.

effet que dans le cas du quatrième changement, νῦν μὲν s'applique au moment de la destruction et πάλιν δὲ au moment de la génération.

Gill considère pour sa part que l'expression ὑποκείμενον ὡς τόδε τι désigne bien la matière, étant donné que la matière qui sous-tend le changement n'est pas seulement déterminée *en puissance*, mais également déterminée *actuellement*[1]. Il faut admettre, dans ce cas, que la matière atteint un certain niveau de détermination actuelle et constitue de ce fait un τόδε τι *actuellement*.

Si cette solution consiste à dire que la matière se caractérise *actuellement* par un certain degré de détermination, y compris quand elle est considérée comme un τόδε τι en puissance, on peut y souscrire sans difficulté. Le lit ou la statue ne sont pas faits de n'importe quels matériaux et le substrat menstruel contient un certain nombre de déterminations positives qui rendent possible, ou plus encore qui ont pour fin, l'information. La suite du livre H va du reste clarifier la situation en distinguant différents niveaux de matérialité[2]. Toutefois, peut-on aller jusqu'à dire que la matière est un τόδε τι en acte? Il est difficile de concilier une telle affirmation avec les indications claires de Z3, mais également avec la restriction de H 1, 1042a27-28 : la matière est un ceci, non pas en acte, mais en puissance. Que ce morceau de bois soit actuellement déterminé par les propriétés qui sont celles du bois (sa dureté relative, sa structure ligneuse, etc.) ne signifie pas qu'il s'agit d'un τόδε τι au sens plein, c'est-à-dire compris comme un ceci déterminé et individualisable distinctement des autres entités de même niveau.

Une troisième solution, variante de la solution précédente, consisterait donc à dire que la matière en tant que telle peut être considérée comme un τόδε τι, mais en un sens second ou faible, par opposition au τόδε τι au sens le plus rigoureux du terme, sens qui convient au composé substantiel ou à la forme dans certains cas. Ce ne serait pas une solution spéculative, car nous trouvons dans la *Métaphysique* elle-même des cas de variation sémantique de l'expression τόδε τι. En Z 8, 1033b21 *sq.*, Aristote explique que la forme, en elle-même, est un τοιόνδε (quelque chose de tel) et non pas

---

1. M.L. Gill, *Aristotle on Substance. The Paradox of Unity*, op. cit., p. 86-90; M.L. Gill, « *Metaphysics* H 1-5 on Perceptible Substances », art. cit., p. 219-221; M.L. Gill, « Form-Matter predication in *Metaphysics* Θ 7 », dans M. Crubellier, A. Jaulin, D. Lefebvre, P.-M. Morel (éd.), Dunamis. *Autour de la puissance chez Aristote*, Louvain-La-Neuve, Éditions Peeters, 2008, p. 391-427, p. 403, n. 25.

2. Voir *supra*, Introduction, p. 37-40.

un τόδε τι (ceci)[1]. La forme est donc à distinguer du composé (1033b24), qui est dit pour sa part ἄπαν τόδε, un « ceci complet » ou « un tout déterminé »[2], en d'autres termes : un ceci au sens plein du terme. De même, lorsque Aristote reprend, au livre Λ, la liste des trois manières de comprendre la substance (matière, forme et composé), il a soin de distinguer deux manières d'être un ceci, qui sont en l'occurrence celles, respectivement, de la matière et du composé :

> la matière est en apparence un ceci (car là où il y a contact et non pas union naturelle, il y a matière et sujet), mais la nature même de la chose vers laquelle <s'accomplit le changement> est un ceci et un état déterminé[3].

Quelle que soit la manière dont on traduit ici τῷ φαίνεσθαι[4], on comprend assez clairement que c'est la nature accomplie de la chose qui constitue un ceci de plein droit et au sens le plus rigoureux. Nous pouvons ainsi admettre avec M.L. Gill que la matière prochaine est en un sens un τόδε τι, mais cela ne signifie pas qu'elle soit actuellement un τόδε τι de plein droit, parce qu'elle n'est pas un τόδε τι complet (ou un τόδε τι constituant un tout). La matière est sujet du devenir, mais en étant un τόδε τι au sens le plus faible, ou encore comme un τόδε τι seulement apparent[5].

---

1. *Cf.* Z 13, 1039a1, 16.
2. Voir les traductions respectives de Ross : « the whole this »; F-P : « dies bestimmte Ganze »; Bostock : « the complete this ».
3. ἡ μὲν ὕλη τόδε τι οὖσα τῷ φαίνεσθαι (ὅσα γὰρ ἀφῇ καὶ μὴ συμφύσει, ὕλη καὶ ὑποκείμενον), ἡ δὲ φύσις τόδε τι καὶ ἕξις τις εἰς ἥν (Λ 3, 1070a9-12).
4. La traduction d'A. Jaulin propose : « du fait qu'elle est visible ». Le texte lui-même est peut-être corrompu. Quoi qu'il en soit, comme le signale L. Judson, « Formlessness and the Priority of Form : *Metaphysics* : Z 7-9 and Λ 3 », *in* M. Frede, D. Charles (eds), *Aristotle's* Metaphysics Lambda. *Symposium Aristotelicum*, Oxford, Clarendon Press, 2000, p. 111-135, p. 129, on doit logiquement se référer à *DA* II 1, 412a7-9, qui précise que la matière « n'est pas un ceci en soi-même », ce qui est compatible avec sa lecture – que je partage – de τῷ φαίνεσθαι : « it (merely) has the appearance of, or *seems* to be, a this ».
5. Une autre solution, proposée par R. Bolton, « Subject, Soul and Substance in Aristotle », dans C. Cerami (éd.), *Nature et sagesse. Les rapports entre physique et métaphysique dans la tradition aristotélicienne. Recueil de textes en hommage à Pierre Pellegrin*, Louvain-La-Neuve, Éditions Peeters, 2014, p. 149-175, consisterait à dire que le premier changement évoqué n'est pas la génération, étant donné qu'en toute rigueur un τόδε τι ne peut être sujet que dans le cas du changement non substantiel. Le changement par privation désignerait dès lors le changement substantiel sous ses deux formes : génération et corruption (voir p. 164-165).

Quoi qu'il en soit, il y a bien une dissymétrie entre la génération et la destruction : si le sang menstruel, par exemple, peut être sujet de la génération, ce n'est pas dans cette matière-là que se résout le composé au moment de sa destruction.

Pour revenir enfin au conflit, au moins apparent, avec Z3, on notera qu'il s'atténue considérablement si l'on comprend qu'en Z3 Aristote dit simplement que la matière *seule* ne peut pas prétendre au rang de substance [1]. En tout cas, la matière a le statut de sujet comme τόδε τι si l'on considère qu'elle est un τόδε τι *en puissance* (statue de bronze; être humain en acte). C'est sans aucun doute la différence principale entre H1 et Z3.

On retiendra également de ce passage sur la matière comme sujet que la série des changements est ordonnée et différenciée. Tout d'abord, comme Aristote l'indique en 42b3-6, l'aptitude au changement substantiel entraîne avec elle l'aptitude aux autres changements, tandis que les autres n'entraînent pas nécessairement le changement substantiel. Les cas où les changements particuliers n'impliquent pas nécessairement la génération sont peut-être le changement de lieu et la modification ou altération, comme le suggèrent les lignes qui suivent [2]. D'une part, le changement de lieu suppose une matière « topique » (42b5 : εἴ τι ὕλην ἔχει τοπικήν), ce qui est un *hapax* pour désigner la matière en tant qu'elle est apte au changement de lieu. C'est le seul changement que puisse subir la matière astrale. D'autre part, l'altération est sous-entendue dans l'opposition finale entre génération relative (non substantielle) et génération absolue (génération substantielle). L'altération est une génération simplement relative. L'expression « dans nos ouvrages de philosophie naturelle » (ἐν τοῖς φυσικοῖς) est supposée renvoyer aux textes où cette distinction est expliquée [3].

Michel d'Éphèse [4] illustre clairement les cas de changements qui n'impliquent pas la possibilité d'une génération et d'une destruction : le Soleil se meut selon le lieu, mais n'est ni altérable ni susceptible de génération ou corruption; la Lune a elle aussi une matière qui la rend apte au changement de lieu, mais elle peut être altérée (par le fait de

---

1. Burnyeat, *Map*, p. 65.
2. C'est une bonne raison pour ne pas rejeter les lignes 42b7-8 au début du chapitre 2, comme le fait Tricot.
3. *Phys.* V 1, 225a12-20; *GC* I 2, 317a17-4, 320a7.
4. Ps.-Alex., *In Metaph.* 547.2-16.

recevoir la lumière du soleil ou d'en être privée), sans être pour autant susceptible de génération ou corruption.

Dès lors, on distinguera quatre types de matière ou quatre types d'implication de la matière dans le changement :

a) la matière topique (τοπική) de 42b6, qui sera dite « matière impliquée dans le changement de lieu » (ὕλη κατὰ τόπον κινητή) en H 4, 1044b7 ;

b) la matière qui entre en jeu dans la génération et la destruction (ὕλη γεννητὴ καὶ φθαρτὴ) en 42b6 ;

c) la matière qui sous-tend l'altération ou modification qualitative (<ὕλη> κατ᾽ἀλλοίωσιν <κινητή>) en 42a36 ;

d) la matière qui sous-tend l'augmentation et la diminution (<ὕλη> κατ᾽αὔξησιν <κινητή>) en 42a35.

L'orientation du chapitre se confirme, et avec elle celle de l'ensemble de l'enquête qui s'annonce. Il s'agit de dresser le cadre d'une investigation sur les substances sensibles, c'est-à-dire sur les substances susceptibles de changement ; or ce cadre impose une prise en compte des propriétés et fonctions de la matière en tant, précisément, qu'elle est sujet du changement, aspect sous lequel elle peut être dite, elle aussi, « substance ».

Résumé du chapitre

[2.1] *Annonce d'une investigation sur la substance entendue comme acte des composés sensibles.*

[2.2] *On étudie les différences qui font qu'une matière donnée reçoit telle ou telle détermination. Démocrite n'en a distingué que trois, mais elles sont en nombre bien supérieur, et correspondent à ce que veut dire « être » pour un composé sensible donné. Les différences doivent être rapportées à des genres communs.*

[2.3] *Les différences sont à la matière comme l'acte par rapport à la puissance et sont, dans chaque cas, l'analogue de la forme.*

[2.4] *L'acte, et par conséquent l'énoncé de définition, n'est pas le même selon la matière à laquelle il s'applique. On envisage dès lors trois manières de donner des définitions : par les différences et la forme ; par la matière ; par le composé des deux. On a ainsi défini le triple mode d'être des substances sensibles : comme matière, comme forme, comme composé de matière et de forme.*

[2.1] *Transition.*

1042b9-11 : « Puisque la substance entendue comme sujet au sens de matière est communément admise, et que par ailleurs elle est substance en puissance, il reste à dire ce qu'est la substance, entendue comme acte, [10] des choses sensibles. »

La phrase, d'introduction et de transition, fait écho à H 1, 1042a24-26 (« Mais venons-en maintenant aux substances communément admises. Ce sont les substances sensibles ; or les substances sensibles ont toutes une matière »). Elle anticipe également sur la conclusion du chapitre 2, qui déclare que l'on sait maintenant ce qu'il en est des substances sensibles. La formule est clairement dichotomique : on a traité (a) de ce qui est substance en puissance ; il reste à traiter (b) de ce qui est substance en acte[1]. Il est manifestement question, dans cette première phrase, de cet acte qu'est la forme. Aristote décompose de ce fait la tripartition des sens de « sujet » en 42a26-31 (matière, forme, composé). Que devient cependant le troisième terme, à savoir le composé ? La réponse à cette question va venir en deux temps : à la fin de H2, Aristote va maintenir la tripartition en concluant que la substance sensible s'entend en trois sens : matière, forme, composé (43a26-28). Au début de H3, Aristote note lui-même qu'il n'est pas toujours facile de savoir si l'on est en train de parler de l'acte et de la forme ou bien du composé, signe que le relatif embarras provoqué par le début de H2 est justifié. Il appelle les précisions qui seront données sur la forme elle-même en H3 et H6.

Cette annonce d'une nouvelle enquête concernant la substance sensible est rappelée à la dernière phrase du chapitre, qui conclut que la « substance sensible » – et non plus seulement le sujet – s'entend en trois sens. Elle trouve également un écho dans l'expression « la recherche portant sur la substance sensible » (πρὸς δὲ τὴν ζήτησιν τῆς οὐσίας τῆς αἰσθητῆς) en H 3, 1043a38. Ces effets d'échos confirment l'une des orientations majeures de l'ensemble du livre H : la nécessité de caractériser les substances sensibles à partir d'un hylémorphisme explicitement assumé et reformulé.

L'amorce de H2 peut paraître surprenante, dans la mesure où elle évoque un « accord », alors qu'il n'y a consensus, en réalité, ni sur le caractère proprement substantiel des entités sensibles – qui n'est pas admis par les partisans des Idées –, ni probablement sur le statut de la matière, comme l'a montré Z3. La même ambiguïté, on l'a vu, affectait l'accord évoqué en H 1, 1042a24. Il semble en fait qu'Aristote n'étende pas le consensus au delà du cercle des physiciens, en excluant implicitement les Académiciens[2], dont il a été dit (1042a22-23) que leurs thèses seraient examinées plus tard.

Le chapitre 2 s'inscrit donc dans une nette continuité avec le développement qui commence en 42a24. La phrase précise en effet la portée de la formule de 42a32 : « la matière également est substance ». Elle donne sens au καὶ de la formule en modalisant le statut de substance : on vient de parler, à la fin de H1, de la substance « comme

---

1. Dès lors il est naturel de comprendre le καὶ de la ligne 42b9 en un sens explétif et non pas conjonctif : on a examiné (a) le sujet entendu comme matière ; on va maintenant examiner (b) le sujet entendu comme acte.
2. Ps-Alex., *In Metaph.* 547.33-35.

sujet et comme matière » (ὡς ὑποκειμένη καὶ ὡς ὕλη); il s'agit maintenant de parler de la substance « comme acte » (ὡς ἐνέργειαν). On comprend donc que la matière est substance, certes, mais avec deux restrictions : elle est substance « en puissance » (ce qu'annonçait déjà H 1, 1042a28), et elle n'est pas seule à être substance, puisque la substance doit aussi s'entendre comme forme et, selon la précision qui vient d'être donnée, comme « acte ». À cette première thèse, H2 va ajouter deux précisions complémentaires. En premier lieu, que « dans les substances, ce qui est attribué comme prédicat à la matière c'est l'acte même » (1043a5-6) – thèse de la prédication hylé-morphique –, et en second lieu, on l'a vu, que la substance sensible existe sous trois modalités : comme matière, comme acte et comme composé.

La formule introductive marque donc une étape très importante dans l'argumentation qui a débuté en H1 et qui, elle-même, s'inscrit probablement dans un développement plus vaste, dont le cadre est fixé par Z17, sur la manière dont la matière reçoit les déterminations essentielles (formelles) qui permettent de dire qu'elle est telle chose déterminée [1].

Ce pas va révéler toute sa fécondité théorique avec la coïncidence explicite, en 43a6, de l'acte et de la forme. H2 exprime l'une des innovations majeures de l'ensemble du livre H, à savoir la formulation des problèmes liés au statut de la substance en termes d'accomplissement, c'est-à-dire en termes de puissance et d'acte. La forme d'une substance est ce qui fait que la substance est en acte. Toutefois, la suite immédiate du chapitre va montrer qu'il n'est pas immédiatement question de la forme substantielle, mais plus largement de l'ensemble des « différences » qui constituent l'actualité et les déterminants d'une substance sensible donnée.

[2.2] *La matière et les différences.*

1042b11-43a1 : « Démocrite, pour sa part, semble penser qu'il y a trois différences (le corps servant de sujet, c'est-à-dire la matière, un et identique à lui-même, se différencie selon le rythme, qui est la

---

1. Z 17, 1041b5. En faveur d'une continuité avec la problématique de Z17, voir M.L. Gill, « *Metaphysics* H 1-5 on Perceptible Substances », art. cit., p. 221, selon qui l'intention d'Aristote en H2 est de clarifier un point central de Z17, à savoir que la forme, qu'il qualifie maintenant d'actualité, est la cause de l'existence de la substance composée ; Burnyeat, *Map*, p. 73.

configuration, ou selon l'orientation, qui est la position, ou selon l'arrangement, qui [15] est l'ordre). Les différences, cependant, sont manifestement en grand nombre, par exemple par juxtaposition des éléments matériels, par exemple par mixture, comme l'hydromel; ou encore par lien, comme un faisceau; par collage, comme un livre; par l'utilisation de clous, comme un coffret; par plusieurs de ces procédés; par la position, comme le seuil et le linteau (car ces objets-là diffèrent [20] par la manière dont ils sont posés); par le temps, comme le moment du dîner et celui du déjeuner. Et encore : par le lieu, comme les vents; par les propriétés sensibles, comme la dureté et la mollesse, la densité et la rareté, la sécheresse et l'humidité, dans certains cas par certaines de ces propriétés et dans d'autres cas par toutes et, d'une manière générale, [25] par excès et par défaut. Aussi est-il clair que le « est » se dit en autant de façons. C'est un seuil, en effet, parce que c'est posé ainsi, et ce que signifie « être », c'est le fait qu'il est posé ainsi, et ce qui fait l'être de la glace, c'est que l'eau est solidifiée de telle manière. Dans certains cas, l'être sera défini par l'ensemble de ces <différences>, du fait que certaines <parties> sont mélangées, d'autres mêlées, [30] d'autres liées, d'autres solidifiées, et que d'autres se distinguent par les autres différences, comme la main ou le pied. Il faut donc poser les genres des différences (car ils seront principes de l'être), comme lorsque les choses diffèrent par le plus et le moins, ou le dense et le rare et par les autres propriétés du même ordre, car tout cela est [35] excès et défaut. Si par ailleurs quelque chose <diffère> par la configuration, ou par le lisse ou le rugueux, toutes <ces différences> relèveront du droit et du courbe. Pour certaines choses, leur [1043a] être sera dans le fait d'être mélangées, et leur non-être dans l'état contraire. »

Aristote engage la discussion sur le terrain dialectique en se référant à la théorie démocritéenne des différences. Il reprend ici une description standard de la théorie démocritéenne des différences atomiques, dispositif qu'il évoque également en A 4, 985b4-20. Il procède à une sorte de traduction conceptuelle des trois termes utilisés par l'atomiste pour caractériser les différents types d'agrégations d'atomes (*rhusmos*, *tropê*, *diathigê*), et les transpose dans un lexique sans doute plus compréhensible pour ses contemporains immédiats : *schêma*, *thesis*, *taxis*[1]. La doctrine atomiste peut sur ce point se

---

1. Sur ces changements lexicaux, voir P.-M. Morel, *Démocrite et la recherche des causes*, Paris, Klincksieck, 1996, p. 53-59. Ils ont pour conséquence d'atténuer la

résumer ainsi : au niveau atomique, il y a trois genres de différences, qui sont le rythme (*rhusmos*), l'orientation (*tropê*) et l'arrangement ou disposition (*diathigê*). À l'infinité des différences de rythmes – ou de « figures » – atomiques – comme A diffère de N –, s'ajoute une infinité de différences de modalité ou d'ordre – comme AN diffère de NA –, et une infinité de différences d'orientation ou de position – comme N diffère de Z (N couché). Cette combinatoire est censée expliquer l'ensemble des propriétés des agrégats atomiques. Dans le cas présent, cette théorie est aussitôt jugée insuffisante, car Démocrite a le tort de n'admettre que trois types de différences, dont toutes les autres seraient en quelque sorte dérivées, alors qu'Aristote, sans les dénombrer exactement, en admet beaucoup plus.

Notons que les différences sont chez Démocrite des caractéristiques de ce qu'Aristote appelle pour sa part « matière ». Elles sont en réalité, pour le Stagirite, des déterminations, sinon strictement « formelles », du moins « analogues à la substance » (43a5). L'erreur de Démocrite n'est donc pas seulement de donner un nombre trop limité de différences, mais aussi de croire que celles-ci sont des propriétés exclusivement matérielles. Pour Aristote, ces différences sont proprement les *causes* qui font que la chose est ce qu'elle est. Or c'est la substance formelle – et plus largement l'ensemble des différences – qui est cause pour une chose donnée du fait d'être ce qu'elle est (43a2-3). La *sunthesis*, par exemple, introduit une différenciation (par collage, lien, mélange, etc.) qui explique pourquoi telle matière (les feuilles de papyrus, les épis de blé, ou encore l'eau et le miel) se définit comme une entité déterminée (livre, faisceau ou hydromel). Ainsi, pour prendre un autre exemple donné dans la suite du texte, une même pierre peut être seuil ou linteau : c'est sa position, et non sa composition matérielle, qui la détermine comme seuil ou linteau. On pourrait dire que, du point de vue strictement matériel, elle est *indifféremment* seuil ou linteau. Ainsi, bien que les différences mentionnées relèvent de catégories autres que l'*ousia*, nous sommes là devant des cas de « prédications hylémorphiques », si l'on étend cette qualification aux états de choses non substantiels, comme Aristote le fait lui-même au livre I du *DA* à

dimension dynamique du vocabulaire de Démocrite – dimension particulièrement perceptible dans le terme *rhusmos*, que Démocrite applique à la forme de l'atome –, les termes utilisés ici par Aristote désignant des états et non pas des mouvements. Cette transposition est probablement stratégique : Aristote dénie précisément à Démocrite l'aptitude à rendre compte de l'origine du mouvement.

propos des accidents de l'âme, qu'il définit comme des « formes engagées dans la matière » [1]. Ces différences sont « analogues » (43a5) *seulement* aux formes à proprement parler. Il faut cependant tenir compte de la dimension positive de la référence au philosophe d'Abdère. Dans le texte parallèle de *Metaph.* A4, Démocrite et Leucippe sont présentés sous un jour peu favorable, coupables d'avoir réduit la cause à la matière et d'être incapables d'expliquer l'origine du mouvement. Ici, les oppositions de fond sont reléguées au second plan. Aristote loue ailleurs [2] Démocrite pour s'être approché d'une sorte de compréhension de l'essence et pour s'être montré plus attentif aux réalités concrètes que Platon. La formulation du problème de la définition en termes de « différences » fait par ailleurs écho à Z12 [3]. On peut donc supposer qu'Aristote voit en Démocrite une sorte de précurseur, parce qu'il a compris que la recherche des définitions était une recherche des différences, même s'il n'a pas saisi la nature (formelle) de la différence ultime.

L'énumération des différences, qui commence en 42b15 et s'achève en 42b25, ne paraît pas obéir à une typologie précise. Un premier ensemble paraît rassembler tout ce qui existe « par juxtaposition des éléments matériels » (συνθέσει ... τῆς ὕλης) : mélange, lien, collage, assemblage par clous, combinaisons de plusieurs de ces procédés. Ce ne sont là des différences que du point de vue particulier de la cohésion matérielle, à un faible degré d'abstraction. On note du reste qu'il y a quelque approximation dans le fait de placer la mixture (*krasis*) sous le chef de la juxtaposition (*sunthesis*), car en toute rigueur ce ne peut être le cas : la mixture est un état d'altération réelle, alors que la simple juxtaposition n'est qu'une agrégation de parties matérielles sans modification qualitative [4]. Vient une deuxième série de différences qui recoupe partiellement la liste aristotélicienne des catégories. Parmi celles-ci, sont mentionnées la position, le moment, le lieu et peut-être le pâtir, sous l'espèce – inattendue dans ce contexte – des propriétés sensibles (42b21-22).

---

1. *DA* I 1, 403a25.
2. Voir notamment *PA* I 1, 642a26-27. Voir P.-M. Morel, *Démocrite et la recherche des causes, op. cit.*, p. 42 ; A. Jaulin, « Démocrite au Lycée : la définition », *in* A. Brancacci, P.-M. Morel (eds), *Democritus : Science, the Arts and the Care of the Soul*, Leiden-Boston, Brill, 2007, p. 265-275, qui propose à cette occasion une lecture d'ensemble de H2.
3. Voir *supra*, Introduction, p. 43-45.
4. Voir *GC* I 10, 328a8 ; Ross, p. 229, note cependant qu'il y a des cas où la *sunthesis* a valeur générique et englobe la *krasis*.

On peut s'interroger sur la valeur de la liste, apparemment disparate et mal définie. Cependant, il n'y a peut-être pas de raison de s'inquiéter outre mesure : cette énumération n'engage sans doute pas pleinement Aristote et elle peut s'inspirer de l'expérience commune. De fait, il ne s'agit pas ici d'entités substantielles, mais d'entités accidentelles, au sens où leur matière n'est qu'accidentellement rapportée à leur forme [1], et plus encore au sens où elles ne constituent pas des êtres existant par soi. Si on la considère comme une liste de différences non substantielles, cette énumération n'a qu'un caractère préparatoire, ne contribue donc qu'indirectement au propos central d'Aristote – montrer ce qui constitue la *substance* des choses sensibles – et n'a donc pas à faire l'objet d'une étude systématique.

L'intention générale est en tout cas claire : il s'agit de montrer que les différences dans la matière, et au-delà les différences des accidents, sont *formelles*, en ce qu'elles permettent de dire « ce que c'est ». Ainsi, on dira que la forme du faisceau est le lien [2], ou que le faisceau est un composé dont la forme est le lien. La pierre de seuil diffère par la position de la pierre utilisée comme linteau, de sorte que la position est la forme, et constitue par conséquent le principe définitionnel de la pierre en question. Le fait que le mélange ou le collage impliquent nécessairement des parties matérielles et des moyens matériels (la colle, le clou, etc.) n'enlève rien à la nature « formelle » de ces différences, comme le montre bien la variation des exemples. Ainsi, le temps du repas ne réalise pas l'unité d'un composé matériel, mais définit un accident : un repas reste un repas (éventuellement avec les mêmes aliments), qu'il soit pris au moment du déjeuner ou à celui du dîner. La prédominance des exemples de parties proprement matérielles suggère néanmoins – ce que la suite de H va permettre d'établir – que certaines définitions doivent mentionner la matière.

En 42b25, Aristote franchit un pas théorique important en tirant les conséquences de ce qui précède pour la détermination des différences et, indirectement, pour la définition : « le "est" se dit en autant de façons ». Les différences indiquent donc l'essence et chaque type ou genre de différence est une manière de dire « ce que c'est ». La

---

1. L.A. Kosman, « Animals and other Beings in Aristotle », *in* A. Gotthelf, J.G. Lennox (eds), *Philosophical Issues in Aristotle's Biology*, Cambridge, Cambridge University Press, 1987, p. 360-391, p. 370 ; E.C. Halper, *One and Many in Aristotle's Metaphysics, op. cit.*, p. 159.
2. Ps.-Alex., *In Metaph.* 548.17-18.

formule fait écho à l'affirmation de la polysémie de l'être [1] mais, à la différence de ce qui est dit en Z1, le nombre des significations de l'être n'est pas limité à la liste des catégories ; il est étendu – sans limites définies – à l'ensemble des différences [2].

L'exemple du seuil, tel qu'il est repris en 42b26, pose des difficultés qui ont retenu l'attention des commentateurs [3]. Faut-il comprendre ἔστιν au sens prédicatif et définitionnel (« c'est un seuil parce que c'est placé ainsi »), ou bien au sens existentiel (« le seuil est parce qu'il est placé ainsi ») ? D'une certaine manière, les deux sens convergent : le seuil existe – du moins existe en tant que seuil – parce qu'il est placé ainsi (sur le pas de la porte). Toutefois, ils ne se confondent pas : le fait de l'existence du seuil diffère de la définition du seuil. Le choix du sens existentiel a pour lui le parallèle que l'on peut faire entre H2 et Z17 : la forme n'est pas seulement l'ensemble unifié des propriétés essentielles qui permettent de définir ce dont elle est forme ; elle est aussi et avant tout la cause de l'existence de la substance composée [4]. Un indice fort en faveur du sens prédicatif-définitionnel est cependant donné par la première proposition de la phrase de 42b28-30 (je souligne) : « Dans certains cas, l'être sera défini par l'ensemble de ces différences » (ἐνίων δὲ τὸ εἶναι καὶ πᾶσι τούτοις ὁρισθήσεται). Les différences qui viennent d'être énumérées le sont d'abord en vue de préciser les conditions d'une bonne définition.

Aristote évoque enfin (42b28-31) le cas particulier où toutes les différences – tout au moins un certain nombre d'entre elles – concourent à la détermination de la réalité considérée. Aux différences déjà mentionnées, il adjoint ici la mixis (τὰ μὲν μεμῖχθαι), dont on peut d'ailleurs se demander en quoi elle diffère de la krasis, également évoquée (τὰ δὲ κεκρᾶσθαι) [5]. L'exemple des membres du

---

1. Γ 2, 1003a33-34 ; Z 1, 1028a10.
2. Bostock, p. 255.
3. G.E.L. Owen, « The Snares of Ontology », in J.R. Bambrough (ed.), New Essays on Plato and Aristotle, London, Routledge and Kegan, 1965, p. 69-95 ; Notes, p. 4-5 ; Bostock, p. 255. Se pose aussi la question du référent de αὐτὸ en 42b27 : est-ce le seuil (οὐδὸς), ou bien un référent indéterminé, à savoir la matière qui se trouve disposée de telle manière ? (Notes, p. 4-5). Le fait que, dans la proposition suivante, Aristote donne à nouveau un exemple particulier (la glace) plaide en faveur d'une référence au seuil.
4. Voir en ce sens M.L. Gill, « Metaphysics H 1-5 on Perceptible Substances », art. cit., p. 221.
5. La mixis est ailleurs considérée comme un genre auquel appartient la krasis, mélange des liquides (Top. IV 2, 122b26). Les deux types de mélanges paraissent ici mis sur le même plan. Ross suggère que τὰ μὲν μεμῖχθαι désigne le mélange chimique des solides, c'est-à-dire une mixis entendue en un sens plus étroit.

corps (main et pied) est sans doute un indice de ce dont il est implicitement question. Il donne à penser, en effet, qu'il s'agit de l'organisme vivant, dont le mode d'unité est beaucoup plus complexe que celui des artefacts cités en exemple (seuil, faisceau, hydromel, etc.).

Aristote tire en 42b31 les conséquences pratiques et normatives des exemples qui viennent d'être donnés. La première recommandation est de donner les « genres des différences ». Conformément aux indications de *Topiques*, I 18, il y a une méthodologie de la recherche des différences. Aristote précise que la découverte des différences est utile pour raisonner sur l'altérité et l'identité, mais aussi pour « connaître les essences » (πρὸς τὸ γνωρίζειν τί ἐστι)[1]. Poser les genres des différences, comme Aristote invite à le faire en H2, semble requis par cette procédure. Ainsi, les différences par le plus et le moins ou par le dense et le rare appartiennent au genre « excès et défaut » ; les différences qui caractérisent les figures, comme le rugueux et le lisse, appartiennent au genre « droit et courbe ». Dans le cas du genre « mélange », le fait d'être mélangé constitue l'être du corps soumis au mélange, et ne pas être mélangé la cause du fait de n'être pas un mélange. Je pourrais dire ainsi que le fait d'être le résultat d'un mélange d'eau et de miel est pour l'hydromel *cause* de son être (en tant que mélange) et que le fait de n'être pas le résultat d'un mélange avec le miel est pour l'eau – en tout cas pour cette eau-là – *cause* du fait qu'il n'y a pas d'hydromel.

Pourquoi inciter à la recherche des genres des différences ? L'explication donnée est en accord avec la leçon fondamentale de Z17. Elle se reconstruit ainsi :

a) les genres des différences sont les « principes » de l'être (42b32-33)[2], c'est-à-dire ici les « principes » de l'essence ou forme, sans doute parce qu'ils sont des termes antérieurs et premiers par rapport à cette dernière ;

b) la substance est, pour chaque chose, cause de son être (43a2-3) ;

c) donc, pour chercher la cause ou l'explication de l'être, il faudra poser de tels genres. Il manque une proposition intermédiaire, manifestement implicite : les différences, dont on pose ici les genres, sont les déterminations formelles de la substance.

---

1. *Top.* I 18, 108b4.
2. Comme la plupart des traducteurs, je considère qu'à la ligne 42b32 αὗται a pour antécédent τὰ γένη, et non τῶν διαφορῶν, et s'accorde par attraction avec ἀρχαί.

Par ailleurs, l'étude des « différences » apporte une contribution très importante à l'étude de la matière, car elle conduit à envisager plusieurs strates de constitution matérielle. Ainsi, la matière informée par les différences peut être une matière de second degré par rapport aux éléments : si l'eau est un élément, le bois est une matière de second degré, constituée à partir d'éléments. Les différences qui viennent déterminer ces portions de matière sont certes formelles, mais le composé qu'elles structurent est matière pour le tout auquel il participe ou auquel il est susceptible de participer. Les exemples de la main et du pied sont précisément des exemples de matière : Aristote indique au début de la *Génération des animaux* que les organes sont les parties matérielles du corps, qu'ils ont pour matière les parties homéomères (comme les tissus) et que ces dernières ont pour matière les éléments [1]. L'analyse des différences participe donc de manière directe à l'entreprise de stratification et de raffinement de la matière qui, nous l'avons vu, fait la spécificité du livre H au sein de la *Métaphysique*. Les chapitres 4 et 5 vont prolonger cette ligne de réflexion sur les caractéristiques propres de la matière et sur ses différents niveaux de déterminations.

[2.3] *Différences matérielles et substance.*

1043a2-12 : « Il en résulte donc clairement que, si la substance est cause de l'être pour chaque chose, c'est dans ces déterminations qu'il faut, dans chaque cas, chercher l'explication de l'être. Ainsi, aucune de ces <différences> n'est une substance, pas même en formant une combinaison, et pourtant elles sont, [5] dans chaque cas, l'analogue de la substance. Et de même que dans les substances, ce qui est attribué comme prédicat à la matière c'est l'acte même, de même est-ce principalement le cas dans les autres définitions. Par exemple si l'on doit définir un seuil, nous dirons que c'est du bois ou de la pierre posés de telle façon ; une maison, nous dirons que ce sont des briques et du bois posés de telle façon (ou bien on ajoute la finalité dans certains cas) ; s'il s'agit de la glace, [10] de l'eau congelée ou solidifiée de telle façon. Et une harmonie, tel mélange de l'aigu et du grave. Et il en ira de la même manière dans les autres cas. »

Conformément aux indications de Z17, et comme on vient de le rappeler ici, la substance, comprise comme forme, est véritablement

---

1. *GA* I 1, 715a9-11.

« cause de l'être » de chaque chose au sens où elle la définit, mais également au sens où elle est cause de son existence actuelle. La recherche des différences trouve ici sa justification épistémologique : elle doit répondre à un double projet, étiologique et définitionnel, car elle doit permettre d'identifier la cause essentielle de la structure considérée. Pour reprendre l'exemple de Michel d'Éphèse, les différences du droit et du courbe, avec les autres différences qui leur sont associées, expliquent pourquoi le miroir est ce qu'il est [1].

Aristote formule cependant une double réserve :

a) les différences mentionnées ne sont pas des substances, mais sont plus exactement « analogues à la substance » (43a5). L'analogie en question n'est guère explicitée. Il est peu probable qu'elle tienne au fait que nous avons jusque-là parlé principalement d'artefacts – dont H3 rappellera qu'ils ne constituent pas des substances à proprement parler –, car comme on l'a vu, Aristote fait allusion à l'organisme vivant dès 42b31. L'analogie réside bien plus certainement en ceci que, dans les deux cas – d'un côté, les différences caractérisant des entités accidentelles ou des états et, de l'autre, les différences proprement substantielles –, nous sommes face à des composés de matière et de forme, bien que seules les entités relevant du second cas aient pour détermination une forme proprement substantielle. Je peux dire ainsi qu'une partie ou un état d'un être vivant ou qu'un artefact sont des composés hylémorphiques, tout en admettant que seules les substances sensibles sont de véritables unités hylémorphiques : les substances sensibles ont une forme qui est, non seulement cause de leur être et objet de leur définition, mais aussi principe d'unité, non pas accidentelle, mais essentielle.

L'analogie a sans doute, de ce fait, une fonction préparatoire et heuristique : en partant des cas concrets de différenciations non substantielles, elle prépare la compréhension de l'unité hylémorphique des substances. En étendant le modèle des différences à tous les cas où l'acte est « attribué comme prédicat à la matière » (43a5-6), et en superposant ainsi la forme à l'acte, elle montre que le rapport de la matière à la forme n'est pas un rapport d'addition ou de conjonction, ni même un rapport de prédication logique au sens strict. Il s'agit plutôt d'un rapport pré-propositionnel et fortement unificateur entre un déterminable (ce que la matière est en puissance) et un déterminant ou un ensemble de déterminations (la forme ou

1. Ps.-Alex., *In Metaph.* 549.19-22.

l'ensemble des différences)[1]. Les différences sont considérées comme des actes (43a6), et ceux-ci sont prédiqués d'une matière déterminée. De fait, les différences n'existent pas *en plus* ou *à côté* de la matière, mais actualisent et organisent de manière immanente les potentialités qu'elle contient.

b) La seconde restriction consiste à dire que les différences non substantielles le resteront, y compris dans le cas où elles « formeraient une combinaison » (43a4 : συνδυαζόμενον). L'expression est peu claire et de nombreux commentateurs s'en remettent à l'autorité du Pseudo-Alexandre, qui comprend : συνδυαζόμενον τῆι ὕληι, « en combinaison avec la matière »[2]. Il y a cependant une autre possibilité, qui consiste à prendre ce terme en un sens général[3] et à comprendre qu'Aristote envisage, ou bien une combinaison de plusieurs différences, comme il l'a fait plus haut, ou bien une combinaison très étroite de parties, comme les composants de l'hydromel, dont on pourrait par exemple penser qu'ils sont plus étroitement mélangés que les épis de blé formant le faisceau[4]. On comprendra alors que ces entités sont analogues à la substance composée et non pas à la substance comme forme.

Quoi qu'il en soit, le sens de la réserve est claire : aussi intimement unies que soient leurs parties, les entités constituées par des différences non-essentielles n'auront jamais l'unité d'un tout substantiel, comme l'être humain, tout dans lequel les parties ne sont pas seulement juxtaposées, mais réunies par un principe téléologique commun. C'est une thèse récurrente chez Aristote, dont les formulations sont nombreuses : les parties, y compris celles d'un corps vivant, seront uniquement des parties par homonymie, des *quasi*-parties, ou de simples parties potentielles[5], si elles ne sont pas définies par leur fonction, en vertu de leur appartenance à un organisme vivant.

---

1. On peut ainsi reprendre, comme une loi générale de présence des différences dans la matière, la formule de J. Brunschwig, « La forme, prédicat de la matière ? », dans P. Aubenque (éd.), *Études sur la* Métaphysique *d'Aristote*, Paris, Vrin, 1979, p. 131-158, p. 133 : « ce qui est prédiqué de la matière (…) c'est ce qui est le plus proche de l'acte. »

2. Ps.-Alex., In Metaph. 550.14.

3. Possibilité signalée dans les *Notes*, p. 7. Voir en effet : *Pol.* IV 4, 1290b24-39 ; VI 1, 1317a1 ; 3 ; *Metaph.* Z 5, 1031a6.

4. Dans ce cas, il faudrait comprendre le οὐδὲν τούτων de la ligne 4, non pas comme désignant les différences (« aucune de ces différences ») avec la majorité des traducteurs, mais comme renvoyant aux corps ou états déterminés par les différences (« aucune de ces choses »).

5. Z 16, 1040b14.

À la ligne 43a7, Aristote confirme l'orientation de ce développement vers la question de la définition, question qui va occuper toute la fin du chapitre. Avant d'y revenir plus bas [1], notons l'apparition discrète de la cause finale, en 43a9 : « ou bien on ajoute la finalité dans certains cas » (ἢ ἔτι καὶ τὸ οὗ ἕνεκα ἐπ' ἐνίων ἔστιν). Aristote n'entend pas ici introduire une disjonction entre la forme et la fin, contrairement à ce que pense Michel d'Éphèse [2]. Quelques lignes plus bas, en effet, il prend à nouveau l'exemple de la définition formelle de la maison, mais en indiquant cette fois la fin : « un abri servant à protéger les biens et les personnes » (43a16-17). Dans la plupart des cas, en effet, la forme coïncide avec la fin, qui est sa raison ultime (c'est pour protéger les biens et les personnes que la maison a un toit et des murs). Sans doute, en limitant la recherche causale à « certains cas », Aristote veut-il faire place aux processus qui, bien qu'ils atteignent une certaine forme, ne sont pas pour autant conformes à une fin, naturelle ou humaine. Ainsi, la glace est la forme que prend l'eau quand elle gèle, mais cela ne répond pas nécessairement à une fin.

Il est en tout cas significatif qu'Aristote introduise la question de la finalité, et cela pour au moins deux raisons. En premier lieu, il confirme le caractère exhaustif du cadre méthodologique qu'il est en train de donner aux définitions et aux explications concernant les substances sensibles : tous les types de causes sont impliqués, y compris la cause finale. H4 le confirmera, en 1044a32-b6. En second lieu, il annonce précisément H4, où la question de la finalité réapparaît, et avec elle la question de l'aptitude de telle ou telle matière à la réalisation de telle ou telle fin.

[2.4] *Typologie des définitions.*

1043a12-28 : « Il en résulte donc clairement que l'acte est différent en différentes matières, et qu'il en va de même de l'énonciation <de la définition>. Dans certains cas c'est la juxtaposition, dans d'autres le mélange, dans d'autres encore une autre <des différences> mentionnées. C'est pourquoi, parmi ceux qui donnent des définitions, certains, [15] en disant que ce qu'est la maison, c'est « des pierres, des briques et du bois », disent ce qu'est la maison en

---

1. Je renvoie, sur le problème de la définition, à ce qui est dit ci-dessous, p. 117-125, ainsi qu'à l'Introduction, p. 41-59.
2. Ps.-Alex., *In Metaph.* 550.3.

puissance, car c'est là sa matière ; mais d'autres, en proposant comme définition « un abri servant à protéger les biens et les personnes » ou quelque autre énoncé du même type, disent ce qu'est la maison en acte. Quant à ceux qui associent les deux, ils désignent le troisième type de substance, qui est composé de celles-ci (il semble en effet que la définition par les différences [20] soit définition de la forme et de l'acte, et que celle qui énonce les composants internes, soit définition de la matière surtout). Il en va comme des définitions du type de celles qu'admettait Archytas, car elles sont des définitions du composé. Par exemple : qu'est-ce que le calme des vents ? Le repos dans une masse d'air. En effet, l'air est la matière, tandis que le repos est acte et substance. Qu'est-ce que la bonace ? C'est l'uniformité de surface de la mer. [25] La mer c'est le sujet en tant que matière, l'uniformité de surface c'est l'acte et la forme. Résultent donc clairement, de ce que l'on a dit, ce qu'est et quel est le mode d'être de la substance sensible. Car elle existe d'une part comme matière, d'autre part comme forme et acte, et d'autre part encore, en troisième, comme ce qui est composé de celles-ci. »

Ce passage apporte deux éléments supplémentaires à l'analyse.

a) En premier lieu, il applique le principe « autre forme, autre matière »[1], qui sera de nouveau convoqué en H 4, 1044a27-29. La matière de la glace est l'eau et non le son, aigu ou grave, qui est matière de l'harmonie. H2 insiste sur les différences formelles (juxtaposition, mélange, etc.), mais la nature de la matière impliquée dans un composé donné n'est pas neutre par rapport aux propriétés *actuelles* de ce composé. La désignation de l'eau comme matière de la glace ne nous renseigne pas seulement sur la génération de la glace (le processus de congélation), mais aussi sur les propriétés potentielles de la matière concernée, c'est-à-dire sur le fait qu'elle est appropriée à constituer tel type d'état ou de composé en acte (l'eau est appropriée à la congélation).

b) Il n'en demeure pas moins, et c'est le second enseignement du passage, que l'existence des deux causes de déterminations que sont, d'une part la forme, d'autre part la matière, nous conduit à envisager différents types de définitions : une définition par les composants matériels (des pierres, des briques et du bois), une définition exclusivement formelle (un abri servant à protéger les biens et les personnes) et une définition comprenant les deux types de déterminations (un

1. *Phys.* II 2, 194b9.

abri fait de pierres, briques ou bois, servant à protéger les biens et les personnes). La première est définition de la maison selon la puissance puis selon les « composants internes » et vaut comme définition *de* ou *par* la matière; la seconde est définition selon l'acte puis selon « les différences » et vaut comme définition *de* ou *par* la forme et l'acte. C'est là admettre qu'il y a différentes manières de définir les substances composées, comme par exemple en *DA* I 1, 403a29-b16, passage auquel Michel d'Éphèse songe manifestement puisqu'il ajoute à l'argument d'Aristote l'exemple fameux de la colère que l'on trouve dans ce texte[1]. Je reviendrai plus loin sur cet exemple. De ce fait, la matière est impliquée dans deux définitions sur les trois types de définitions envisagés. La suite du texte (1043a21-26) évoque les définitions élaborées ou admises par le pythagoricien Archytas, définitions qui mentionnent à la fois la matière et la forme[2], par exemple la définition du vent calme comme un état de repos (forme ou acte) dans une masse d'air (matière ou puissance). Ce point est particulièrement important pour comprendre les objectifs d'Aristote dans le livre H. Il appelle donc un développement spécifique.

Matière et définition dans le livre H.

Le livre H, en particulier dans la dernière partie de H2, fait place à un type de définition qui semblait exclu par d'autres textes, à savoir des définitions portant sur les substances sensibles en tant que telles et incluant la matière. Le débat sur cette question a été relancé par un article fondamental de M. Frede[3], qui s'oppose à l'interprétation, dominante aux yeux de l'auteur, selon laquelle la définition des substances sensibles devrait prendre en compte à la fois la forme et la matière. Les définitions mentionnant la matière, comme celles que préconise Aristote dans l'étude de l'âme et de ses accidents au livre I du *De anima*, ne seraient pas, selon Frede, des définitions au sens « standard » de la *Métaphysique*, ni des définitions au sens le plus rigoureux du terme. Elles ne sont pas pour autant illégitimes, notamment dans le domaine de la physique. Il n'en demeure pas moins qu'une définition au sens rigoureux a pour objet la forme; en

---

1. Ps.-Alex., *In Metaph.* 550.28-34.
2. Selon notre texte tout au moins, car nous n'avons pas d'autres informations sur sa conception de la définition.
3. M. Frede, « The Definition of Sensible Substances in *Metaphysics Z* », dans D. Devereux, P. Pellegrin (éd.), *Biologie, logique et métaphysique chez Aristote*, Actes du Séminaire C.N.R.S.-N.S.F., Oléron, 28 juin-3 juillet 1987, Paris, 1990, p. 113-129.

ce sens, la définition des substances sensibles doit être formulée en termes d'essence plutôt qu'en intégrant la matière [1].

Les passages concernés de Z4-6 ou de Z10 [2] donnent naturellement un poids considérable à cette interprétation. Par ailleurs, Aristote invite, en E1 [3], à prendre en compte dans les définitions la façon dont l'être essentiel se réalise : le concave et le camus ont la même essence, mais le premier se conçoit sans la matière sensible, tandis que le second se réalise dans son union avec la matière ; il faut, par conséquent, considérer la matière dans la définition des substances sensibles. Il réserve donc, semble-t-il, ce dernier type de considérations au physicien. La présence de la matière dans les définitions ne se justifierait finalement que sous une condition de type épistémologique, c'est-à-dire pour autant que l'on tienne un propos de physicien, de sorte que le type de définition dont aurait à tenir compte la philosophie première ne semble pas inclure la matière.

Il est toutefois significatif que Frede ne mentionne pas le livre H, où la question revient pourtant en pleine lumière. Bostock voit même en H2 un véritable renversement, une conception renouvelée de la nature des définitions ou encore une « volte-face » [4] par rapport à la doctrine qualifiée par Frede de « standard ». À partir de H2, selon Bostock, toute définition d'un composé doit être formulée en termes de matière et de forme. Aristote ne sortirait pas pour autant de l'aporie, voire de l'erreur, mais il serait incontestable, toujours selon Bostock, qu'il opère ici un véritable changement de doctrine.

Une troisième voie me semble cependant envisageable, à la suite des observations de Ross sur Z11. Selon ce dernier, il est vrai que la définition ne saurait en aucun cas mentionner la matière éloignée – qu'il désignait non sans ambiguïté par l'expression *prime matter* –, puisqu'elle est indéterminée et que rien de défini ne peut être dit à son sujet. Toutefois, dans certains cas, ajoute Ross, la matière prochaine doit faire partie de la définition [5]. En prolongeant cette

1. M. Frede, art. cit., p. 114.
2. Voir *supra*, Introduction, p. 43.
3. Voir E 1, 1025b30-1026a7.
4. Bostock, p. 288.
5. Ross, p. 205. Voir également R. Bolton, « The Material Cause : Matter and Explanation in Aristotle's Natural Science », *in* W. Kullmann, S. Föllinger (eds), *Aristotelische Biologie. Intentionen, Methoden, Ergebnisse*, Philosophie der Antike, Band 6, Franz Steiner Verlag, Stuttgart, 1997, p. 97-124, pour qui la mention de la matière dans la définition des substances sensibles ne se justifie pas seulement parce

lecture, on s'oriente vers une solution assez économique, qui, dans l'équation complexe de la conception aristotélicienne de la définition, consiste à faire varier le terme « matière » et non pas seulement le terme « définition », et qui évite ainsi d'avoir à établir qu'Aristote aurait changé d'avis sur la définition entre le livre Z et le livre H. Avant d'en venir à ce que dit le livre H, rappelons brièvement les pistes, parfois sinueuses, que dessine le livre Z. Z4 établit qu'il n'y a de définition à proprement parler que de la forme et de l'être essentiel et que les autres types de définitions ne sont définitions qu'à titre secondaire ou dérivé. En Z, 7, 1033a4-5, dans le cadre d'une analyse du devenir des substances, Aristote affirme pourtant que « le cercle de bronze a la matière dans sa définition ». Comment comprendre « matière » dans ce contexte ? Certains commentateurs supposent qu'il s'agit du genre (la forme circulaire), matière des différences spécifiant, ici, le cercle de bronze [1]. De fait, comme nous le verrons en analysant H6, le genre est la matière « intelligible » de la définition. Une seconde interprétation est cependant envisageable, selon laquelle il est ici question de la matière sensible – celle qui entre dans la composition de la substance sensible –, c'est-à-dire le bronze [2]. Cette seconde interprétation peut poser problème si l'on s'en tient à la lettre de plusieurs passages du livre Z [3], qui affirment que la matière n'entre pas dans la définition. Le contexte immédiat du passage va pourtant clairement dans ce sens. En amont, l'argument d'Aristote consiste à montrer qu'il est nécessaire que la matière soit une partie, préexistante, de ce qui est en devenir [4]. Il s'agit donc de la matière sensible et non de la matière intelligible. C'est alors qu'il passe à la question de la définition ou énonciation (*logos*), en 1033a1 : « mais est-ce aussi le cas dans la notion ? », ce que l'on comprendra dès lors de la manière

que la matière fait partie des conditions nécessaires à l'existence des substances, mais encore parce qu'elle explique la préservation de la fin elle-même.

1. Comme le pense Tricot, qui cite à ce propos le Ps.-Alex., *In Metaph.* 492.19-23, suivi par H. Bonitz, *Aristotelis Metaphysica*, Bonn, Marcus, 1848, *ad. loc.* Michel d'Éphèse a toutefois une lecture plus subtile du passage, estimant que le cercle de bronze a deux matières : le bronze (matière du composé) et la figure (genre, ou matière de la forme).

2. Voir en ce sens Ross, p. 185; *Notes*; Burnyeat, *Map*, p. 36; Bostock, p. 127.

3. Comme Z 10, 1035b33-1036a1; 11, 1036a28-29. F-P, p. 122-123, présentent les deux interprétations et admettent que la seconde n'est pas en contradiction avec Z 10, 1035b33-1036a1, si l'on considère qu'il s'agit de la définition de tels objets concrets, dont la description renvoie à un type déterminé de matière, ce qui ne vaut pas pour les objets concrets considérés en général.

4. Z 7, 1032b30-32.

suivante : « mais est-ce aussi le cas <i.e. que la matière préexiste> dans la notion ? » En aval, on s'aperçoit que la suite du texte de Z7 (1033a5-23) est toujours concernée par la matière sensible : Aristote montre qu'il faut, lorsqu'on énonce la matière, faire une différence, conforme au langage courant, entre « être cela » et « être *fait de* cela », ἐκεινό et ἐκείνινον. La statue n'est pas « pierre » (λίθος) mais « de pierre » (λίθινος). Sauf à considérer qu'il n'y a aucune continuité dans cette page, on peut donc supposer qu'Aristote entend dire que le cercle n'est pas non plus *bronze* mais *de bronze* et que, dans la phrase sur la définition, c'est bien de la matière sensible qu'il s'agit. On peut certes se demander là encore s'il s'agit ici de la matière dont il est question en Z3, qui semblait ne présenter aucune propriété positive susceptible d'expliquer les propriétés du composé [1]. Il est remarquable, quoi qu'il en soit, que le passage de Z7 invite précisément à envisager un type ou un niveau de matière suffisamment déterminé pour trouver place dans la définition.

En Z11, poursuivant la réflexion de Z10 sur les parties de la forme et de la définition, Aristote ouvre une nouvelle brèche dans la thèse formaliste censément « standard ». Z11 distingue en effet entre le cas où une même forme peut venir en différentes matières (comme la sphère peut être de bronze, de bois ou de pierre) et celui où elle ne peut être observée à part des composants matériels (comme dans le cas de l'homme, dont l'âme informe nécessairement une matière déterminée, constituée de chair, d'os, de membres, etc.). Dans le premier cas, les parties matérielles ne peuvent entrer dans la définition, tandis que dans le second on ne peut séparer la forme des parties matérielles [2]. Le texte est aporétique et ne suffit certainement pas à trancher en faveur de l'intégration de la matière à la définition. De fait, je peux encore dire que ce ne sont pas les parties matérielles qui définissent l'homme, puisque celles-ci ne sont parties de l'homme que dans la mesure où elles sont animées, c'est-à-dire informées par l'âme. Toutefois, quelques lignes plus loin, Aristote affirme, contre ceux qui « rapportent toutes choses aux Idées et suppriment la matière » [3], que « l'animal est quelque chose de sensible, et qu'il ne peut être défini sans le mouvement ni, par conséquent, sans des parties disposées

---

1. Voir Z 3, 1029a20-21.
2. Je paraphrase ainsi le passage de Z 11, 1036a31-b7.
3. Z 11, 1036b22-23.

d'une certaine manière »[1]. Il ajoute que ces parties, sans doute matérielles, ne sont des parties qu'en tant qu'elles sont animées, donc informées (la main doit être capable d'accomplir sa fonction, à la différence d'une main inerte). Cette précision pourrait donner à penser que c'est encore la seule forme qui constitue le *definiens*. Si toutefois l'on veut comprendre la progression de l'argument, on doit sans doute entendre ici que les opposants à la mention des parties matérielles dans les définitions se trompent, précisément, parce qu'ils parlent de parties strictement matérielles et séparées de la forme. Ils oublient que, dans un organisme vivant, les parties au sens propre ne sont pas de simples composants. Le corps du cadavre n'est « corps » que par homonymie et il en va de même de ses parties. En d'autres termes, la matière peut fort bien figurer dans les définitions, du moment qu'elle est appropriée à l'information, parce que constituée de véritables parties fonctionnelles (et non pas de simples composants)[2].

Cette piste, cependant, n'est pas suivie – ou du moins ne l'est-elle pas de manière claire – dans la suite de Z11. Aristote suggère en effet que la définition des substances sensibles incombe plutôt à la philosophie seconde qu'est la physique[3], ce qui donne à penser que la philosophie première n'a pas, pour sa part, à considérer les parties matérielles. Il rappelle également qu'il a été montré que les parties matérielles n'entraient pas dans la définition de la substance, mais seulement dans celle du composé, et que la matière est un indéterminé, de sorte qu'on ne peut *définir* à proprement parler qu'en référence à la substance première (la forme)[4]. Il est donc difficile de conclure en général à partir de ce chapitre notoirement embarrassé, sinon pour prendre acte, précisément, de l'embarras d'Aristote. Il semble vouloir ici, au risque de la contradiction, gagner sur deux tableaux : montrer contre les platoniciens que la matière bien comprise peut entrer dans les définitions de certaines substances sensibles, voire de toutes ; défendre à l'inverse la thèse de l'identité de la forme et de l'objet de la définition.

---

1. Z 11, 1036b28-30 : αἰσθητὸν γάρ τι τὸ ζῷον, καὶ ἄνευ κινήσεως οὐκ ἔστιν ὁρίσασθαι, διὸ οὐδ' ἄνευ τῶν μερῶν ἐχόντων πώς.

2. Voir, dans le même sens, R. Chiaradonna, « La chair et le bronze. Remarques sur *Métaphysique Z*, 11 et l'interprétation de M. Frede et G. Patzig », *Les Études Philosophiques*, 2014-3, p. 375-388.

3. Z 11, 1037a13-16.

4. Z 11, 1037a25-29.

Le fait que le problème se pose de nouveau dans le livre H confirme que Z11 ne peut prétendre livrer le dernier mot sur la question. Comme nous l'avons vu et comme H4 et H5 le confirmeront, H propose une conception raffinée de la matière, de sorte que l'on peut se demander si ce n'est pas précisément là que l'on peut trouver une issue à l'aporie. Nous ne serions ainsi contraints, ni à distinguer entre définition « faible » [1] et définition au sens propre (Frede), ni à supposer une « volte-face » d'Aristote (Bostock).

En H2, après avoir évoqué les différences qui structurent le tissu matériel des substances sensibles, comme la position du seuil, l'état solide ou liquide de l'eau ou encore les différences harmoniques, Aristote évoque les différentes manières possibles de définir. L'exemple typique de la maison vient éclairer cette variation : dire qu'elle est pierres, briques et bois, c'est la définir en puissance et par sa matière ; dire qu'elle sert à protéger les biens et les personnes, c'est la définir en acte ; associer les deux types de considérations, c'est la définir comme un composé. C'est ce type de définition qu'admet Archytas quand il dit par exemple que le calme des vents est le repos dans une masse d'air, l'air étant « matière » et le repos « acte et substance » [2]. Aristote ne se situe pas lui-même de manière claire parmi « ceux qui donnent des définitions » (τῶν ὁριζομένων, 43a14), et dont il décrit ici les différentes manières de procéder. Toutefois, dans les lignes précédentes, il admettait sans difficultés que le seuil, par exemple, soit défini comme « du bois ou de la pierre posés de telle façon » [3] et il énonçait sur un mode clairement assertif que les différences matérielles sont incluses dans l'énoncé des définitions : « il en résulte donc clairement que l'acte est différent en différentes matières et qu'il en va de même de l'énonciation » [4]. On doit donc admettre que le type de définition admis par Archytas, à savoir une définition mentionnant à la fois la matière et la forme du composé, lui semble parfaitement recevable, voire la plus appropriée dans le cas des substances sensibles considérées en tant que telles. Le *De anima* établit par ailleurs que le physicien véritable est le savant le plus indiqué pour traiter de l'âme, parce qu'il est capable de prendre en compte aussi bien la matière (ici

---

1. Pour reprendre la terminologie de M. Frede, art. cit., à propos des définitions mentionnant à la fois la forme et la matière.

2. H 2, 1043a14-26.

3. H 2, 1043a7-8.

4. H 2, 1043a12-13 : φανερὸν δὴ ἐκ τούτων ὅτι ἡ ἐνέργεια ἄλλη ἄλλης ὕλης καὶ ὁ λόγος·

le corps et ses accidents) que la forme (ici l'âme) dans les définitions des propriétés et des états de l'âme. C'est ainsi que la colère doit être définie, non seulement comme « désir de vengeance », mais encore comme « ébullition dans la région du cœur ou du chaud » [1].

On pourrait objecter, à ce stade, qu'il ne s'agit que des substances sensibles et de leurs accidents, de sorte que l'intégration de la matière ne saurait concerner que les définitions portant sur des composés (substances ou états), laissant intacte la priorité de la définition « forte », qui porte sur la seule forme. Ce serait oublier l'isomorphie des deux structures qui sont, respectivement, celle de la définition et celle du composé sensible. Dans les deux cas, le schème de la prédication hylémorphique s'applique, ainsi que l'indique assez clairement H3 : définir revient en un sens à prédiquer un terme d'un autre, l'un étant pris comme matière et l'autre comme forme, qu'il s'agisse d'un composé sensible ou d'un composé intelligible [2]. De ce point de vue, définir revient toujours à déterminer une certaine matière, que celle-ci soit appréhendée par la sensation, parce qu'elle est matière d'un composé sensible, ou qu'elle soit matière « pour la raison », parce qu'elle constitue le genre des différences énoncées dans la définition [3]. Toute définition, en ce sens, est hylémorphique.

À ce dédoublement de la notion de matière et de l'hylémorphisme, rappelons-le, H4 et H5 ajoutent un raffinement de la matière des composés sensibles. Ainsi que nous l'avons vu [4], parce qu'il entend attribuer à la matière une fonction explicative dans l'élucidation des propriétés des substances sensibles, Aristote invite à distinguer des strates de matérialité, de la matière éloignée, la plus commune et la moins déterminée, à la matière prochaine, qui est la plus appropriée à telle forme déterminée.

Dans ces conditions, l'affirmation de H6 selon laquelle « la matière prochaine et la forme sont une seule et même chose, l'une en puissance et l'autre en acte » [5] a une incidence directe sur le problème de la définition. Si la matière prochaine d'un être sensible est inséparable de sa forme, au point que cet être est une unité non fractionnable, on comprend que sa définition enveloppe non seulement ses propriétés formelles (comme celles de l'âme d'un vivant d'une espèce

1. *DA* I 1, 403a31-b1.
2. H 3, 1043b30-32. Voir *infra* [3.4].
3. Voir *infra* [6.3].
4. Voir p. 34-40.
5. H 6, 1045b17-19.

donnée) mais aussi ses propriétés matérielles (comme celles du corps, qui constitue sa matière prochaine). La matière n'est pas un accident des substances sensibles, mais un aspect essentiel de ce qui fait leur unité.

Il n'y a pas là d'affaiblissement de la définition, mais plutôt une perception plus fine de ce qu'elle est capable d'exprimer. Il n'est pas non plus nécessaire de voir en H2 un changement de doctrine. S'il est vrai que la matière sensible prochaine entre nécessairement dans la définition des substances sensibles considérées en tant que telles, il est toujours possible de définir ces mêmes substances sensibles par la seule forme. Du point de vue de la philosophie première, on séparera « logiquement » ou « en raison » la forme du composé de matière et de forme [1]. Cependant, si l'on admet que la philosophie première, et en particulier le livre H lui-même, étend l'enquête aux substances sensibles, ce second type de définition ne saurait présenter qu'un avantage relatif. Par rapport aux définitions mentionnant la matière, c'est un avantage, car c'est la forme qui constitue l'essence même de la substance. Cet avantage n'est toutefois que relatif car, si la théorie de la substance doit, entre autres tâches, marquer la spécificité des substances sensibles – par opposition, par exemple, aux objets mathématiques [2] –, elle doit montrer que celles-ci impliquent la matière, et cela à titre essentiel et non accidentel.

On objectera peut-être encore que le programme du physicien, son « agenda », n'est pas celui du métaphysicien ou philosophe au sens premier, parce que celui-ci n'a pas lui-même à appliquer les principes de la philosophie première aux substances sensibles. Une chose est de saisir ce qui fait l'unité de la définition en général et ce qui doit entrer dans les différents *types* de définitions; une autre est de savoir quelles définitions produire en chaque cas et d'appliquer ainsi aux objets de la physique la méthodologie générale de la définition. En réalité, cette répartition des tâches n'invalide pas le principe même de définitions intégrant la matière. L'intérêt du livre H, mais aussi sa difficulté, est qu'il s'assigne une tâche en quelque sorte intermédiaire, analogue à celle de la rhétorique, qui ne vise pas elle-même à persuader mais à faire voir les moyens de la persuasion. Le livre H élargit explicitement l'enquête sur la substance au-delà de

---

1. Voir H 1, 1042a29.
2. Voir en ce sens R. Bolton, « The Material Cause : Matter and Explanation in Aristotle's Natural Science », art. cit.

la substance formelle. En faisant varier la notion de matière, il trace le cadre dans lequel les substances sensibles peuvent être définies et expliquées. Toutefois il ne procède pas lui-même à ces deux dernières opérations. Il reste un traité de philosophie première, parce qu'il montre avant toute chose ce qui fait l'unité de la substance en tant que telle et quels sont, d'une manière générale, les éléments possibles des définitions. Cela, le physicien ne peut l'établir par ses propres moyens, parce qu'il n'enquête pas sur la substance en tant que telle. Il aurait tort cependant de le négliger, car la leçon de H est que l'unité des substances composées est de type hylémorphique, ce type même d'unité qui donne consistance aux objets propres de la physique, à savoir les composés sensibles de matière et de forme.

Le livre H infléchit donc clairement, sans la contredire frontalement, la conception censément « standard » (par la forme seule) de la définition. C'est une bifurcation plutôt qu'une volte-face. Selon ceux qui la défendent, la philosophie première ne pourrait admettre que les définitions énonçant la forme seule, parce qu'elle ne considèrerait pas la substance sensible en tant que sensible. Dans le livre H, cependant, la substance sensible est envisagée en tant que sensible – même si on la considère en général et non pas en particulier : l'homme en général comme composé d'une âme ayant une certaine nature et d'un corps approprié, et non pas cet homme particulier qu'est Socrate. La bifurcation, en ce sens, n'est-elle pas finalement interne à la philosophie première elle-même ? Celle-ci semble en effet admettre les deux types de définition, selon qu'elle place l'accent et concentre l'analyse sur la forme ou bien sur le composé.

COMMENTAIRE AU CHAPITRE 3

Résumé du chapitre

[3.1] *Le nom et la forme. Le nom peut exprimer la forme ou le composé, mais c'est la forme (et non le composé) qui constitue l'être essentiel de la chose (l'homme, c'est l'âme).*
[3.2] *La forme et l'unité de la définition. Ce qui fait l'unité de la substance n'est réductible ni aux composants matériels ni aux parties de la définition (Animal, Bipède). Cette unité est la substance, qui est cause de l'être dont elle est la substance.*
[3.3] *L'éternité de la forme et le devenir des substances sensibles. La substance comme forme est éternelle; elle n'est donc soumise ni à génération ni à destruction, y compris lorsque le composé sensible est sujet à l'une ou à l'autre. Le statut des artefacts constitue un cas particulier parmi les substances sensibles. Peut-être même les artefacts ne sont-ils pas des substances véritables.*
[3.4] *Apories sur la définition. Selon Antisthène, la définition exprimerait, au mieux, la qualité. Par ailleurs, il y a définition de la substance composée, mais pas des termes simples; la définition est donc composée d'indéfinissables.*
[3.5] *Substance et nombre. Étude de l'analogie entre la substance et le nombre. Conclusion du chapitre.*

Préambule : l'unité et l'objet du chapitre 3

Le chapitre 3 est souvent considéré comme un texte désordonné, une suite d'apories et d'arguments sans réelle connexion [1]. Pourtant, il

---

1. Ross, p. 231, y voit « une collection de remarques mal reliées sur différents sujets relatifs à l'essence et à la définition » (« a collection of ill-connected remarks on various

s'articule assez naturellement à ce qui précède et à ce qui suit, pour autant, une fois encore, que l'on accepte de reconnaître que la double question de la substance sensible et de la matière constitue l'un des principaux fils conducteurs de l'ensemble de l'argumentation de H et que ce thème est directement lié au problème de la définition.

Le lien avec le chapitre 2 est clair. Celui-ci se donne comme objet la substance, comme acte des choses sensibles (42b10-11); il établit l'équivalence de la forme substantielle et de l'acte (43a20; 23-26); il admet différents types de définitions, correspondant aux trois modes d'être de la substance sensible : comme matière, comme « forme et acte » et comme composé (43a14-28). Le début du chapitre 3 semble soumettre ces acquis à un nouvel examen en soulevant le problème de l'équivoque sémantique : dans quel cas le nom – « homme », par exemple – désigne-t-il le composé et dans quel cas désigne-t-il l'essentiel de l'homme, ce qui en constitue l'acte ou la substance formelle?

En un sens, on doit faire l'hypothèse qu'il s'agit d'une objection interne, à tout le moins d'une mise en garde, en réaction aux dernières lignes du chapitre 2 : admettre des définitions mentionnant la forme et la matière, c'est-à-dire des définitions du composé en tant que tel, n'est-ce pas s'exposer à la confusion sémantique entre le composé sensible et son essence? Le parallèle est frappant entre la première phrase du chapitre 3 – « il ne faut pas ignorer, cependant, qu'il nous échappe parfois si... » (Δεῖ δὲ μὴ ἀγνοεῖν ὅτι ἐνίοτε λανθάνει πότερον...)[1] – et celle du chapitre 4 – « concernant la substance matérielle, il ne doit pas échapper que... » (Περὶ δὲ τῆς ὑλικῆς οὐσίας δεῖ μὴ λανθάνειν ὅτι...)[2]. La corrélation entre les chapitres 4 et 5 étant, comme nous le verrons, manifeste, on peut supposer que la suite formée par les chapitres 3-4-5 constitue une séquence restrictive et en partie aporétique, destinée à mettre à l'épreuve l'unité des substances sensibles et de la définition. Le chapitre 6 aura précisément pour fonction de résoudre les apories antérieures.

Par ailleurs, même si l'enchaînement des arguments à l'intérieur du chapitre 3 est loin d'être limpide, ils répondent à une même préoccupation : résoudre le problème de l'unité substantielle et, corrélati-

topics relating to essence and definition »); Bostock, p. 261, y discerne « trois parties plutôt déconnectées » (« three quite unconnected parts »).
1. H 3, 1043a29.
2. H 4, 1044a15.

vement, de l'unité de la définition. À la mise en garde exprimée en [3.1], Aristote donne suite en quatre temps :

– en [3.2], par la nouvelle affirmation de la priorité de la forme dans la définition ;

– en [3.3], par un bref développement sur l'éternité de la forme substantielle et sur son rapport aux processus de génération et de corruption ;

– en [3.4], par une nouvelle aporie sur la définition qui, si elle est possible, serait composée de termes non définissables ;

– en [3.5], par une analogie entre nombre et définition, visiblement destinée à mettre de nouveau l'accent sur la nécessaire unité de la définition et de la forme.

La phrase conclusive du chapitre est il est vrai partielle : « Concernant donc la génération et la destruction de ce qu'on appelle des substances, en quel sens elles peuvent se produire et en quel sens elles ne le peuvent pas, et concernant la manière de rapporter la substance au nombre, que l'on tienne ces points pour acquis. » [1] On peine à discerner dans ces lignes une synthèse de la démarche d'ensemble du chapitre. Toutefois, ce n'est manifestement pas leur fonction. La conclusion du chapitre 3 invite à « tenir pour acquis » ce qui a été dit à propos de la génération et de la destruction concernant les formes, et à ne pas revenir – au moins pour la présente investigation – sur ce qui a été posé en [3.3] ; elle considère que la question du rapport entre la substance et le nombre a été suffisamment traitée en [3.5] pour que l'on puisse au moins tenir pour acquis le résultat suivant : la substance n'est pas un nombre, mais son unité est analogue à celle du nombre (ni l'une ni l'autre ne sont de pures conjonctions ou agrégats de parties). Le Pseudo-Alexandre note d'ailleurs qu'Aristote « ne dit pas maintenant » ce qui fait l'unité du nombre, de la définition et de l'être essentiel, mais qu'il y reviendra au chapitre 6 [2].

La formule « concernant la manière de rapporter la substance au nombre » (περὶ τῆς εἰς τὸν ἀριθμὸν ἀναγωγῆς) (44a13) étonne Bostock [3], qui y voit une concession en faveur d'une « réduction » de la substance au nombre, contrairement à la thèse centrale de [3.5] et contrairement à ce qui a été établi en Z 11, 1036b12 contre ceux qui « réduisent (ἀνάγουσι) tout au nombre ». Cette interprétation s'in-

1. 44a11-13.
2. Ps.-Alex., *In Metaph.* 555.36-39.
3. Bostock, p. 270.

terdit toutefois deux autres lectures possibles, et compatibles avec le principe de charité. La première, qui est celle de Thomas d'Aquin *ad. loc.*, consiste à comprendre qu'en H3 il s'agit d'une réduction, non pas réelle, mais « par analogie », *per viam assimilationis*; la seconde, parfaitement compatible avec le passage de Z11 (voir ci-dessous en [3.1]), verrait dans cette formule un énoncé dialectique – il a été question de ce que certains définissent comme une « réduction » – et non pas l'énoncé d'une thèse positive : rappeler que l'on a parlé précédemment de l'existence du diable ne signifie pas que l'on y croit.

Par ailleurs, rien n'interdit de s'interroger de nouveau sur la génération et la destruction des composés, ce qui sera le cas dans les chapitres 4 et 5. Rien n'interdit non plus de prolonger l'enquête à propos de l'unité, de l'objet et de la composition des définitions, c'est-à-dire à propos des points [3.2] et [3.4]. C'est ce qui sera fait au chapitre 6. Cette conclusion est donc tout à fait acceptable : d'une part, elle sélectionne et mentionne ce qui n'est plus à discuter désormais; d'autre part, elle inscrit implicitement au programme des analyses suivantes, comme en creux, les points qu'elle ne rappelle pas [1].

[3.1] *Le nom et la forme.*

1043a29-b4 : « Il ne faut pas ignorer, cependant, qu'il nous échappe parfois si [30] le nom signifie la substance composée ou bien l'acte et la forme, par exemple si « la maison » signifie l'ensemble, à savoir un abri fait de briques et de bois placés de telle façon, ou bien simplement l'acte et la forme, à savoir un abri. Ou encore : si « ligne » signifie la dyade prise dans sa longueur ou simplement la dyade, et encore si « animal » signifie l'âme dans [35] un corps ou simplement l'âme. Cette dernière est en effet substance et acte d'un certain corps. Il se pourrait aussi que « l'animal » soit pris dans les deux sens, non pas comme s'entendant selon une unique définition, mais relativement à un terme unique. Toutefois, bien que cela fasse quelque différence d'un certain point de vue, c'est sans importance pour la recherche de la substance [1043b] sensible. L'être essentiel, en effet,

---

1. Ross, p. 234, estime également que la phrase de conclusion renvoie à [3.3] et [3.5], mais il ne prend pas en compte le caractère sélectif et implicitement programmatique de la formule. Bostock, p. 271, doute de l'authenticité de cette conclusion, qu'il imagine être l'œuvre d'un éditeur peu scrupuleux, mais nous voyons que cette hypothèse est inutile.

appartient à la forme et à l'acte. Ainsi « âme » et « être de l'âme » sont identiques, alors que « être de l'homme » et « homme » ne le sont pas – sauf si l'on dit « homme » pour « l'âme » ; alors, d'une certaine manière ils seront identiques, de l'autre non. »

La désignation linguistique, sans être nécessairement trompeuse, est équivoque, dans la mesure où un même terme (par exemple : « maison ») peut s'appliquer aussi bien à un composé de matière et de forme (la maison comme abri fait de briques et de pierre) qu'à la forme qui définit proprement ce composé (l'abri abstraction faite des matériaux) [1]. De même, le terme « ligne » peut désigner la dyade ou dualité prise dans la longueur, « dyade » (ou « dualité ») étant la forme et « longueur » la matière. De même encore, pour reprendre le troisième exemple du texte, « animal » peut s'entendre avec sa matière (comme composé d'âme et de corps) ou sans sa matière (comme âme), si l'on admet, avec *DA* II 1 notamment, que l'âme est forme du corps dont elle est l'âme.

Plusieurs remarques s'imposent ici. Tout d'abord, on note que la forme (μορφή ou εἶδος) est présentée comme l'acte (ἐνέργεια) de ce dont elle est forme, en claire continuité avec le propos de H2. On devra donc distinguer deux actes ou deux manières d'être en acte : l'acte qu'est la forme et l'actualité de l'existence du composé, car la maison comme composé de matière et de forme existe en acte. Cette ambivalence, nous le verrons, réapparaîtra au chapitre 6 [2].

Par ailleurs, les exemples de la ligne et de l'animal sont particulièrement évocateurs. Ils nous éclairent en effet sur l'arrière-plan dialectique du passage, en faisant écho à Z 11, 1036a34-b17. Dans ce dernier passage, Aristote note qu'il est difficile de distinguer entre parties de la forme et parties de la matière dans les cas où la forme n'est pas perçue séparément de la matière, car dans ces cas, « il est difficile de supprimer la matière par la pensée » (1036b2-3). Si l'on considère la sphère pour elle-même, sachant qu'elle peut être de bois, de bronze, de cuir ou de n'importe quelle autre matière, il n'y a pas de

---

1. Voir déjà Z 10, 1035a6-9. Dans l'expression « la maison" signifie l'ensemble » (ἡ οἰκία ... σημεῖον τοῦ κοινοῦ), κοινός ne désigne manifestement pas l'universel, mais le composé, c'est-à-dire le terme « commun » de l'unité de la matière et de la forme, au sens où Aristote parle ailleurs d'états « communs à l'âme et au corps » (*DA* I 1, 403a3-4 ; III 10, 433b20 ; *PN*, *De Sensu*, 1, 436a7-8 ; *De Somno*, 1, 453b11-13) ou d'une « communauté » (κοινωνία) de l'âme et du corps (*DA* I 3, 407b17-19).

2. Voir [6.2].

problème; en revanche si l'on imagine que la sphère ne peut avoir qu'une seule de ces matières (par exemple le bronze), il devient difficile de la séparer en tant que forme. Il en va également ainsi quand nous considérons l'être humain, dont la forme ne se réalise jamais sans une matière appropriée. Il en va de même encore, en un sens, avec les figures géométriques, comme le triangle ou le cercle, dans la mesure où elles impliquent la ligne et la grandeur, ces dernières étant analogues aux parties (matérielles) du corps (chair et os) ou de la statue (bronze ou pierre) (1036b8-12). Pourtant, certains pythagoriciens prétendent tout « réduire aux nombres » et définir la ligne par le deux (1036b12-13). Parmi les platoniciens, ajoute Aristote, certains disent que la ligne en soi n'est pas autre chose que la dyade et d'autres que c'est l'idée ou forme intelligible de la ligne (1036b13-15).

Rapporté à ce passage de Z11, notre texte de H3 devient plus clair. Premièrement, il donne à penser que, s'il peut y avoir confusion, dans l'énonciation, entre le composé et la forme, c'est parce qu'il y a des cas où il n'est pas aisé de séparer cette dernière de la matière. Ce point n'est sans doute pas sans rapport avec le problème, évoqué en H2, que pose la présence de la matière dans les définitions : la substance sensible est insuffisamment définie quand on ne mentionne pas sa matière [1]. Deuxièmement, il prend une coloration nettement anti-platonicienne : de même que l'Idée de la dualité ne suffit pas à définir la ligne, parce que la ligne géométrique ajoute à la dualité une certaine longueur qui vaut ici comme matière, de même l'animal réalisé ne peut-il être défini sans sa matière et par sa seule forme.

Quelle est cependant la relation entre le composé « animal » et la forme « Animal »? Si les termes ne peuvent se rapporter l'un à l'autre par participation, comme le voudrait la doctrine platonicienne des Idées, cela signifie-t-il qu'il s'agit d'un rapport de pure homonymie? L'évocation de l'unité « par référence à un terme unique » (πρὸς ἕν), en 43a37, vient à point nommé pour écarter cette impasse. Comme dans le passage canonique de Γ 2, 1003a33, la polysémie de l'être se réduit partiellement à l'unité focale de signification que constitue le terme premier de référence, à savoir la substance, ce qui n'est

---

1. Voir *supra*, p. 117-125.

précisément pas un cas d'homonymie stricte[1]. H3, conformément aux acquis du livre Z, confirme ici que le terme premier de référence est la substance en tant que forme. En d'autres termes, une fois écartée la fausse solution platonicienne, nous sommes en mesure de sauver, à la fois, la pertinence de la désignation linguistique et la priorité inconditionnelle de la forme par rapport à la matière et au composé. La priorité de l'*eidos*, bien qu'elle nous oblige à distinguer par analyse le composé de sa forme, n'est pas réellement source d'équivoque sémantique.

Aristote répond-il à la question qu'il pose sur la désignation linguistique ? Le mot signifie-t-il la forme ou le composé ? Du point de vue du langage ordinaire, pourrait-on répondre intuitivement, le terme « maison » désignera sans équivoque sérieuse le composé et il serait curieux de désigner l'homme par le terme « âme ». Il n'est pas certain, cependant, qu'Aristote se place du point de vue du langage ordinaire. Dans le présent contexte, où l'on vient de s'interroger, à la fin de H2, sur les définitions, le propos est probablement méthodologique et normatif. Aristote entend certainement dire que le mot – sans doute le terme choisi pour former une bonne définition – *doit* désigner la forme, parce qu'elle est l'unité première de signification, sans que le mot soit pour autant inadéquat au composé. On se reportera en ce sens à Z 10, 1035a6-9, où le propos est explicitement normatif : « on doit énoncer » (λεκτέον) la forme et chaque chose en tant qu'elle a une forme et « on ne doit jamais énoncer » (οὐδέποτε...λεκτέον) l'aspect matériel pour lui-même.

Cela peut certes poser problème dans les disputes dialectiques, les querelles de mots, comme il le suggère en 43a36[2], mais cela ne pose aucun problème « pour la recherche de la substance sensible » – ce qui confirme au passage que le livre H se situe dans ce cadre[3]. En d'autres termes, nous pouvons bien nous quereller sur la question de savoir si « sphère » désigne la forme géométrique abstraite du ballon de football ou le ballon lui-même, la « sphère de cuir », mais c'est sans importance pour la recherche sur les substances sensibles, car « sphère » désigne alors, sans équivoque véritable, le ballon sensi-

---

1. Comme le confirme l'occurrence du πρὸς ἕν que l'on trouve en Z 4, 1030b3, dans un contexte où il s'agit de montrer qu'il n'y a de définition véritable et première que des substances, et secondairement seulement des autres catégories.

2. Voir en ce sens Ps.-Alex., *In Metaph.* 551.31.

3. Voir en ce sens Burnyeat, *Map*, p. 71.

ble, de même que la désignation linguistique « être humain », si elle
est rapportée à Socrate, désigne sans équivoque Socrate lui-même, à
savoir un composé de matière et de forme. D'où vient dès lors
l'ambiguïté signalée au début du chapitre?

L'explication est donnée à partir de la ligne 43b1. L'être essentiel,
en effet (γάρ), appartient à la forme et à l'acte. Ainsi « âme » et « être
de l'âme » sont identiques, alors que « être de l'homme » et
« homme » ne le sont pas – sauf si l'on dit « homme » pour « l'âme »;
alors, d'une certaine manière ils seront identiques, de l'autre non.
L'être essentiel (τὸ τί ἦν εἶναι), l'objet premier de la définition,
coïncide avec la forme et l'acte, comme l'a établi Z17, parce que ce qui
fait qu'une chose est ce qu'elle, c'est avant tout sa forme. Dès lors, si
nous usons du signifiant « âme », étant donné que l'âme est l'être
essentiel et la forme de l'homme, le référent coïncide avec l'essence.
Si en revanche nous usons du signifiant « homme », étant donné
que l'homme est un composé et que son être essentiel est l'âme, le
référent ne coïncide plus avec l'essence. Voilà pourquoi la désignation
linguistique peut être équivoque. Quelle est la leçon de cette remarque apparemment anodine? Est-ce une question de sémantique ou
bien de méthodologie? On empruntera plus sûrement la seconde
voie. Ce passage, en effet, rappelle tout d'abord la priorité de la forme
et de l'être essentiel. De plus, il installe le débat sur la forme en terrain
dialectique, en identifiant clairement la cible majeure, à savoir Platon.
Non seulement il fait écho, comme on l'a vu, à Z11, mais encore il
ne peut manquer de rappeler la formule fameuse de l'*Alcibiade*,
« l'homme c'est l'âme »[1]. Aristote admet en effet que l'homme est
avant tout sa forme, et ainsi son âme. Toutefois, il indique aussi que
l'être humain individuel ne coïncide pas exactement avec sa forme, à
l'exclusion de sa matière : l'homme c'est aussi le corps, car c'est un
composé. La définition platonicienne est donc incomplète, dès lors
qu'il s'agit de considérer l'être humain comme le composé que, de
fait, il est aussi. Il semble donc qu'il faille appliquer à ce passage une
conclusion similaire à celle que j'avais tirée de H2 à propos de la
définition : selon les cas, il sera plus pertinent de désigner l'objet
d'analyse, soit par la forme, soit par le terme s'appliquant au

---

1. Platon, *Alcibiade*, 130c.

composé[1]. Implicitement, comme en Z10, sont écartés les physiciens purs, ceux qui ne mentionnent que la matière.

Au-delà cependant de la question linguistique et des enjeux méthodologiques, on peut être tenté de tirer parti de ce texte pour trancher la question fameuse et disputée de l'individualité ou de l'universalité de la forme[2]. De fait, si confusion il peut y avoir entre la forme et le composé, et si la forme est une espèce, donc un universel, cela signifie qu'il peut y avoir confusion entre la substance sensible particulière et le terme universel qui constitue son essence, la substance seconde au sens des *Catégories*[3]. Si en revanche la forme impliquée n'est pas à proprement parler un universel, alors il y a confusion entre le tout hylémorphique particulier que constitue la substance sensible et sa « partie » éminente, également singulière en tant qu'elle est la forme de cet individu : la forme par opposition à la matière. Notre texte, à vrai dire, ne donne pas d'argument décisif en faveur de l'une des deux options. Il propose, tout au plus, des arguments négatifs. Il précise que, si la confusion peut naître et si l'on peut entendre « âme » quand on parle de l'animal, c'est « parce que cette dernière <*i.e.* l'âme> est substance et acte d'un certain corps » (αὕτη γὰρ οὐσία καὶ ἐνέργεια σώματός τινος; 43a35-36). Ce n'est donc pas le statut propre de l'universel supposé « âme » qui justifie qu'il définisse et désigne l'animal, mais le fait qu'il se rapporte à une matière déterminée qui, de fait, le singularise. En d'autres termes, Aristote n'oppose pas ici le composé à un universel distinct et uniformément

---

1. Comme le note V. Décarie, *L'objet de la métaphysique selon Aristote, op. cit.*, « il faut nuancer la réponse selon qu'il s'agit ou non d'un être qui s'identifie avec sa quiddité ».

2. La littérature sur la question étant considérable, je renvoie parmi les mises au point les plus récentes aux analyses de M. Zingano, « L'*ousia* dans le livre Z de la *Métaphysique* », dans M. Narcy, A. Tordesillas (éd.), *La* Métaphysique *d'Aristote. Perspectives contemporaines*, Paris-Bruxelles, Vrin-Ousia, 2005, p. 99-130 ; G. Galluzzo, M. Mariani, *Aristotle's Metaphysics Book Z : The Contemporary Debate*, Pisa, Edizioni della Normale, 2006, p. 79-83 ; G. Galluzzo, « Universals in Aristotle's *Metaphysics* », *in* R. Chiaradonna, G. Galluzzo (eds), *Universals in Ancient Philosophy*, Pisa, Edizioni della Normale, 2013, p. 209-253. En réponse aux tenants de l'individualité de la forme – notamment F-P –, Galluzzo se prononce en faveur de l'universalité de la forme dans les livres centraux de la *Métaphysique*, pour autant que l'on distingue entre, d'une part, l'universalité de la forme comme entité une et identique présente dans différentes substances sensibles particulières et sujet premier d'attribution et, d'autre part, ce qu'Aristote nomme par ailleurs « universel », les espèces et les genres, auxquelles il refuse non seulement l'existence par soi, mais également le statut de sujet logique.

3. Voir *supra*, p. 16.

présent entre tous les composés de même espèce. Il oppose le composé à une forme. Celle-ci est séparable il est vrai par analyse ou « en raison »¹ et elle est identique en tous les individus auxquels elle s'attribue, parce qu'elle est distincte des accidents qui ne se disent que des individus en tant que tels. De ce point de vue, on peut admettre qu'elle s'applique aux individus en vertu de ses caractères spécifiques. Toutefois, elle ne remplit sa fonction de forme et d'essence que dans la situation singulière que constitue sa relation à telle matière déterminée. En ce sens, le début de H3 donne à penser que la forme présente dans les individus de même espèce est identique, bien que chaque forme, comprise comme « substance et acte d'un certain corps », existe à part numériquement². Dans tous les cas cependant, la forme n'est comprise comme individu que parce qu'elle informe une certaine matière, parce qu'elle est la forme d'un composé déterminé. Notre texte ne tranche donc pas la discussion qui oppose la singularité à l'universalité de la forme. Il inviterait plutôt, à vrai dire, à penser que cette question est mal posée ou qu'elle n'a pas lieu d'être, parce que la forme considérée en elle-même échappe à la bivalence de la quantité (universel / singulier)³.

Par ailleurs, notre passage donne peu d'éléments pour trancher le problème de *l'individuation* proprement dite, c'est-à-dire la question de savoir ce qui détermine l'individu en tant que tel, faisant qu'il est précisément un individu. Disons tout au plus qu'il y a un lien indirect entre les deux questions : poser la nature spécifique de la forme reviendrait à admettre, en se fondant par exemple sur Z 8, 1034a5-8, que l'individuation s'accomplit par la matière, cause des accidents qui caractérisent l'individu en tant que tel. Quoi qu'il en soit, H3 n'en a pas terminé avec la question de l'individualité de la forme : Aristote y reviendra, implicitement, en [3.3].

---

1. H 1, 1042a29.
2. Voir en ce sens la note de R.W. Sharples à propos de H3, « Forms in Aristotle – Universal or Individual ? », dans les *Notes*, p. 26-31.
3. Voir en ce sens J. Owens, *The Doctrine of Being in the Aristotelian Metaphysics*, *op. cit.*, p. 386-395, pour qui cette question n'a pas lieu d'être, parce que la forme est aussi bien une forme physique qu'une espèce logique. Elle est en fait première par rapport à l'espèce et à l'individualité, de sorte qu'elle n'est ni universelle ni particulière. Elle est d'ailleurs ce qui « rend possible » à la fois la connaissance du singulier et la connaissance de l'universel. Voir également A. Jaulin, Eidos *et* ousia, *op. cit.*, p. 291. De fait, si on la conçoit comme un principe, et en l'occurrence comme une fonction d'organisation d'une matière donnée, la forme substantielle n'est ni un être (particulier) ni une classe d'êtres.

[3.2] *La forme et l'unité de la définition.*

1043b5-14 : « Pour qui s'y intéresse de près, il est donc manifeste que la syllabe n'est pas constituée des lettres et de leur juxtaposition, et que la maison, ce n'est pas non plus des briques et leur juxtaposition. Et cela à juste titre : ni la juxtaposition ni le mélange, en effet, ne sont constitués de ce dont il y a juxtaposition ou mélange. Il n'en va pas différemment dans les autres cas. Par exemple, si le seuil est tel par position, ce n'est pas la position qui est constituée du seuil, mais plutôt [10] celui-ci de celle-là. Et l'homme n'est pas davantage l'Animal et le Bipède, car il faut qu'il y ait quelque chose en plus de ces entités, si celles-ci sont la matière, qui ne soit ni un élément ni ce qui est composé d'éléments, mais la substance, ce que suppriment ceux qui parlent exclusivement de la matière. Si donc cette chose-là est la cause de l'être, et si c'est la substance, ils échoueront à énoncer la substance elle-même. »

En [3.1] Aristote a expliqué l'équivoque linguistique. Il a montré qu'elle tenait à la priorité de la forme. Il entend désormais expliquer cette priorité elle-même. L'argumentation de ce paragraphe est en deux temps. Dans le premier (a), jusqu'à 43b10, il montre que la composition matérielle ne s'ajoute pas à la détermination formelle ; dans le second (b), il montre que la substance est principe d'unité.

a) Les exemples de la juxtaposition (σύνθεσις) et du mélange (μῖξις), ainsi que celui de la position (θέσις) du seuil font à l'évidence écho à H2. Celui de la juxtaposition des lettres formant la syllabe renvoie en outre à Z 17, 1041b11-33. Comme Z17, notre texte ne considère pas seulement la conjonction des lettres composant la syllabe, l'addition des composants élémentaires : il envisage la conjonction des lettres, qui sont les composants matériels, *et* de la juxtaposition, dont nous avons vu en H2 qu'elle valait comme forme et acte, au moins par analogie [1]. Aristote ne se contente donc pas de dire que la juxtaposition (*J*) qui fait la syllabe BA n'est pas identique à [B + A], car BA n'est pas identique non plus à [B + A + *J*]. Il l'explique ainsi : la juxtaposition n'est pas elle-même constituée par ce qui entre dans la juxtaposition ; le mélange n'est pas lui-même constitué par ce qui est mélangé (43b6-8). « *J* », comme équivalent de la forme, est en quelque sorte la fonction d'organisation en vertu de laquelle les éléments sont assemblés ; elle n'est pas l'un de ces éléments.

---

1. Voir *supra* [2.2] et [2.3].

Traduit dans les termes de la doctrine hylémorphique, cela veut dire que le composé n'est pas l'addition de la forme (ou acte) et de la matière.

L'exemple du seuil (43b8-10) permet d'aller plus loin encore[1] : « ce n'est pas la position qui est constituée du seuil (ἐκ τοῦ οὐδοῦ), mais plutôt celui-ci de celle-là (ἐξ ἐκείνης). » En d'autres termes, si l'on cherche à identifier un terme constituant (C) et un terme constitué (c), le passage de l'un à l'autre (>), exprimé par ἐκ suivi du génitif, n'est qu'en apparence un passage de la matière à la détermination formelle. Dans ce cas, nous aurions : [C = seuil]> [c = position]. Il faut à l'inverse poser : [C = position]> [c = seuil]. Or le seuil n'est pas matériellement composé par la position. Celle-ci est donc première et constitutive en un autre sens, celui de la forme et de la définition.

b) En prenant ensuite l'exemple de l'Animal et du Bipède (43b10-11), Aristote se place à un point de vue différent. Il ne s'agit plus alors des éléments entrant dans la composition matérielle sensible, mais des termes figurant dans la définition et composant la forme ou différence ultime. Nous pouvons en effet définir l'homme comme « animal bipède ». Toutefois nous ne pouvons dire que « Homme » se définit par la conjonction « Animal + Bipède » car, dans ce cas, nous perdrions ce qui en fait une substance *une*. Nous retrouvons là un problème abondamment traité au livre Z, en particulier aux chapitres 6, 12, 13 et 14. Aristote y reviendra du reste en H 6, 1045a14-20[2]. En Z 17, 1041b25-33, il a précisé que la substance formelle, qui n'est pas l'un des composants mais le principe interne de leur organisation, était la véritable cause de l'être, ce dont H3 se fait l'écho aux lignes 43b13-14.

Notre passage de H3 ajoute toutefois un élément crucial à l'argumentation lorsqu'il précise, à propos de « Animal » et de « Bipède » : « il faut qu'il y ait quelque chose en dehors de ces entités, si celles-ci sont la matière, qui n'est ni un élément ni ce qui est composé d'éléments, mais qui est la substance, ce que suppriment ceux qui parlent exclusivement de la matière[3]. » Il peut paraître surprenant, d'une part, que ces entités soient désignées – même hypothétiquement – par le terme « matière », alors qu'elles sont des

---

1. Bien que Bostock, p. 263, ne voyant pas la polysémie de la relation ἐκ suivi du génitif, estime qu'Aristote ne le traite pas comme il le devrait.
2. Pour une synthèse du problème, je renvoie à l'introduction *supra*, p. 41-47.
3. 43b11-13.

parties des définitions telles que les posent les platoniciens, et d'autre part qu'Aristote prenne pour cible « ceux qui parlent exclusivement de la matière », formule qui ne convient évidemment pas pour désigner les platoniciens. Concernant le premier point, Aristote peut fort bien considérer que « Animal » et « Bipède » sont par analogie les équivalents des lettres composant la syllabe : dans les deux cas, l'erreur est la même, qui consiste à confondre les éléments composant le tout et le tout lui-même. Par ailleurs, et nous y reviendrons à propos de H6, il peut également faire allusion au fait que les termes génériques figurant dans la définition peuvent légitimement être compris comme étant un certain type de « matière »[1], une matière non pas sensible mais intelligible. Concernant le second point, il a troublé, de fait, un certain nombre de commentateurs et d'éditeurs[2], qui ont préféré faire dépendre τὴν ὕλην de ἐξαιροῦντες, dans la phrase ὃ ἐξαιροῦντες τὴν ὕλην λέγουσιν (43b12-13). Je fais le choix inverse en traduisant « ce que suppriment ceux qui parlent exclusivement de la matière »[3]. Aristote semble ici faire d'une pierre deux coups. On peut fort bien penser qu'il s'adresse au premier chef à ceux qui réduisent l'être à l'addition de ses composants, en l'occurrence matériels, et qui suppriment ainsi la substance formelle ; il montre aussi, implicitement, que les platoniciens, malgré leur doctrine des formes intelligibles, ne procèdent pas autrement lorsqu'ils définissent l'homme comme « Animal-Bipède »[4]. Dans les deux cas, en réduisant l'être à ses composants, on est dans l'incapacité d'énoncer la substance elle-même (43b14).

[3.3] *L'éternité de la forme et le devenir des substances sensibles.*

1043b14-23 : « Celle-ci doit nécessairement, ou bien être [15] éternelle, ou bien être destructible sans qu'il y ait destruction et engendrée sans qu'il y ait génération. Or on a montré clairement ailleurs que rien ne produit ni n'engendre la forme, mais telle chose est produite, et ce qui est engendré c'est le composé. Quant à savoir si les substances des êtres destructibles sont séparables, c'est encore loin d'être clair, si ce n'est que pour certaines tout au moins il est clair que

---

1. Voir en ce sens Ross, p. 231-232.
2. Voir notamment Ps.-Alex., *In Metaph.* 553.8-9.
3. Adoptent cette dernière construction : Ross, Tricot, *Notes* (p. 14), Bostock, Jaulin, Rutten-Stevens.
4. Sur cette association polémique des extrêmes, voir p. 22.

c'est impossible [20] : celles qui ne sont pas susceptibles d'exister en dehors de certaines choses particulières, comme une maison ou un objet d'utilité courante. Peut-être même ne sont des substances ni ces choses-là ni aucune autre des choses qui n'ont pas une constitution naturelle ; on pourrait admettre en effet que seule la nature a statut de substance dans les choses destructibles. »

Ce passage est communément présenté, et même édité, comme une parenthèse. De fait, le ὥστε (« Aussi... ») de la ligne 43b23 [1], qui introduit un nouveau passage sur la définition, semble annoncer un développement de [3.2]. La section [3.3], quant à elle, porte sur l'éternité de la substance et sur son rapport aux processus de génération et de corruption. Elle se termine par une allusion, apparemment sans lien nécessaire avec la problématique du livre H, au statut des artefacts. Bostock [2] estime même que ce paragraphe ne devait pas initialement se situer à cet endroit. Il est indiscutable que le « raccord », ici comme dans l'ensemble du chapitre, a été négligé.

Cette section, pour autant, n'est pas une simple digression. Si, en effet, l'enquête menée en H porte prioritairement sur les substances sensibles et, au travers de celles-ci, sur la question de la définition, ainsi que le début de H3 l'a rappelé, il est naturel qu'Aristote s'interroge sur la génération et la destruction [3]. Celles-ci, en effet, affectent les substances sensibles, mais affectent-elles la forme, c'est-à-dire la substance au sens premier ?

Commençons par revenir sur l'argument de Bostock concernant le déplacement supposé du paragraphe. Il estime que le pronom qui ouvre le passage (« celle-ci » : ταύτην), qui renvoie naturellement à « la substance » dans la proposition précédente, se réfèrerait à une conception erronée de l'ousia, celle qu'Aristote entend précisément critiquer en [3.2], alors qu'il entend, en [3.3], traiter « sérieusement » (selon Bostock) de la substance. Aristote dit pourtant dans la proposition précédente, assez clairement me semble-t-il, que ce qui est posé comme substance – ou « pseudo-substance » – par les adversaires, ce n'est pas la substance à proprement parler : « ils échoueront à énoncer la substance elle-même. » Le pronom du début de [3.3] renvoie donc à la substance véritable – à ce qui, pour Aristote, est véritablement substance – et non à une pseudo-substance. Dans ces conditions, il

---

1. *Notes*, p. 15 ; Ross, p. 232.
2. Bostock, p. 264.
3. Voir en ce sens Burnyeat, *Map*, p. 70, n. 144.

n'y a pas lieu de chercher une meilleure place pour notre paragraphe, qui se situe à la convergence de deux lignes de réflexion qui sont au cœur du livre H : le problème du devenir et le statut de la forme [1].

L'argument peut se décomposer ainsi :

(A) La substance est : ou bien (A1) éternelle, ou bien (A2) destructible sans destruction et engendrée sans génération ;

(B) or la forme n'est ni produite, ni engendrée (par opposition au composé) ;

(C) certaines substances ne sont séparables en aucun sens du composé dont elles sont les formes ;

(D) à moins que ce ne soient pas de véritables substances, parce que ces composés n'existent pas naturellement.

(A1) renvoie à plusieurs textes qui établissent clairement l'éternité de la forme [2] et cette thèse sera rappelée en H 5, 1044b22, comme nous le verrons (ci-dessous : [5.1]). Le caractère apparemment paradoxal de (A2) crée une difficulté. On peut supposer, par rapprochement avec le passage de H5, que la forme passe instantanément d'un état à l'autre, parce qu'elle n'a pas de matière qui supporterait un tel changement et l'inscrirait ainsi dans le temps [3]. On dirait dès lors que la forme est engendrée sans qu'il y ait *processus* de génération. On peut aussi dire, plus simplement et en se fondant sur (B), que la forme est inengendrée et incorruptible mais que le composé de matière et de forme est, lui, soumis à génération et destruction. Aristote l'a du reste annoncé en H 1, 1042a30, en précisant que c'est du composé, et de lui « seul », qu'il y a génération et corruption.

L'opposition de [3.3] entre la forme et le composé pourrait dès lors conduire à l'alternative suivante [4] : la forme est éternelle en tant qu'espèce ; elle ne le serait plus en tant que forme particulière de tel ou tel composé. En d'autres termes, si la forme en elle-même est indestructible et inengendrée, et si le composé est, lui, soumis à génération et destruction, on pourrait dire que la forme *en tant que*

---

1. C'est la raison pour laquelle, à la suite de Burnyeat, *Map*, p. 70, n. 144, je supprime les parenthèses qui encadrent ce passage dans les éditions de Jaeger et de Ross.

2. Entre autres : Z 8, 1033b5-19 ; Z 15, 1039b25-26 ; Λ 3, 1069b35.

3. Bostock, p. 264.

4. Alternative dans laquelle se placent, selon moi à tort, les contributeurs des *Notes*, p. 15.

forme de tel composé particulier, l'est aussi [1]. La forme qui permet de définir l'être humain ne disparaît pas avec la mort de Socrate, mais la forme *de* Socrate, en tant que forme *de ce composé particulier* qu'est Socrate, cesserait d'exister lorsque Socrate meurt. On pourrait donc imaginer que nous sommes face à la situation suivante : bien que la forme spécifique – ou la forme considérée du point de vue de ses propriétés spécifiques – soit éternelle, la forme individuelle serait soumise au devenir.

Cependant, (B) ne permet pas d'accepter cette dernière assertion : c'est en réalité la forme présente en Socrate, indépendamment de toute hypothèse sur l'individualité ou l'universalité de la forme en soi, qui est inengendrée (et en ce sens éternelle). Le texte de Z 8, 1033b5-19 est sur ce point très clair :

> la forme (τὸ εἶδος), ou quelle que soit la manière dont il convient de désigner la configuration inhérente au sensible (τὴν ἐν τῷ αἰσθητῷ μορφήν), ne devient pas, et il n'y en a pas non plus génération, pas plus que de l'être essentiel (…) [2].

En d'autres termes, ce n'est pas seulement la forme en tant que telle, forme éventuellement séparable en raison, qui échappe au devenir, mais également la forme incorporée, immanente à tel composé sensible particulier. Aristote en donne plus loin la raison : la forme n'est pas engendrée, parce que tout être engendré contient nécessairement de la matière ; or la forme ne contient pas de matière ; seul donc le composé est soumis au devenir [3]. En ce sens, ce qui est engendré et détruit, ce n'est pas la forme elle-même, mais la situation d'inhérence de la forme à telle matière. De ce point de vue, il n'importe en rien que la forme soit individuelle ou spécifique.

En revanche, une autre question demeure de pleine actualité, celle précisément que pose Aristote, à savoir le problème de la séparabilité de la forme : « quant à savoir si les substances des êtres destructibles sont séparables, c'est encore loin d'être clair » (43b18-19 : εἰ δ' εἰσὶ τῶν φθαρτῶν αἱ οὐσίαι χωρισταί, οὐδέν πω δῆλον·). Là encore, H3 fait écho à H1, qui avait déjà abordé le problème de la séparabilité des

---

1. La forme serait en ce sens engendrée et détruite par accident ; voir Thomas d'Aquin, *Sent. Met.*, lib. VIII, l. 1, n. 13.
2. Z 8, 1033b5-7.
3. Z 8, 1033b16-19.

formes [1]. La réponse est en principe claire : les formes des êtres sensibles – les formes des « êtres destructibles » de 43b18 – ne sont pas séparables absolument, mais elles sont séparables en raison ou par la notion. L'examen du cas des artefacts ne modifiera pas cette thèse. Les formes des substances naturelles sont en tout cas séparables, que ce soit effectivement ou simplement « en raison », parce qu'elles ne sont pas matérielles ; or la soumission au devenir n'a pas d'autres causes que la matière et l'inhérence de la forme à une matière. Pourquoi Aristote ne donne-t-il pas dès à présent son verdict, prétendant que ce point est « loin d'être clair » ?

On peut envisager trois possibilités. La première hypothèse est qu'Aristote prépare ici une place aux substances effectivement séparées et annonce ainsi une nouvelle typologie des substances, et en particulier le passage de Λ 1, 1069a30-b2, qui distingue entre substance sensible éternelle, substance sensible corruptible et substance immobile et séparée. Il est également plausible, seconde hypothèse, qu'il réserve sa réponse pour H 6, 1045b7, où il indique que les essences ne sont pas séparées des choses particulières. Enfin, troisième hypothèse, la formule a un contenu dialectique et polémique implicite : il s'agirait des Idées, dont les platoniciens affirment l'existence séparée, et sur lesquelles il conviendra de revenir plus tard. Cette dernière hypothèse, soutenue par le Pseudo-Alexandre [2], présente l'avantage de faire écho à H 1, 1042a22-23, qui annonce un tel examen.

Un cas au moins s'avère clair et hors de discussion : celui des artefacts. Dans ce cas (C), dit en effet Aristote, il est impossible que les formes soit séparables, car elles ne peuvent pas exister en dehors de certaines choses particulières, comme une maison ou un meuble (43b19-21). Le Pseudo-Alexandre, dans la continuité de la troisième hypothèse que l'on vient d'évoquer à propos de la séparabilité des substances, pense reconnaître ici la discussion avec Platon concernant les formes d'artefacts [3].

Cette lecture, sans doute juste sur l'essentiel, soulève une double difficulté : quelle est exactement la position de Platon sur ce point et

1. H 1, 1042a28-31.
2. Ps.-Alex., In Metaph. 553.22-23. Ce sera également l'opinion de Thomas d'Aquin, Sent. Met., lib. VIII, l. 3, n. 15.
3. Ps.-Alex., In Metaph. 553.23-29. Voir également Thomas d'Aquin, Sent. Met., lib. VIII, l. 3, n. 27.

quelle est la position qu'Aristote lui attribue[1]? Pour notre propos, il suffit de s'en tenir à la seconde question. Elle ouvre elle-même trois possibilités :

a) Aristote attribue à Platon la thèse selon laquelle il y a des Idées pour les objets artificiels. Dans ce cas, il s'oppose à lui de manière frontale lorsqu'il affirme qu'il n'y a pas, pour ceux-ci, de formes effectivement séparées.

b) Aristote attribue à Platon la thèse selon laquelle il n'y a pas d'Idées pour les objets artificiels. Il tire alors parti de l'argument en concédant à Platon qu'il n'y a pas de formes séparables pour les artefacts, sans pour autant endosser la théorie des Idées.

c) Aristote estime que Platon est ambigu sur la question et il la tranche avec vigueur en 43b19-20 en affirmant que, dans le cas des artefacts, « il est clair » que les formes ne sont pas séparables.

L'hypothèse (a) présente l'avantage de concorder avec les textes, fameux, où Platon semble admettre l'existence des Idées d'artefacts[2]. Elle semble également la plus naturelle si l'on considère le contexte général de l'argumentation en H3, à savoir l'ensemble des arguments de Z et H contre l'existence des Idées, des universaux séparés et contre la doctrine de la participation. Toutefois, (b), ne peut être écartée car, selon la restitution par Alexandre d'Aphrodise du *Peri Ideôn* d'Aristote, celui-ci rapporte que les platoniciens – ou certains d'entre eux – « ne veulent pas » (οὐ βούλονται) d'une telle thèse[3]. Aristote attribue d'ailleurs une position similaire à l'Académie dans la *Métaphysique*[4]. L'hypothèse (c) est sans aucun doute la plus faible, mais elle aurait le mérite de justifier la coexistence des deux versions de la pensée de Platon qui sont respectivement impliquées par (a) et par (b) : les platoniciens admettraient, dans certains textes ou

---

1. Cette difficulté concerne également la discussion sur les Idées d'artefacts dans le *Peri ideôn* d'Aristote commenté par Alexandre d'Aphrodise, *In Metaph.* 79.3-85.13. Voir sur ce point G. Fine, *On Ideas : Aristotle's Criticism of Plato's Theory of Forms*, Oxford, Oxford University Press, 1993, p. 81-88 ; J. Brunschwig, « Aristote, Platon et les formes d'objets artificiels », dans P.-M. Morel (éd.), *Aristote et la notion de nature. Enjeux épistémologiques et pratiques*, Bordeaux, Presses universitaires de Bordeaux, 1997, p. 45-68.

2. Voir *Cratyle*, 389a ; *Gorgias*, 503e ; *République*, X, 596b.

3. Aristote, *De Ideis*, ap. Alexandre d'Aphrodise, *In Metaph.* 79.22-80.16. On ne peut exclure par ailleurs que (b) soit, dans le *Peri ideôn*, une interpolation d'Alexandre. Voir G. Fine, *On Ideas : Aristotle's Criticism of Plato's Theory of Forms, op. cit.*, p. 82-83, pour les arguments *pro* et *contra*.

4. A 9, 991b6-7 ; Λ 3, 1070a18-19.

partiellement [1], les Idées d'artefacts, mais ils se montreraient ailleurs réticents à maintenir cette doctrine, tout au moins sans restrictions.

Quoi qu'il en soit, pour Aristote en H3, les formes d'artefacts ne sont pas séparables. La véritable question pour l'intelligence du texte est donc de savoir quelle différence il entend ici introduire, pour le compte de sa propre doctrine, entre les artefacts et les substances sensibles véritables.

Ce n'est pas la première fois, dans la *Métaphysique*, qu'Aristote s'efforce de distinguer entre les êtres naturels et les artefacts. Z7 fonde la distinction sur le processus d'engendrement, sous le genre commun de la « génération » (γένεσις) : génération naturelle dans un cas, génération entendue comme « production » (ποίησις) dans l'autre. Dans le second cas, celui des artefacts, la forme n'est pas immanente à ce qui devient, mais se trouve dans l'âme de l'artiste [2]. Cette forme est également principe moteur [3]. Z9, de son côté, met l'accent sur les aptitudes de la matière des êtres naturels à produire un être ou un état nouveau du fait de sa propre puissance de mouvement [4]. Inversement, s'il est vrai que la pierre ou le feu peuvent accomplir les mouvements conformes à leur composition élémentaire, ils ne peuvent pas produire ceux que seul l'artiste peut ordonner et provoquer. La pierre n'est pas naturellement statue ou maison, de même que le feu n'est pas naturellement l'instrument de la fusion des métaux pratiquée par le forgeron [5], ni un feu que l'on appellera, à juste titre, « d'artifice ».

En H3, Aristote s'emploie à distinguer artefacts et êtres naturels à partir de sa propre conception de la forme. Le texte est malheureusement très allusif et il n'explique pas clairement la différence entre les formes d'artefacts et celles des substances sensibles naturelles car ces formes n'existent pas non plus « en dehors des choses particulières ». Si l'on suit le mouvement de l'argumentation de la section [3.3] et si, par application du principe de charité, on suppose une certaine continuité dans la séquence (A)-(B)-(C), l'explication pourrait être la suivante : les formes des substances « naturelles », qu'elles soient

---

1. Voir G. Fine, *On Ideas : Aristotle's Criticism of Plato's Theory of Forms*, op. cit., p. 87, selon qui les formes d'artefacts de *République*, X n'auraient pas, aux yeux d'Aristote, toutes les caractéristiques que celui-ci attribue aux formes platoniciennes.

2. Z 7, 1032b1-2.

3. Z 7, 1032b21-23.

4. Z 9, 1034a13-21.

5. Ps-Alex, *In Metaph.* 498.16-23.

considérées comme des espèces ou comme des formes individuelles, sont éternelles; les formes d'artefacts ne sont pas éternelles. Les formes des artefacts ne seraient pas séparables parce qu'elles ne sont pas éternelles.

Toutefois, cette solution ne va pas sans poser des difficultés. En premier lieu, s'il est question de séparabilité « en raison » et non pas de séparation effective, on ne voit pas ce qui nous empêche de séparer « en raison » les formes d'artefacts. Je peux fort bien abstraire la forme de la maison pour envisager, avec la fable bien connue, qu'elle puisse être faite de paille, de fagots ou de briques, et résister ainsi avec un bonheur variable à l'appétit du méchant loup. Inversement, comme on l'a dit, si les formes des substances sensibles n'ont pas d'existence séparée, comme c'est le cas chez Aristote, on ne voit pas en quoi les formes des êtres naturels seraient plus « séparables » que les formes d'artefacts. En second lieu, que signifierait, pour une forme d'artefact, le fait d'être engendrée ou détruite en tant que forme? La solution pourrait être d'invoquer le pouvoir de l'innovation technique et de l'inventivité humaine. La forme d'artefact serait une forme qui n'apparaîtrait qu'au moment où le projet de sa réalisation dans la matière vient à être conçu, et qui disparaîtrait lorsqu'on aurait cessé de la penser[1]. De fait, Aristote n'a connu ni la lunette astronomique ni le mixeur à légumes. Leurs formes sont apparues à un moment donné et rien ne dit que leurs réalisations effectives soient appelées à perdurer perpétuellement. L'argument présente cependant au moins trois points de vulnérabilité. Premièrement, il suppose une corréla-tion entre éternité et séparabilité (les formes artificielles seraient non séparables parce que non éternelles) qui reste à établir; deuxième-ment, en conduisant à imaginer une sorte de devenir historique des idées techniques, il prend un tour assez spéculatif[2]. Enfin, Aristote indique en Λ 3, 1070a13-19, en mentionnant l'exemple de la forme de la maison, que les formes des artefacts ne connaissent ni génération ni corruption. Il n'y a donc pas de différence claire, là encore, avec les formes des substances naturelles : la maison, comme l'être humain, ont des formes inengendrées et incorruptibles; ce qui advient et se

---

1. Voir les constructions de Bostock, mais aussi son constat aporétique sur la signification de l'argument, p. 264-265.

2. Même si Alexandre d'Aphrodise semble l'avoir adopté, en estimant, à propos des objets artificiels, qu'il serait absurde de penser que leurs formes préexistent au travail de l'artiste et soient éternelles : In Metaph. 215.27.

corrompt, c'est toujours le composé. De ce point de vue, le passage est réellement aporétique.

Aristote ne s'en tient cependant pas là. Il ajoute une remarque qui, à défaut d'expliquer positivement (C), le conforte indirectement. La différence la plus claire est en effet donnée au point (D), dans les dernières lignes du passage : les artefacts ne constituent pas de véritables formes *substantielles* parce qu'ils ne constituent pas de véritables « natures » (43b21-23) [1].

De fait, une substance de plein droit est aussi un principe et une « nature », parce qu'elle possède, par essence et non par accident, une détermination à devenir – détermination seulement relative, puisque une substance ne s'engendre pas elle-même – et à exercer ses facultés par soi-même. On peut appliquer ici sans difficulté majeure la définition canonique, au début du livre II de la *Physique*, de ce qui existe par nature : « la nature est principe et cause de mouvement et de repos pour ce en quoi elle réside à titre premier, par essence et non par accident » [2]. Les artefacts, parce qu'ils sont privés de cette relative autonomie, ne sauraient être que des pseudo-substances [3]. C'est sans doute ce qui conduira Alexandre d'Aphrodise à faire une claire distinction entre les formes, proprement substantielles, des êtres naturels et les formes d'objets artificiels, qui ne sont pour lui que des qualités [4]. Toutefois, que les artefacts ne sont pas de véritables substances, Aristote lui-même l'a déjà montré indirectement, en H2, en évoquant les « différences » qui permettent de caractériser un état matériel – comme la différence de position qui permet de distinguer le seuil du linteau, les différents modes d'assemblages, comme le lien, la colle ou les clous, ou encore les différences de temps comme la distinction entre le déjeuner et le dîner. Ce ne sont pas là des substances, avait dit Aristote, mais seulement des « analogues » de la

1. Voir également Z 17, 1041b28-30.

2. *Phys.* II 1, 192b21-23.

3. F.A. Lewis, « Aristotle on the Relation between a Thing and its Matter », *in* T. Scaltsas, D. Charles, M.L. Gill (eds), *Unity, Identity, and Explanation in Aristotle's Metaphysics*, Oxford, Clarendon Press, 1994, p. 247-277.

4. Voir notamment Alexandre d'Aphrodise, *Quaestiones*, I 21, 35.4-7 ; *De anima*, 5.18-6.6 ; *In Metaph.* 215.18-29 ; *Mantissa* § 1, 103.29, et les observations de M. Rashed, *Essentialisme. Alexandre d'Aphrodise entre logique, physique et cosmologie*, Berlin-New York, De Gruyter, 2007, p. 179, et G. Guyomarc'h, *Aux origines de la Métaphysique. L'interprétation par Alexandre d'Aphrodise de la* Métaphysique *d'Aristote*, Thèse, Université Charles-de-Gaulle-Lille 3-Université de Liège, 2012, p. 370-372.

substance[1]. De fait, aucune de ces déterminations n'est proprement ou absolument « cause » de l'être de la chose. La position est cause du fait que la pierre est seuil ou linteau, mais en un sens minimal : elle n'en est ni la fin ni le principe moteur. Aristote le précisera en H 4, 1044a25-32, quand il observera que les différences qui constituent les artefacts ont pour principe moteur l'art, c'est-à-dire un principe externe. Or la substance au sens plein est une cause immanente, comme forme, fin et principe moteur de ce dont elle est substance[2].

Une autre distinction se dessine, dans le livre H, entre les substances naturelles et les objets artificiels. Les formes d'artefacts, en effet, n'ont pas le même rapport à la matière que les autres formes. Comme le montre le texte précédemment cité de H2, en particulier l'exemple du seuil, elles ne se rapportent à la matière que de manière accidentelle. La maison peut être faite de pierre ou de bois. La matière d'un artefact n'a pas avec sa forme le lien, en quelque sorte consubstantiel, que la matière prochaine d'un être naturel a avec sa forme (comme le lien entre le corps et l'âme chez l'être vivant). Nous y reviendrons dans l'analyse du chapitre 4. Il est vrai que la maison ne saurait être faite d'eau ou de laine. H4, du reste, va souligner l'importance des différents niveaux de matérialité, mettant ainsi l'accent sur les conditions matérielles de l'information[3]. La matière prochaine doit être adaptée au projet de l'art et posséder des puissances en nombre, non pas indéfini, mais limité[4]. Les artefacts sont, en tout cas, des entités accidentelles[5], dans la mesure où ils donnent unité à une matière qui pourrait tout aussi bien trouver son unité d'une autre manière : la même pierre peut être seuil ou linteau, ou encore perdre son unité apparente si elle est brisée et émiettée en un tas de cailloux. Cela s'explique très bien par le fait qu'une forme d'artefact n'est pas un principe interne d'organisation – c'est l'art qui organise et qui meut, par l'intermédiaire de l'artisan –, alors que la forme d'un être

---

1. H 2, 1043a5.
2. H 2, 1043a2-3 ; Z 17, 1041a27-30.
3. Voir *infra* [4.1].
4. Comme le montre C. Natali, « *Dynamis* e *techne* nel pensiero di Aristotele », dans M. Crubellier, A. Jaulin, D. Lefebvre, P.-M. Morel (éd.), *Dunamis. Autour de la puissance chez Aristote*, « Aristote. Traductions et études », Louvain-La-Neuve, Éditions Peeters, 2008, p. 271-290.
5. Voir Thomas d'Aquin, *Sent. Met.*, lib. VIII, l. 1, n. 17 ; L.A. Kosman, « Animals and other Beings in Aristotle », *in* A. Gotthelf, J.G. Lennox (eds), *Philosophical Issues in Aristotle's Biology*, Cambridge, Cambridge University Press, 1987, p. 360-391, p. 370.

naturel – en tout cas d'un être vivant – est un tel principe. Les déterminations formelles des artefacts réalisés – les différences analysées en H2 –, par elles-mêmes inactives, sont au plus près de la matière et ne s'en distinguent pas aussi nettement. Elles sont comme les sutures de la matière prochaine. Elles constituent ainsi une modalité formelle intermédiaire, entre la matière et le principe véritable que constitue la forme naturelle. En ce sens, la forme naturelle n'est pas moins inséparable de la matière qu'une forme d'artefact, mais, lorsque l'on sépare mentalement ces deux types de formes de leur matière, ce n'est pas la même chose que l'on sépare : dans le premier cas c'est un principe actif et une fin ; dans le second, un arrangement particulier de la matière, une simple modification dans la disposition des parties matérielles. C'est sans doute pourquoi les artefacts ne sont pas de véritables substances et pourquoi il est d'emblée « clair » que leurs formes ne sont pas séparables.

On pourrait objecter à Aristote que, si le rapport entre la forme et la matière est accidentel, il est alors d'autant plus aisé de séparer mentalement la forme des artefacts. Si la maison peut, indifféremment, être faite de paille, de fagots ou de briques, la forme de la maison est plus facile à séparer « en raison » que celle de l'être humain, qui a une matière prochaine hautement déterminée. Les trois petits cochons, au début de l'histoire, ont tous trois en tête le même projet (et en ce sens, la même *forme*), qui est de faire une *maison*. Cette meilleure aptitude à la séparabilité mentale justifierait d'ailleurs assez bien les très nombreux exemples d'artefacts pris par Aristote pour expliquer le rapport entre la matière et la forme[1]. Toutefois, ce qui est en question en (D), ce n'est plus la séparabilité mentale, mais une différence ontologique : la différence entre, d'une part, ce qui existe par nature et dont la forme est un principe substantiel immanent et, d'autre part, ce qui n'existe pas par nature et dont la forme ne remplit pas les conditions requises pour être un principe substantiel immanent. On comprendra dès lors que les formes inhérentes aux artefacts ont d'autant moins de chance d'être séparables, qu'elles ne sont pas des formes réellement substantielles. Ce sont tout au plus, comme l'a montré H2, des différences « analogues » à des formes substantielles.

Il reste, enfin, à expliquer les précautions que prend Aristote dans la formulation du point (D) : « Peut-être même ne sont des

---

1. L.A. Kosman, « Animals and other Beings in Aristotle », art. cit., p. 371.

substances (…). » Cette relative prudence peut tenir à plusieurs raisons. Il est tout d'abord possible qu'Aristote ne veuille pas trancher sur un point qui n'est pas crucial pour son propos. Ce dernier est, avant toute chose, de confirmer le caractère inengendré de la forme, et non pas de trancher la question du statut des artefacts. Le Stagirite peut aussi vouloir se tenir en retrait du constat qu'il ne fait jamais explicitement, mais vers lequel il nous conduit, à savoir que seuls les êtres naturels, et peut-être même seuls les vivants, sont incontestablement des *ousiai* [1]. Aristote révèle en tout cas, à cette occasion, toute la puissance de sa théorie de la substance comme forme, en montrant que c'est dans la substance même qu'il faut chercher le critère de distinction entre les êtres naturels et les artefacts.

[3.4] *Apories sur la définition.*

1043b23-32 : « Aussi la difficulté soulevée par ceux qui suivent Antisthène et d'autres incultes du même tonneau [25] a-t-elle une certaine pertinence, à savoir qu'il n'est pas possible de définir l'essence, la définition n'étant que vaste discours, mais que l'on peut malgré cela enseigner de quelle sorte est la chose, par exemple, à propos de l'argent, non pas ce qu'il est, mais qu'il est comme de l'étain. Ainsi, il y a une substance dont il est possible d'exposer la définition, à savoir la substance composée, qu'elle soit sensible [30] ou intelligible. Quant aux constituants premiers dont elle-même est constituée, il n'est pas possible de les définir, s'il est vrai qu'énoncer la définition signifie prédiquer un terme d'un autre et que l'un doit être pris comme matière et l'autre comme forme. »

Comme on l'a vu, le ὥστε (« aussi… ») de la ligne 43b23 tire les conséquences de [3.2], qui avait montré que l'unité de la substance ne tient ni à l'addition des composants matériels ni à celle des composants de la définition (Animal, Bipède). Le principe d'unité est la forme et l'acte. Il s'agit maintenant de rendre compte de l'erreur de ceux qui, bien qu'ils s'en tiennent à une ontologie de la composition, prétendent donner l'essence et formuler de véritables définitions. L'argument d'Antisthène est censé illustrer négativement la logique de cette erreur fondamentale. Il consiste à dire qu'il n'y a pas, en

---

1. Voir en ce sens Bostock, p. 265, pour qui notre passage annoncerait même l'examen des parties de l'âme dans le *DA* et l'hypothèse d'une partie qui serait séparée du corps.

réalité, de définition possible de l'essence, et qu'un discours qui prétendrait le faire ne serait que verbiage [1]. Ce n'est que par similarité, et par comparaison avec des éléments matériels, que l'on parviendrait à qualifier ce que certains prétendent pouvoir définir comme étant l'essence de la chose. Ainsi, de l'argent en soi il n'y a pas de définition; tout au plus peut-on dire qu'il est « comme de l'étain ». Le discours ne peut qu'énoncer la qualité, le « tel » (ποῖον) et jamais l'essence (τὸ τί ἔστι). Aristote tire de cette première difficulté une seconde aporie (43b28) : tout au plus pourrait-on définir le composé, parce qu'une telle définition articule l'essence à quelque chose d'autre (la matière dans le cas du composé sensible; le genre dans le cas du composé intelligible [2]). L'essence, quant à elle, ainsi que les autres termes entrant dans la définition, sont indéfinissables parce que ce sont des termes simples [3]. Ainsi, le composé sensible qu'est l'être humain peut être défini par la relation d'une forme déterminée à une matière d'un certain type. Dans le cas du composé intelligible – composé dans lequel la matière est représentée par le genre –, et pour garder le même exemple, les termes « Animal » et « Bipède » permettent de donner une certaine définition de « être humain », mais ils sont en eux-mêmes absolument simples et, partant, indéfinissables. La définition serait paradoxalement composée d'indéfinissables.

Les motivations d'Aristote sont à l'évidence polémiques. Antisthène, cependant, pouvait-il seul valoir comme cible sur un sujet aussi crucial que la possibilité même de définir? Il est plus probable qu'Antisthène serve ici de révélateur négatif : Aristote se réfère à celui-ci – ainsi qu'à d'autres penseurs non identifiés qui sans doute le rejoignaient dans l'opposition à Platon –, pour critiquer les définitions platoniciennes. Les platoniciens, rappelle ainsi Aristote, ne sont pas parvenus à donner de véritables définitions de l'essence. La

---

1. Antisthène (*circa* -445 / -365) est probablement le socratique le plus influent à Athènes dans les années qui suivent la mort de Socrate et son épistémologie est clairement anti-platonicienne – voir K. Döring, « The Students of Socrates », *in* D.R. Morrison (ed.), *The Cambridge Companion to Socrates*, Cambridge, Cambridge University Press, 2011, p. 24-47. Il est également mentionné en Δ 29, 1024b32-34, pour sa naïveté. Aristote lui attribue l'idée que rien ne peut être prédiqué d'un être sinon son « énoncé propre », son *oikeios logos*, un seul prédicat pouvant être attribué à un sujet donné. Sur notre passage, voir A. Brancacci, *Oikeios logos. La filosofia del linguaggio di Antistene*, Napoli, Bibliopolis, 1990, p. 231-240, qui corrige, p. 233, la lecture selon laquelle Antisthène s'interdirait toute définition.

2. Voir *infra* [6.3].

3. Voir déjà Platon, *Théétète*, 201e-202c.

dimension anti-platonicienne du début du chapitre invite en effet à situer [3.4] dans la même perspective : Antisthène signale, par son refus de définir l'essence, l'impossibilité de donner une définition pour les termes absolument simples que sont aussi les Idées, alors même que Platon prétend faire de l'Idée l'essence véritable, le *ti esti*, de ce qui est[1]. Corrélativement, une définition combinant des entités absolument simples, comme le sont les idéalités platoniciennes, n'a d'unité qu'agrégative ou additive, et nullement une unité substantielle.

L'ultime difficulté posée par cette section est de déterminer si les dernières lignes expriment la position d'Aristote. Rappelons ce passage : « quant aux constituants premiers dont elle-même est constituée, il n'est pas possible de les définir, s'il est vrai qu'énoncer la définition (ὁ λόγος ὁ ὁριστικὸς) signifie prédiquer un terme d'un autre (τὶ κατά τινος) et que l'un doit être pris comme matière et l'autre comme forme » (43b28-32). Trois hypothèses peuvent être envisagées.

En premier lieu, on peut estimer que la proposition « énoncer la définition signifie prédiquer un terme d'un autre » ne peut être admise sans restrictions. La définition au sens strict est une expression de l'essence elle-même, comme « animal-bipède », et non pas une prédication[2]. Elle n'est donc pas à proprement parler l'énoncé d'un τι κατά τινος. De ce point de vue, le passage 43b28-32 se placerait encore dans la perspective de l'argument d'Antisthène, selon lequel la définition, « vaste discours », serait incapable, non seulement de restituer l'essence, mais encore de se fonder autrement que sur des termes indéfinissables, parce que les constituants premiers sont des termes simples que la complexité du τι κατά τινος ne peut pas exprimer[3].

---

1. Voir en ce sens A. Brancacci, *Oikeios logos, op. cit.*, p. 235-236. Z 15, 1040a8-12 a déjà montré que les Idées, étant individuelles, sont indéfinissables.
2. Voir notamment Z 4, 1030a7-14 ; Z 11, 1037a33-b7. De fait, selon *An. Post.* II 3, 90b33-38, définir n'est pas prédiquer un terme d'un autre : dans la définition de l'être humain, l'animal n'est pas prédiqué du bipède, ni le bipède de l'animal. Ou bien, si l'on admet que les définitions proprement dites sont en un sens des cas de prédications, il faudra distinguer la prédication accidentelle de la prédication essentielle (*An. Post.* I 22, 83a17-23). Celle-ci énonce proprement le sujet au travers du prédicat, tandis que la prédication accidentelle, comme « homme-blanc », ne peut pas exprimer l'*ousia*; elle dit toujours autre chose que l'essence du défini.
3. Voir M. Zingano, « L'*ousia* dans le livre Z de la *Métaphysique* », art. cit., p. 99-130, p. 110, n. 21, à propos d'une définition qui prédiquerait « un terme d'un autre » :

On peut cependant voir dans cette formule une approximation acceptable, qui permettrait à Aristote de distinguer entre les énoncés définitionnels, nécessairement complexes, et les constituants premiers, en principe simples, comme « Animal » ou « Bipède ». Aristote, à vrai dire, reste très allusif sur la nature de ces « constituants premiers »[1]. Il n'est pas impossible qu'il songe aux notions « indivisibles » dont il traite en *DA* III 6, 430a26-b30 : les notions simples sont en effet antérieures à toute composition et ne peuvent donc être fausses, alors que l'énonciation (φάσις) est nécessairement vraie ou fausse, précisément parce qu'elle consiste à « prédiquer un terme d'un autre » (τι κατὰ τινος)[2].

Enfin, la conjonction avec la dernière proposition « et que l'un doit être pris comme matière et l'autre comme forme » peut signifier que le τι κατὰ τινος n'est pas ici une prédication logique au sens strict – attribution d'un attribut, quel qu'il soit, à un sujet –, mais une prédication « hylémorphique »[3], qui consiste à rapporter une forme à une matière. H6, nous le verrons, donnera consistance à cette hypothèse en invitant à concevoir le genre comme matière intelligible ou matière « pour la raison ». Dans ce cas, comme dans le précédent, la phrase traduirait la position d'Aristote. Précisons cependant : sinon sa position définitive sur la définition, tout au moins sa propre position *à ce point* de l'argumentation. En effet, quoique H2 ait justifié l'existence de définitions mentionnant la matière, légitimant ainsi la définition du composé en tant que tel, il n'en demeure pas moins que nous sommes confrontés à une aporie majeure, qui va bien au-delà de la tolérance affichée en H2. Faut-il comprendre que la forme elle-même est indéfinissable à cause de son absolue simplicité, alors qu'elle est en principe l'objet même de la définition ? La réponse ne saurait être donnée ici et l'on comprend qu'Aristote revienne sur le problème de la définition au début de H6 en s'interrogeant sur ce qui en garantit l'unité.

« Aristote rejette bien entendu cette approche, justement parce que sa doctrine de la définition n'est pas fondée sur la structure de l'attribution, qui suppose le registre de la différence, mais est placée sous le signe de l'identité. »
1. L'identification de ces constituants « premiers », sans doute indivisibles, est à vrai dire problématique. Les auteurs des *Notes*, p. 20, se refusent à la moindre hypothèse.
2. *DA* III 6, 430b26.
3. Voir J. Brunschwig, « La forme, prédicat de la matière ? », art. cit., p. 137 ; p. 155-156.

La conclusion que l'on peut en tout cas tirer de H3, à ce stade de l'argumentation, est que la définition n'est ni un simple nom ni une addition de termes : elle vise l'unité du défini tout en l'exprimant par une pluralité de termes – comme dans « animal-bipède ». Il faut donc trouver une solution qui permette d'exprimer la pluralité des déterminants de l'essence sans perdre l'unité de cette dernière. Ce sera la tâche de H6.

[3.5] *Substance et nombre.*

1043b32-1044a14 : « On voit par ailleurs clairement, si les substances sont d'une certaine manière des nombres, pourquoi elles le sont en ce sens, et non pas à la manière dont le disent certains, comme des agrégats d'unités. La définition, en effet, est une sorte de nombre, [35] car elle est divisible et se résout en indivisibles (en effet les énoncés <définitionnels> ne sont pas infinis), et il en va ainsi du nombre. Et encore : de même que si l'on retranche quelque chose du nombre ou qu'on lui ajoute quelque chose, le résultat ne constitue plus le même nombre mais un autre nombre, et cela même si [1044a] l'on retranche ou ajoute la plus petite partie possible, de même ni la définition ni l'être essentiel ne resteront les mêmes si on en retranche ou y ajoute quelque chose. Et encore : pour ce qui est du nombre il faut qu'il y ait quelque chose en vertu de quoi il est un, ce qu'en fait ces gens-là ne sont pas capables de dire, si le nombre est véritablement un (car ou bien il n'est pas vraiment un, mais n'est qu'une sorte de tas ; ou bien, [5] s'il est véritablement un, il faut dire ce qui produit l'unité à partir de la pluralité). La définition elle aussi est une, et semblablement, ils ne sont pas non plus capables de l'établir. Et c'est là une conséquence naturelle, car le même argument s'applique : la substance elle aussi est une, non pas au sens où, comme certains le disent, elle serait une sorte d'unité ou de point, mais en tant que chaque substance est une réalité effective, c'est-à-dire une nature. Et encore : de même que le [10] nombre ne varie pas en plus et en moins, de même la substance selon la forme, sinon en tant qu'elle est jointe à la matière. Concernant donc la génération et la destruction de ce qu'on appelle des substances, en quel sens elles peuvent se produire et en quel sens elles ne le peuvent pas, et concernant la manière de rapporter la substance au nombre, que l'on tienne ces points pour acquis. »

Le fait que la double question de l'unité substantielle et de la rectitude des définitions soit au cœur de la problématique de H3 justifie que la fin du chapitre porte sur le problème de l'unité de la définition elle-même. De fait, la deuxième aporie de [3.4] nous a confronté au problème de la régression de la définition jusqu'à l'indéfinissable, c'est-à-dire jusqu'à un énoncé lui-même « indivisible » en énoncés plus élémentaires. Aristote n'entend pas identifier purement et simplement la définition au nombre : « les substances *sont d'une certaine manière* (εἰσί πως) des nombres.» Il y a tout au plus analogie entre la substance et le nombre. L'analogie permet cependant de comprendre ce qui peut expliquer cette identification fautive et jusqu'à quel point il est licite d'associer nombre et substance ou nombre et définition.

La première question est de savoir à quel « nombre » Aristote se réfère ici : le nombre abstrait ou nombrant des arithméticiens, ou bien le nombre concret ou nombré, appliqué à une pluralité concrète[1] ? La seconde option semble la plus claire : on traite ici de quantités de parties et d'éléments formant un tout[2]. On peut bien dénombrer des parties de la substance et de la définition (par exemple : « Animal + Bipède »), comme on dénombre des individus contenus dans une somme (dix chevaux, dix hommes), mais l'unité de la substance est d'un autre ordre qu'une simple addition.

Bostock propose une variante de la deuxième possibilité[3]. Il note que la syllabe n'est pas seulement une certaine quantité de lettres, mais une pluralité de lettres organisées d'une façon déterminée. Dès lors, Aristote comprendrait ici la substance, ou sa définition, comme « un nombre organisé de certains éléments ». Comme il le fait cependant remarquer lui-même, Aristote ne dit pas que la substance *est* un nombre, mais plutôt qu'elle *ressemble* à un nombre. De fait, si l'on considère qu'il ne s'agit que d'une analogie, on peut admettre sans difficulté qu'Aristote utilise l'exemple des nombres nombrés, c'est-à-dire de quantités déterminées d'éléments : cela ne définit pas la définition, mais illustre assez bien pourquoi elle n'est pas réductible à une somme arithmétique ou à un agrégat physique. Comme on l'a vu plus haut, la substance comme forme n'est pas les composants, mais « quelque chose en dehors » des composants (43b11).

---

1. Sur cette distinction, voir notamment *Phys.* IV 11, 219b5-9.
2. Voir en ce sens *Notes*, p. 21-22.
3. Bostock, p. 267.

Aristote donne quatre arguments en faveur de l'analogie entre substance et nombre : (i) la définition est une sorte de nombre, parce qu'elle est divisible et que sa division aboutit à des indivisibles [1] ; (ii) la définition, comme le nombre, perdent leur nature si on leur additionne ou retranche une de leurs parties constitutives ; (iii) le nombre comme la définition constituent des unités et non pas de simples agrégats ; il faut qu'il y ait, pour chacun d'eux, un principe de leur unité ; (iv) ni le nombre ni la substance ne peuvent varier en degrés.

L'argument (iii) mérite une attention particulière. Tout d'abord, il ne constitue pas seulement un point de comparaison entre nombre et substance, mais aussi une critique de la conception du nombre, qui est celle de certains (43b2-3), à savoir les pythagoriciens et les platoniciens. Ceux-ci seraient en fait incapables de rendre compte de l'unité du nombre, alors même qu'ils font des nombres des réalités par soi. Aristote fait peut-être allusion à l'unité de base du nombre abstrait, à savoir le « un » qui n'est pas lui-même un nombre à proprement parler mais le principe des nombres. Dans ce cas, il faudrait comprendre que la dualité en soi, par exemple, n'a pas d'unité véritable. Aristote a d'ailleurs soulevé cette objection en *Metaph.* M 7, 1082a15-25. Il est cependant tout à fait possible qu'il songe toujours aux nombres concrets ou nombrés. Dans ce cas, la question serait de savoir ce qui fait qu'une somme donnée a une certaine unité. Pourquoi considérons-nous le paquet de cinquante-deux cartes, non pas comme la simple coexistence des cinquante-deux cartes prises une à une, mais précisément comme un « paquet », c'est-à-dire un ensemble ayant une certaine unité ? Comme le suggère Bostock [2], Aristote semble suggérer qu'il y a toujours, dans une somme déterminée, un certain arrangement qui fait qu'elle est plus qu'une simple addition, de même que la syllabe n'est pas réductible à la coexistence des lettres mais implique un principe d'unité qui en fait précisément une syllabe. Par extension, on voit ce qui fait la pertinence de ce passage pour le problème de l'unité de la substance : une substance n'est pas un simple agrégat de parties, car même un nombre concret, qui n'a assurément pas l'unité d'une substance, n'est pas réductible à un agrégat d'unités séparées.

---

1. Voir *supra*, H 3, 1043b30-32.
2. Bostock, p. 268-269.

Aristote ne produit sans doute pas ici d'argument nouveau en faveur de l'unité substantielle. Toutefois, par l'intermédiaire de l'analogie avec les nombres, il produit des effets d'écho qui sont autant de variations de problèmes ou de thèses précédemment formulés. Premièrement, nous l'avons vu, il rappelle que le problème de l'unité ne concerne pas seulement la question de l'unité physique et ontologique des substances sensibles, mais aussi celui de l'énoncé définitionnel. Deuxièmement, il fait écho à l'aporie cruciale de Z13[1]. Il rappelle en effet que, pour pouvoir parler d'unité plurielle ou complexe, « il faut dire ce qui produit l'unité à partir de la pluralité » (44a5 : λεκτέον τί τὸ ποιοῦν ἓν ἐκ πολλῶν). Il ajoute du reste, en accord là encore avec le même passage de Z13, que la substance est une en tant que « réalité effective » ou entéléchie (ἐντελέχεια), ce qui suppose que ses parties ou composants ne soient précisément pas *en entéléchie*. Selon Z13, en effet, « il est impossible qu'une substance soit composée de substances inhérentes effectivement réalisées »[2]. Troisièmement, en désignant la substance par le terme « nature », et en donnant un sens ontologique et hénologique fort à φύσις, notre passage fait lien avec [3.3] et la différence entre les êtres naturels et les objets artificiels[3].

Le point (iv), pour sa part, contient un certain nombre de zones d'ombres. Aristote veut-il dire qu'un nombre donné est nécessairement une quantité donnée, de sorte qu'il ne peut être « plus ou moins », sans devenir un autre nombre ? Il s'agirait dans ce cas d'une variante du point (ii). Ou bien veut-il dire qu'aucun nombre n'est « plus ou moins » nombre qu'un autre[4] ? On pourrait en effet dire, par analogie, qu'aucune substance n'est plus substance qu'une autre, tout au moins si l'on considère la substance comme forme, puisque la forme est inaltérable. La précision « sinon en tant qu'elle est jointe à la matière » (ἡ μετὰ τῆς ὕλης) semble corroborer cette lecture : on comprendra en effet que seul le composé sensible de matière et de forme est susceptible de variation selon le plus et le moins (un composé croit, dépérit, change de volume ou de poids)[5]. Cela dit, on

1. Voir Z 13, 1039a3-11 et *supra*, p. 45-47.
2. Z 13, 1039a3-4.
3. H 3, 1043b22.
4. Bostock, p. 270.
5. Étant entendu que le composé ne varie pas du point de vue de sa substance : il n'est jamais « plus ou moins » ce qu'il est (*Cat.* 5, 3b33-4a9). Thomas d'Aquin, dans son commentaire, *Sent. Met.*, lib. VIII, l. 3, n. 25, comprend pour sa part que le

doit noter[1] une autre singularité du passage : il semble que la définition n'est plus envisagée ici que comme définition de la forme, et non plus comme incluant la matière. Est-ce l'indice d'une tension entre H2 et H3, ou bien d'un changement de point de vue sur le problème de la définition ? La seconde option pourrait s'expliquer par un souci, implicite, de se placer à nouveau[2] dans la perspective qui était celle de Z10-12, à savoir : comment concevoir l'unité des parties de la forme dans l'énoncé de définition ? À cette question, H3 aura répondu en montrant qu'une telle unité est analogue à celle du nombre, mais que la substance n'est pas elle-même un nombre. C'est une réponse minimale. H6 aura beaucoup plus à nous apprendre sur l'unité substantielle.

Concernant la formule de conclusion du chapitre (44a11-14) et le problème de l'unité de H3, je renvoie aux observations faites ci-dessus[3].

---

composé est susceptible de « plus et de moins » parce que la matière participe « plus ou moins » de la forme.

1. Comme Bostock, p. 270.
2. Après H 1, 1042a18-22. Voir *supra* [1.2].
3. Voir p. 127-130.

COMMENTAIRE AU CHAPITRE 4

Résumé du chapitre

[4.1] *Matière et provenance. Lorsqu'on mentionne la matière, dans la définition ou dans l'explication, il faut distinguer entre la matière première (ou éloignée) et la matière la plus proche, dite « matière appropriée ». Quand, par ailleurs, on établit une relation de provenance à propos des êtres matériels, on doit distinguer entre la provenance par progression et la provenance par réduction ou analyse.*

[4.2] *Principes de la recherche causale concernant les composés. Il faut tenir compte du fait que la matière peut être la même pour différents produits, différente pour différents produits, ou différente pour un même produit si l'agent de la production en décide ainsi. Dans l'étude des causes, il faut mentionner toutes les causes possibles et donner priorité à la cause la plus proche.*

[4.3] *Limites des différents modes explicatifs. Deux cas imposent des dispositions particulières : celui des êtres naturels éternels (les astres), qui ne sont pas engendrés à partir d'une matière, et celui des événements naturels, qui n'ont pas en eux-mêmes de matière. L'explication matérielle doit s'étendre, dans ce dernier cas, à la recherche du sujet (ou patient) prochain.*

[4.1] *Matière et provenance.*

1044a15-25 : « [15] Concernant la substance matérielle, il ne doit pas échapper que, même si toutes choses viennent d'un même composant premier ou bien des mêmes composants premiers, et même si la même matière a fonction de principe pour les êtres en devenir, néanmoins il y en a une qui est appropriée à chacun. Par exemple : pour le phlegme, ce sont les composants sucrés ou gras ; pour la bile, les composants amers ou autres. Peut-être toutefois [20] ces composants viennent-ils du même composant. Par ailleurs, il y a plusieurs matières pour la même chose quand l'une est matière de l'autre. Par exemple : le phlegme vient du gras et du sucré, si le gras vient du sucré, et il vient de bile, par réduction de la bile à sa matière première. La relation « ceci vient de cela », en effet, s'entend en deux sens : ou bien au sens où il y a progression, ou bien au sens où il y a réduction au [25] principe. »

H4 revient sur la question de la matière. La section [4.1] est en particulier remarquable par l'usage de l'expression « concernant la substance matérielle » (Περὶ δὲ τῆς ὑλικῆς οὐσίας), qui fait écho à l'affirmation de H1 selon laquelle la matière est en un sens substance. H4 tient donc pour acquise l'existence d'une telle substance. On a parlé précédemment de la substance entendue « comme substrat et matière » et de la substance sensible comprise en trois sens : comme matière, comme forme et acte, puis comme composée de celles-là (H 2, 1043a27-28). Il s'agit maintenant de comprendre comment se traduit, pour une substance sensible donnée, le fait d'avoir une matière.

La thèse qui ouvre le chapitre est qu'il y a toujours une matière « appropriée » (οἰκεία) à chaque niveau d'organisation corporelle. Ce principe d'appropriation matérielle risque d'être oublié si l'on se contente de rapporter sans discernement l'ensemble des niveaux d'organisation à une matière que l'on dira « première » (44a23), au sens où elle est la matière commune à ces différents niveaux. Cette dernière en est en ce sens « principe » (44a17), car c'est d'elle, comme d'un composant premier ou d'un ensemble de composants premiers » (44a16 : ἐκ τοῦ αὐτοῦ πάντα πρώτου ἢ τῶν αὐτῶν ὡς πρώτων) que proviennent tous les niveaux supérieurs d'organisation. Ainsi le phlegme – le liquide épais qui constitue l'une des quatre humeurs du corps dans la classification classique et originellement hippocratique des humeurs – vient du gras, qui vient lui-même du sucré [1], qui lui-même a une certaine composition élémentaire qui n'est pas mentionnée ici. On peut dire en tout cas que le sucré est « matière première » – ou « matière originaire » pour citer la glose heureuse de Tricot – à la fois pour le gras et pour le phlegme [2].

---

1. Voir *DA* II 10, 422b11-12. *PN, De sensu,* 4, 442a17-23 précise que le gras a pour saveur le sucré.
2. La suppression par Ross, Jaeger et Christ de ἐστι πρώτη ὕλη à la ligne 18, absent du reste du Laurentianus 87, me semble donc justifiée : on peut difficilement dire, au vu de cette gradation des matières respectives, que le gras est « matière première » pour le phlegme, puisque le gras vient lui-même du doux. Tricot (qui conserve ἐστι πρώτη

Il y a donc plusieurs niveaux de « matière » et de ce fait une homonymie qui risque de faire perdre de vue quel est le niveau de matière le plus élaboré et, par conséquent, le plus approprié au composé achevé. Cette homonymie est de type sériel et fonctionnel : chaque niveau est « matière », ou a fonction de matière, pour le niveau d'organisation ou de matérialité immédiatement supérieur. On trouve une bonne illustration de ce principe au début du traité de la *Génération des animaux* :

> La matière, pour les animaux, ce sont les parties, pour l'animal considéré dans son ensemble, les parties anhoméomères, pour les anhoméomères les homéomères, et pour ces dernières ce que l'on appelle les éléments des corps [1].

En clair, les parties constituent la matière du corps considéré dans sa totalité, mais parmi les parties, les « anhoméomères » – parties dont la morphologie se distingue du système tissulaire et de la structure interne – ont pour matière les parties dites « homéomères » comme la chair ou le sang, et ces dernières ont pour matière les éléments (air, terre, eau, élément chaud). Ajoutons que le corps lui-même doit être considéré comme matière du composé qu'il forme avec l'âme, si l'on se réfère à l'hylémorphisme exposé en *De anima*, II 1.

Ainsi, la matière n'est pas un niveau fixe d'organisation, mais un concept fonctionnel et opératoire servant à désigner, en chaque cas et à chaque niveau d'organisation, quel est le niveau inférieur ou quels sont les niveaux inférieurs qui jouent le rôle de composant interne. C'est ce que montrent ici la distinction entre la matière « appropriée » et la matière « première », ainsi que l'idée – suggérée en H4 mais explicite dans le texte cité de la *Génération des animaux* – selon laquelle il y a plusieurs strates de matérialité pour un seul et même composé complexe comme un corps vivant.

Cela ne signifie évidemment pas que tous les niveaux de matérialité soient équivalents, en termes de déterminations objectives comme en termes épistémologiques. Le *De anima* l'indique clairement, en insistant sur le caractère nécessairement plus déterminant de la matière la plus élaborée dans un composé donné. Ainsi, pour tous les composés, « ce n'est pas n'importe quelle disposition

---

ὕλη) considère que l'expression « πρώτη ὕλη » équivaut ici à « οἰκεία ὕλη ». Ce n'est manifestement pas le cas, si l'on en juge par le sens de l'expression en 44a23.
1. *GA* I 1, 715a9-11. Voir également *PA* II 1, 646a12-24 ; II 2, 647b21-25.

élémentaire qui constitue chacun d'eux, mais une proportion et une composition particulières »[1]. Ce principe se traduit par exemple par le rejet de la réincarnation pythagoricienne, qui voudrait que les âmes changent de corps, alors que les rapports entre la forme « âme » et la matière « corps » sont constitutifs de leur « communauté » (κοινωνία) mutuelle, c'est-à-dire de l'unité substantielle qu'ils composent. Le rapport entre l'âme et le corps n'est donc pas accidentel ni soumis au hasard. Il en irait, ajoute Aristote, comme si l'art du charpentier descendait dans les flûtes[2]. La flûte, faut-il comprendre, est un instrument approprié à la musique et non pas à la technique du charpentier qui, en l'occurrence, est l'analogue de la forme.

Deux remarques terminologiques s'imposent à ce propos. En premier lieu, la matière « appropriée » (οἰκεία) de H4 annonce probablement la matière « dernière-prochaine » (ἐσχάτη) de H 6, 1045b18. Celle-ci coïncide in re avec la forme, qui en est l'acte ou la réalisation, et représente en ce sens le plus haut niveau d'organisation matérielle possible, avant la réalisation effective d'une totalité substantielle. La matière « appropriée » est « une certaine <matière> propre à chaque chose » (τις οἰκεία ἑκάστου). Par ailleurs, elle coïncide avec la matière « propre » (ἴδιον) opposée à la matière élémentaire dans la suite du chapitre, en 44b3. Comme on le verra en [4.2], la notion de matière propre ou appropriée a d'importantes conséquences, non seulement en ce qui concerne l'ontologie de la matière, mais également sur le plan épistémologique : s'il faut toujours rechercher la cause la plus proche (44a33), il faut alors privilégier, à propos de la recherche de la cause matérielle, la matière appropriée, et ne pas se contenter d'une réponse vague, comme celle des physiciens présocratiques lorsqu'ils se limitent à nommer l'élément (air, terre, feu) dont une chose est composée[3].

En second lieu, la « matière première » dont il est ici question n'est sans doute pas elle-même un niveau inférieur absolu, une sorte de socle matériel universel dont dépendraient tous les autres niveaux de détermination matérielle. De fait, il peut y avoir différentes « matières premières » dans un même composé[4] ou selon le type de composé concerné. Il ne s'agit donc pas nécessairement,

---

1. DA I 5, 410a1-2.
2. DA I 3, 407b12-27.
3. Voir en ce sens Notes, p. 32.
4. Voir Bostock, p. 272.

comme le voudrait Michel d'Éphèse[1], d'une « matière prime », censément sous-jacente aux éléments, dont l'existence aux yeux d'Aristote lui-même est d'ailleurs discutée[2].

Notre texte ne permet pas à lui seul de trancher le débat sur la matière première entendue au sens absolu. En revanche, il donne une piste pour atténuer le conflit qui semblait initialement s'instaurer entre H1 et Z3 : entre, d'une part, l'idée que la matière est substance en un sens et, d'autre part, la thèse négative de Z3 selon laquelle il est « impossible » que la matière soit substance. Notre passage de H4 indique en effet que la matière n'est pas uniforme et que la question de la substantialité de la matière ne peut être tranchée dans les termes – encore provisoires, sans doute, ou dialectiques – de Z3. Il est cependant probable que la matière appropriée soit en un sens plus « substantielle » qu'une matière éloignée (que cette dernière soit la matière absolument première ou bien qu'elle soit la matière élémentaire), parce qu'elle est plus déterminante et plus explicative des propriétés du composé. Décrire la morphologie du corps et les fonctions de ses parties nous en apprend beaucoup plus sur l'être humain que la simple évocation de sa composition élémentaire. Comme on va le voir dans la suite du chapitre, si ce qui compte est d'identifier le sujet le plus proche, c'est-à-dire le « patient premier » (44b16) pour produire l'explication la plus pertinente ; si, par ailleurs, la matière est substance au sens où elle est sujet ; alors on peut supposer qu'elle gagnera d'autant plus aisément son titre de substance qu'elle sera le sujet le plus proche et le plus élaboré.

Toutefois, comme on l'a dit, la provenance matérielle se comprend en deux sens : non seulement dans l'ordre de la progression, mais aussi dans celui de la réduction. De fait, pour expliquer l'idée d'une « réduction » (ἀναλύεσθαι) de la bile à sa matière première en 44a23-24, Aristote apporte en 44a24-25 une précision importante, dont les enjeux sont, là-encore, d'ordre épistémologique. Il faut, dit-il, distinguer entre deux manières (διχῶς) de rendre compte de la « provenance », littéralement du « ceci <vient> de cela » (τόδ' ἐκ τοῦδε) : par « progression » (πρὸ ὁδοῦ) ou par « réduction au principe » (ἀναλυθέντος εἰς τὴν ἀρχήν). Comment expliquer cette distinction ? « Ceci » peut venir de « cela » au sens où il en est

1. Ps.-Alex., *In Metaph.* 556.6-7.

2. Voir en ce sens, à propos de *GC*, M. Rashed, *Aristote. De la génération et la corruption*, Paris, Les Belles Lettres, 2005, p. xcii-xcvii.

composé, comme le phlegme vient du gras. Il peut venir d'une autre matière encore par transitivité, comme le phlegme vient du doux, *via* le gras, qui vient du doux. Dans ce cas, il y a relation de composition, relation elle-même décomposable puisqu'il peut y avoir différents niveaux de composition, comme on l'a vu. Toutefois, la relation de provenance ne se réduit pas à la relation de composition, puisque je peux dire que le phlegme « vient de la bile », alors que ce n'est pas la bile qui est matière du phlegme, mais l'inverse. En d'autres termes, à la différence de la relation de composition matérielle, qui est univoque, la relation de provenance est bijective. Je peux dire en effet que le phlegme vient de la bile « par résolution ». Bien que le phlegme soit tiré du gras et du sucré par progression vers le plus élaboré, et bien qu'il soit matière propre de la bile, il est inversement tiré de la bile par réduction ou par décomposition de la bile en ses constituants de base. Dans ce cas, on va du plus élaboré vers le moins élaboré.

Il est douteux qu'Aristote évoque ici une réduction chimique d'un composé en ces composants, comme s'il s'amusait à résoudre la bile en phlegme ou l'air en eau [1]. Il semble plus probable qu'il s'agisse d'une opération essentiellement « analytique », d'une expérience de pensée destinée à partir du tout vers ses composants pour en comprendre le devenir, au lieu de suivre les étapes progressives de ce même devenir vers le plus élaboré. Sans doute est-ce ce type d'opération qu'évoque le début de *Physique* I, où il est dit que l'on peut aller, soit des composants vers la totalité qu'ils constituent, soit de la totalité en question vers ses composants. En l'occurrence, précise Aristote, il convient de partir de ce qui est moins clair en soi, parce que complexe, mais plus clair pour nous parce que perceptible, c'est-à-dire des ensembles complexes (τὰ συγκεχυμένα) ou des entités complexes (τὰ καθόλου), pour être ensuite en mesure d'en distinguer les éléments et les principes (τὰ στοιχεῖα καὶ αἱ ἀρχαί) [2]. En H4, l'allusion à cette opération répond à des objectifs moins généraux. Elle montre avant tout que la relation de provenance n'est pas unidirectionnelle, parce qu'elle permet d'expliquer des rapports (de la bile au phlegme, en l'occurrence) qui ne sont pas unidirectionnels.

L'interprétation de tout ce passage pose le problème délicat de l'interprétation de l'usage aristotélicien de la préposition ἐκ avec le génitif, dans l'expression « venir de ». La construction est

---

1. Voir en effet *Notes*, p. 32.
2. *Phys.* I 1, 184a18-26.

généralement expressive de la cause matérielle[1] et par conséquent de la progression du composant au composé. Toutefois elle s'applique ici, aussi bien à la progression (du composant vers le composé) qu'à la réduction (du composé vers le composant). Peut-on dire pour autant que le composé est « matière » du composant[2] ? Cela paraît difficile dans un contexte où il s'agit, non pas de la matière considérée abstraitement (comme point de départ d'un processus ou d'une opération quelconque), mais de la matière comprise comme principe de *composition* corporelle. On dira simplement que le composant « vient après » le composé dans l'ordre de succession défini par le processus d'analyse ou de réduction. La polysémie de la construction est d'ailleurs clairement relevée par Aristote dans d'autres textes, comme *GA* I 18, 724a20-35 : ce n'est pas la même chose que de dire que la nuit vient du jour ou que le lit est fait de bois. Voir encore Δ 24, 1023a26-b11.

[4.2] *Principes de la recherche causale concernant les composés.*

1044a25-b5 : « Il est par ailleurs possible que d'une seule et même matière des êtres différents soient engendrés, du fait de la cause motrice. Par exemple : à partir du bois, un coffre ou un lit. Mais dans certains cas, la matière est nécessairement différente pour des choses différentes. Par exemple : une scie ne saurait être faite de bois, et ce n'est même pas du ressort de la cause motrice, car on ne fera pas une scie avec de la laine ou du bois. Si donc [30] il est possible de faire la même chose à partir d'une matière différente, il est clair que l'art, c'est-à-dire le principe entendu comme principe moteur, doit être le même, car si à la fois la matière et le moteur sont différents, le produit le sera aussi.

Quand, précisément, on recherche la cause, puisque les causes se disent en plusieurs sens, il faut mentionner toutes les causes susceptibles d'intervenir. Si l'on demande par exemple quelle est la cause [35] matérielle de l'homme : est-ce que ce sont les menstrues ? Et sa cause motrice : est-ce le sperme ? Et sa cause formelle ? Ce sera son être essentiel. Et sa cause finale ? [1044b] Ce sera son but. Sans doute, du reste, les deux dernières n'en font-elles qu'une. Il faut par ailleurs désigner les causes les plus proches. Qu'est-ce que la matière ? Non pas le feu ou la terre, mais la matière propre. Concernant donc

---

1. Voir notamment *Phys.* II 3, 194b24.
2. Comme l'entendent les auteurs des *Notes*, p. 32.

les substances naturelles et sujettes à génération, c'est ainsi que doit procéder celui qui veut procéder correctement, s'il est entendu que [5] telles sont les causes et leur nombre, et qu'il faut connaître les causes. »

Ce passage semble destiné à renforcer l'idée que la matière ne peut être invoquée comme cause suffisante du devenir, d'une part parce qu'elle n'est pas motrice et d'autre part parce qu'elle est partiellement indifférente au produit ultimement réalisé.

Le devenir ne s'explique pas uniquement par la présence de la matière, y compris la matière appropriée. On peut il est vrai distinguer entre, d'une part, la matière générative ou préexistante et, d'autre part, la matière constitutive[1]. La première est celle qui est présente dès le début de la génération, comme la matière menstruelle dans la reproduction animale. La seconde est la matière inhérente à un composé déjà constitué, comme les parties, la chair ou les éléments dont est fait l'animal existant en acte. Aucune des deux, cependant, ne peut, en tant que matière, expliquer le mouvement propre au devenir. Il faut encore un principe moteur pour que ce devenir s'accomplisse. Le vivant possède par définition un moteur interne : l'âme, qui est aussi sa forme. Pour les êtres inanimés, la forme n'est pas en tant que telle motrice, alors que la forme « âme » des êtres animés est aussi leur principe interne de mouvement. Dans le cas de la génération, il faut en outre poser une cause motrice qui élabore la matière disponible. Chez l'être vivant, il s'agit de la semence mâle. Pour un objet fabriqué (44a25-27), la matière est élaborée par l'intervention de l'artisan. En outre, celui-ci peut, à partir d'un seul et même matériau (par exemple le bois), produire des objets différents (un coffre ou un lit).

L'indifférence de la matière n'est cependant que partielle, en conformité avec le principe selon lequel « la matière est un relatif, car à telle forme telle matière »[2]. Dans certains cas, en effet, il est nécessaire que la matière soit différente, c'est-à-dire adaptée, selon les produits dont on vise la réalisation (44a27-32). On ne fabriquera pas la lame de la scie avec du bois ou avec de la laine, pas même si l'artisan, en l'occurrence la cause motrice, en décidait ainsi. Cela tient à la nécessité contraignante des propriétés matérielles. Toutefois,

---

1. Voir en ce sens M.L. Gill, « *Metaphysics* H 1-5 on Perceptible Substances », art. cit., p. 223.

2. *Phys.* II 2, 194b9.

indirectement, on voit ici se profiler l'ombre de la causalité finale, furtivement évoquée en H 2, 1043a9. La matière ne porte pas en elle-même la fin, et ceci est particulièrement clair dans le cas des objets fabriqués : le bois n'a pour fin ni le coffre ni le lit. Cependant, dans le cas où les matières sont différentes selon les résultats, les déterminations de la matière sont dites « nécessaires » (ἐξ ἀνάγκης, 44a27), ce qui laisse penser qu'Aristote a ici en vue une nécessité de type hypothétique ou conditionnelle, c'est-à-dire une nécessité *requise pour* l'accomplissement d'une fin donnée. L'exemple de la hache confirme cet indice, car il est précisément utilisé pour illustrer ce cas de figure, par exemple en *PA* I 1, 642a10.

Si, par ailleurs, sont différents (44a31-32), non seulement le matériau mais aussi l'artisan – ou plutôt son projet directeur, si l'on considère que c'est la *forme* du coffre, de la scie ou du vêtement qui détermine le devenir tel[1] –, alors le produit fabriqué sera nécessairement différent.

Ce passage a donc mobilisé, explicitement ou implicitement, les différents types de causes. Il fait en ce sens transition vers la dernière partie de [4.2], qui porte précisément sur l'ensemble des causes.

La bonne méthode de recherche des causes (44a32-b5) repose sur deux règles fondamentales : une règle d'exhaustivité et une règle de priorité. La règle d'exhaustivité consiste à rechercher toutes les causes susceptibles d'être concernées, sous les quatre rubriques traditionnelles (causes matérielle, formelle, finale, efficiente ou motrice). La règle de priorité impose de privilégier la cause la plus proche dans l'explication d'un phénomène ou d'une propriété donnée.

Comme exemple d'application de la première règle, Aristote prend le cas de la génération de l'être humain[2], dont on peut rendre compte en disant qu'il a pour matière, au début du processus de génération, le sang menstruel[3] ; pour moteur le sperme, comme agent

---

1. Voir en ce sens Z 7, 1032a32-b1 ; b13-14 et *Notes*, p. 33 ; Bostock, p. 273.
2. Question déjà évoquée dans la section de Z traitant du devenir, notamment en Z 9, 1034a33-b4. Les menstrues ne sont pas matière de l'homme adulte, mais matière pour le processus de génération. Bostock, p. 274, fait justement remarquer que nous avons là, implicitement, une nouvelle illustration de la nécessité de la matière appropriée : toute matière menstruelle n'est pas adaptée à la conception, car celle-ci requiert généralement une matière appropriée à la forme spécifique (celle de l'homme par exemple) que contient en puissance la semence mâle.
3. *GA* I 19, 727b31-33 ; I 20, 729a28-31.

de la coction nécessaire à la conception [1]; pour forme son être essentiel, c'est-à-dire ce qui le définit en propre; pour fin le programme de développement inscrit dans cette définition. Nous sommes là dans un cas de coïncidence de la forme et de la fin [2].

La seconde règle – « il faut par ailleurs désigner les causes les plus proches » – est formulée en 44b1-2, en des termes presque identiques à ceux des *Analytiques* [3]. Aristote ne mentionne ici que la matière : dans la continuité des observations précédentes sur la matière appropriée, celle-ci est présentée comme étant plus explicative que la matière éloignée (feu ou terre). Comme le dit bien Michel d'Éphèse, « les quatre éléments ne sont pas éléments de l'homme en tant que tel, mais en tant que corps composé » [4].

Sur le plan de la construction générale de l'argumentation des livres Z-H, ce passage est très important. D'une part, en affirmant qu'il « faut connaître les causes » (44b5), il suit la voie étiologique indiquée en Z17, et renforce ainsi le lien avec ce chapitre, dont nous avons déjà vu à quel point il était présent à l'arrière-plan de H. D'autre part, tandis que Z17 insistait sur la prééminence de la forme parmi les causes (1041b7-9), H4 invite à une méthodologie élargie, dont il est dit un peu plus bas (44b3) qu'elle intéresse avant tout l'enquête sur les substances naturelles et en devenir, c'est-à-dire la physique. Pour cette raison, le lien semble bien plus fort encore avec H1 et H2. Avec H1, parce qu'il fait écho au projet de recherche causale qui s'y trouve expressément mentionné (42a5) et parce que H1 avait déjà mis l'accent sur les substances sensibles; avec H2, parce que ce chapitre avait non seulement mentionné la recherche causale (43a3), mais aussi ouvert un espace nouveau aux définitions incluant la matière [5]. Il admettait ainsi tous les types de facteurs susceptibles d'être mentionnés dans une explication causale : non seulement la forme et la fin, mais aussi la matière et, implicitement, la cause motrice par l'intervention de laquelle la matière devient telle ou telle. Il est désormais clair, en H4, que l'enquête sur la substance sensible et

---

1. *GA* I 20, 729a28-31 : « le mâle est comme le moteur et l'agent » (τὸ ἄρρεν ἐστὶν ὡς κινοῦν καὶ ποιοῦν); 729b13-14 : « c'est de lui que part le mouvement » (ὅθεν ἡ ἀρχὴ τῆς κινήσεως).

2. Voir en ce sens *GC* II 9, 335b6.

3. *An. Post.* II 18, 99b10-11.

4. Ps.-Alex., *In Metaph.* 557.27-28.

5. Voir *supra*, p. 117-125.

sur l'unité du composé hylémorphique ne concerne pas seulement le problème de la définition, mais aussi celui de l'explication causale.

[4.3] *Limites des différents modèles explicatifs.*

1044b6-20 : « S'agissant toutefois des substances naturelles mais éternelles, on tiendra un autre discours. Certaines, en effet, n'ont probablement pas de matière, ou bien n'ont-elles pas une matière du même type, mais uniquement la matière qui est impliquée dans le changement de lieu. En tout cas, ce qui est naturel mais qui n'est pas substance n'a pas de matière, et dans ce cas le sujet, c'est la substance. C'est comme si l'on demande [10] quelle est la cause de l'éclipse ; quelle en serait la matière ? Elle n'en a pas, en effet. Mais c'est la Lune qui subit l'événement. Quelle est par ailleurs la cause motrice et destructrice de la lumière ? La Terre. Mais il n'y a sans doute pas de cause finale. Quant à la cause formelle, c'est sa définition, mais elle n'apparaît pas tant que la définition n'est pas donnée avec la cause, comme quand on dit : « qu'est-ce que l'éclipse ? une privation de lumière ». Mais si l'on ajoute « due à l'interposition de la Terre », [15] voilà la définition accompagnée de la cause. Ou encore : à propos du sommeil, on ne voit pas clairement ce qui le subit en priorité. Dira-t-on que c'est l'animal ? Certes ! mais l'animal selon quel aspect, et quelle partie de l'animal en priorité ? Le cœur ou quelque chose d'autre. Ensuite : sous l'effet de quoi ? Ensuite : de quelle affection, celle de cette partie et non celle du tout, s'agit-il ? Dira-t-on que c'est une immobilisation de tel type ? Certes ! Mais en vertu de quelle affection subie par [20] son sujet premier se produit-elle ? »

Il n'est cependant nullement requis de mobiliser l'ensemble des causes en chaque circonstance. Il importe au contraire de savoir quand s'abstenir de rechercher telle ou telle cause. C'est vrai en particulier de la cause matérielle, que les physiciens antérieurs invoquaient en toutes occurrences et dont certains faisaient la cause unique de toutes choses. La réserve s'applique toutefois également à la cause finale. Le passage qui commence en 44b6 traite des limites respectives des différents types d'explication causale, et non pas seulement des limites de l'explication matérielle.

Deux cas sont ici envisagés : a) celui des substances naturelles éternelles et b) celui d'un type particulier d'accidents, les événements naturels.

(a) Le premier cas (44b6-8) concerne les sphères célestes, dont la matière, l'éther, ne subit pas de modification et demeure éternellement identique à elle-même. Le seul devenir que subissent les sphères est donc le changement de lieu. Ainsi, leur matière, entendue comme sujet du devenir, ne peut être que la « matière impliquée dans le changement de lieu » (ὕλην...κατὰ τόπον κινητήν), déjà mentionnée en H 1, 1042b5-6 sous l'expression « matière topique » (ὕλην... τοπικήν). Il n'y a donc pas à rechercher ici une explication du devenir qui mentionnerait une matière « préexistante-générative » – une matière *à partir de laquelle* les astres seraient engendrés –, comme dans le cas des menstrues, précédemment évoqué à propos de la génération de l'être humain. On comprend ainsi l'alternative quelque peu obscure de 44b7-8 : en un sens, les êtres naturels éternels « n'ont pas de matière », parce qu'ils n'ont pas cette matière qui entre en jeu dans la génération et la corruption. Les astres ont cependant une matière « constitutive », comme tous les composés : la matière *de laquelle* ils sont actuellement constitués [1]. Dans leur cas, cette matière immuable est une matière que l'on pourrait dire « constitutive-topique », c'est-à-dire une matière qui les constitue actuellement et qui se prête, à la fois, à une existence éternelle, du fait de son caractère immuable, et au mouvement (également éternel), parce qu'elle est apte au changement de lieu [2].

(b) Concernant les événements naturels (44b8-20), on doit partir du problème suivant, qui constitue la prémisse interrogative implicite de tout le passage : si tout devenir suppose une matière comme sujet, quelle est la matière des événements ? Ou bien n'y en a-t-il pas ? Il est clair que l'éclipse – ici l'éclipse de lune – n'a pas de matière qui lui serait propre et dont elle serait la forme. L'éclipse n'est pas une substance, ni même une partie d'une substance : non seulement elle n'existe pas par soi, comme la substance, mais elle n'est pas même composée de matière et de forme, comme elle le serait si elle était une partie d'une substance sensible. De fait, elle n'a de matière que par

---

1. Voir la distinction, proposée par Bostock, p. 274, entre une matière « *from* which » et une matière « *of* which », pour caractériser ces deux cas distincts. Comme je l'ai signalé, M.L. Gill, « *Metaphysics* H 1-5 on Perceptible Substances », art. cit., p. 223, distingue entre une matière préexistante et une matière constitutive. Comme le dit très clairement S.G. Seminara, *Matter and Explanation, op. cit.*, p. 152, les substances éternelles n'ont pas de matière pour la génération, mais elles peuvent avoir une matière pour le changement de lieu (« eternal substances do not have a matter for generation. However, they can have a matter for change of place »).

2. Même si l'on peut se demander si la matière astrale n'est pas par elle-même cause du changement de lieu, il est communément admis que les révolutions des sphères sont produites par leurs intelligences.

délégation, en quelque sorte, à savoir la matière de la Lune. Précisément, cette matière est celle de la Lune et non de l'éclipse elle-même. L'éclipse doit néanmoins avoir un sujet, substrat de son devenir propre, car toute explication causale – Aristote l'a rappelé en Z 17, 1041a10-28, en mentionnant du reste l'exemple de l'éclipse –, suppose que « l'on recherche pourquoi tel *x* appartient à tel *y* » (τì…κατά τινος ζητεῖ διὰ τί ὑπάρχει : 41a23), ou encore : pourquoi tel attribut appartient à tel sujet [1]. On dira dans ce cas, en H4, que le sujet est la Lune, car c'est elle qui proprement « subit »; elle est le « patient » (τὸ πάσχον) de l'événement.

On poursuit alors l'enquête causale (44b11) selon la règle d'exhaustivité formulée plus haut. On recherchera la cause motrice qui, dans ce cas, sera la Terre, en tant qu'elle provoque le passage de la Lune dans la zone d'ombre en s'interposant entre le Soleil et la Lune. La cause finale, en revanche, n'a pas à être mentionnée, car on ne voit pas quelle fin pourrait justifier l'éclipse. On posera cependant une cause formelle, à savoir la définition même de l'éclipse, ce qui en fait l'essence. On fera en sorte de ne pas se contenter d'une simple expression du fait (« privation de lumière »), car une véritable définition – c'est-à-dire une définition susceptible à la fois de faire réellement connaître le défini et de constituer la prémisse d'un raisonnement déductif – doit exprimer la cause, conformément à la méthode fixée dans les *Seconds analytiques* [2]. On définira donc l'éclipse comme « une privation de lumière due à l'interposition de la Terre ».

Un autre cas de figure est envisagé en 44b15-20 : celui où le sujet n'apparaît pas clairement. Ainsi, pour expliquer l'événement naturel qu'est le sommeil, événement qui comme l'éclipse n'est pas une substance et n'a pas de matière propre, on peut à bon droit s'interroger sur l'identité du sujet ou du patient (τὸ πάσχον). En un sens, c'est l'animal en totalité, car l'endormissement véritable n'est pas un état local de l'organisme, mais un repos de l'individu en son entier. Pourtant, comme le traité sur le sommeil des *Parva naturalia* l'indique clairement, le sommeil est une affection de la partie centrale de l'organisme – comme la veille, dont il est l'indissociable contraire –, à savoir le cœur ou sa région [3]. Le sommeil est produit par un reflux de

---

1. Voir également *An. Post.* II 11, 94a20-36 : la cause prouve, comme moyen terme, que tel terme appartient à tel autre.
2. Voir par exemple *An. Post.* II 2, 90a15, où l'exemple produit à l'appui de la thèse de la coïncidence de la définition et de l'explication est précisément celui de l'éclipse.
3. *PN, De Somno,* 2, 456a22.

matières chaudes vers le centre de l'organisme, avec refroidissement des parties périphériques. Il s'accompagne d'une incapacité provisoire et globale de la sensation, dont le siège est précisément la région cardiaque.

Notons que ce n'est pas la première fois, dans les livres centraux, que les questions traitées dans les *Parva naturalia* sont évoquées. En Z 10, 1035b16-27[1], Aristote a rappelé la thèse, centrale dans les *Parva naturalia*, de la priorité de la sensation parmi les activités de l'animal et il a également fait allusion, sur un mode hypothétique, au problème de la localisation de la partie dominante de l'organisme, semblant hésiter entre le cœur et le cerveau, comme c'est encore le cas ici. Son cardio-centrisme est clairement professé ailleurs, et l'apparente hésitation paraît vouloir suggérer ceci : peu importe en l'occurrence que l'on situe le principe interne de l'animal dans le cœur ou dans le cerveau[2] ; l'essentiel est de poser la question du véritable sujet d'attribution du phénomène étudié pour pouvoir en donner la cause. Si le sommeil est bien une « immobilisation » (ἀκινησία)[3], cette immobilisation ne devient explicative et réellement définitionnelle qu'à partir du moment où elle est rapportée à sa cause, en l'occurrence à un état particulier d'un patient déterminé. Dans le cas de l'éclipse, la définition « privation de lumière » doit être rapportée à l'interposition de la Terre, qui est la cause du fait que la Lune est privée de lumière. Pour expliquer le sommeil, il faut identifier « ce qui subit <le sommeil> en priorité » (τὸ πρῶτον πάσχον : 44b16), ou encore le « premier patient », le « sujet prochain affecté » (Tricot). Le critère pour trancher en faveur de la partie affectée, plutôt qu'en faveur de l'animal en son entier, est donc celui de la deuxième règle, la règle de priorité, qui veut que l'on recherche toujours la cause la plus proche. En l'absence d'une matière appropriée et prochaine, on

---

1. Voir P.-M. Morel, « Parties du corps et fonctions de l'âme en *Métaphysique* Z », art. cit.

2. Le cerveau a par ailleurs un rôle important dans l'explication du sommeil chez Aristote : étant la partie la plus froide du corps, il compense la chaleur de la partie centrale en faisant redescendre les exhalaisons chaudes vers le cœur. Il produit ainsi le refroidissement qui favorise le sommeil (*PN, De somno*, 3, 457b27-458a16). Sur le cardio-centrisme et sur les applications de la méthode d'explication causale à la physiologie, je renvoie à P.-M. Morel, *De la matière à l'action. Aristote et le problème du vivant*, Paris, Vrin, 2007, p. 35-51.

3. Ou, dans le *De somno*, non seulement une « immobilisation » (ἀκινησία), mais aussi une « incapacité » (ἀδυναμία) et un « lien » (δεσμός) de la sensation. Voir notamment *PN, De Somno*, 1, 454a24-b14 ; 25-26 ; 3, 456b9-10.

recherchera le sujet prochain ainsi que le type d'affection qui, en celui-ci, explique le phénomène, en l'occurrence le sommeil. Ces restrictions progressives aux ambitions initiales de l'enquête causale renforcent en réalité la portée méthodologique du chapitre, qui s'apparente désormais à un ensemble cohérent de prescriptions épistémologiques en vue d'aborder la question du devenir.

Le chapitre H4, loin d'être un simple corollaire sur la cause matérielle, est donc au croisement de plusieurs lignes de force du livre H : il constitue une étape essentielle de l'investigation sur la matière, enquête ouverte dans la seconde partie de H1 ; il contribue au perfectionnement de l'épistémologie du devenir esquissée à partir de H2 ; il confirme, enfin, que le propos de H, en tant qu'il met l'accent sur la substance sensible et les conditions de son unité, se situe à l'orée de la philosophie naturelle.

COMMENTAIRE AU CHAPITRE 5

Résumé du chapitre

[5.1] *Remarques sur la matière et les contraires. Tout devenir implique les contraires, mais tous les contraires ne viennent pas à proprement parler les uns des autres. Seuls les êtres soumis au devenir ont une matière.*

[5.2] *La matière, puissance des contraires. Dans le cas des êtres soumis au devenir, leur matière n'est pas toujours dans le même rapport avec les contraires. Tout corps dont provient un autre corps n'est pas nécessairement « matière » de ce dernier.*

[5.1] *Remarques sur la matière et les contraires.*

1044b20-29 : « Puisqu'il y a, par ailleurs, des choses dont l'existence et la non existence n'impliquent ni génération ni destruction, comme les points, s'ils existent, et les formes prises en général – ce n'est pas en effet le blanc qui devient, mais le bois qui devient blanc (si tout ce qui devient vient de quelque chose et devient quelque chose) –, tous [25] les contraires ne viendront pas les uns des autres, mais c'est d'une autre manière que proviendront respectivement, d'un côté l'homme blanc de l'homme noir, et de l'autre le blanc du noir. Il n'y a pas non plus matière en toute chose : il y a matière de ce dont il y a génération et changement de l'un dans l'autre, mais ce dont l'existence ou la non existence n'impliquent pas le changement, cela n'a pas de matière. »

Le chapitre 4 avait confirmé l'importance de la matière dans l'explication du devenir et de l'existence des substances. Il avait également montré les limites de l'explication matérielle et la nécessité de l'affiner. Le chapitre 5 poursuit ce double objectif, en partant cette fois des termes extrêmes de tout changement, à savoir les contraires[1].

Les « choses dont l'existence et la non existence n'impliquent ni génération ni destruction » constituent un ensemble hétérogène, à l'intérieur duquel on doit d'abord compter les accidents, qui, n'étant pas des substances, ne sont ni engendrés (au sens fort qu'Aristote donne à la notion de « génération ») ni détruits[2]. De même, les limites géométriques, comme le point donné ici en exemple, ne sont pas des substances et ne sont donc soumis ni à la génération ni à la corruption[3]. Enfin, les formes (τὰ εἴδη) en général sont inengendrées.

La thèse du caractère non engendré et incorruptible des formes est énoncée plusieurs fois dans la *Métaphysique*. La proposition introductive de H5 est d'ailleurs la reprise littérale de la formulation de Z15, à propos du *logos* substantiel, c'est-à-dire de l'objet propre de la définition au sens strict, par opposition au composé sensible : dans le cas de l'essence, « l'existence et la non existence n'impliquent ni génération ni destruction » (ἄνευ γενέσεως καὶ φθορᾶς εἰσὶ καὶ οὐκ εἰσίν ; 1039b25-26). Notre texte de H5 est cependant plus explicite sur le fait qu'il faut envisager un ensemble assez large de « formes ». On comprend bien cet élargissement de la classe « formes », si l'on se réfère à Z 8, 1033b5-8 :

> Il est donc clair que la forme (τὸ εἶδος), ou quelle que soit la manière dont il convient de désigner la configuration inhérente au sensible (τὴν ἐν τῷ αἰσθητῷ μορφήν), ne devient pas, et il n'y en a pas non

---

1. Le chapitre 5 a rarement reçu l'attention qu'il mérite. Le Groupe de Londres (*Notes*, p. 38) y voit « un chapitre décousu et peu satisfaisant, ne contenant pas d'éléments nouveaux dignes d'intérêt » (« a bitty and unsatisfactory chapter containing no new material of any great interest ») et Bostock, p. 276, l'estime lui aussi mal construit. Contre ces lectures, voir en particulier S.G. Seminara, *Matter and Explanation, op. cit.*, p. 168-174, qui en fait au contraire l'une des pièces essentielles de son interprétation d'ensemble de H, selon laquelle le propos central du livre serait de montrer le rôle de la matière dans l'explication des substances sensibles. La lecture que je présente ici s'accorde en partie avec celle de Seminara, mais je considère que le propos d'Aristote a aussi un versant restrictif : il s'agit tout autant d'indiquer ce que la matière ne permet pas d'expliquer. F. Baghdassarian, « Aristote, *Métaphysique* H 5 : la génération des contraires et la matière », *Elenchos* XXV, 2014-1, p. 61-88, estime par ailleurs que H5 s'emploie à répondre aux arguments du *Phédon* de Platon concernant le rapport entre les contraires, en précisant à quelles conditions la matière peut être sujet des changements par génération et corruption.

2. Voir E 2, 1026b2 ; 3, 1027a29.

3. Voir B 5, 1002a32.

plus génération, pas plus que de l'être essentiel, car elle est ce qui devient en autre chose, soit par art, soit par nature ou puissance.

Comme Aristote le redira en Z15, en prenant l'exemple de la maison[1], ce n'est pas la forme en elle-même qui est soumise au devenir, engendrée ou détruite, mais le composé de matière et de forme[2], comme la sphère de bronze, c'est-à-dire ce en quoi la forme est présente. La forme « sphère » n'est pas elle-même engagée par le devenir de la sphère d'airain. Le livre H avait d'ailleurs déjà mentionné le caractère inengendré et incorruptible de la forme, en H 3, 1043b15-16[3].

Le passage de Z8 cité ci-dessus comporte également une précision qui explique l'acception large de la classe « formes » dans le passage de H5 : le principe évoqué s'applique à toute « configuration inhérente au sensible », et non pas uniquement à la forme éminente qu'est la substance formelle (l'homme, la sphère, la maison, etc.). Le De anima, là encore, peut être d'une aide précieuse pour comprendre H : la sensation est « réception des formes sensibles sans la matière »[4], comme la cire reçoit l'empreinte du sceau sans garder en elle la matière (or ou argent) de l'objet qui a servi à la marquer. Il est clair que les formes en question ne sont pas des formes substantielles, mais les propriétés objectives des objets sensibles telles qu'elles nous apparaissent. De même, en H5, la qualité, qui n'est pas une forme au sens substantiel, est cependant une forme au sens où elle détermine ou configure le sensible, sans en constituer la matière[5]. La blancheur (ou la pâleur), en effet, n'est pas engendrée ; elle ne « devient » donc pas absolument, mais on pourrait dire qu'elle devient en autre chose, à savoir le bois, qui précisément « devient blanc ». C'est donc le composé lui-même, ici le bois, et non pas la qualité elle-même, qui est le véritable sujet du devenir. Par ailleurs, la réalisation de l'accident « blancheur » est, comme tout accident, le produit d'un changement par altération, c'est-à-dire par génération (ou destruction) relative, et non pas par génération (ou destruction) au sens strict et absolu. Ainsi s'explique la disjonction ontologique de la première phrase : ces réalités peuvent exister ou non. On comprend naturellement

---

1. Ce qui est en devenir, ce n'est pas l'essence de la maison, mais cette maison-ci.
2. Z 8, 1033b17.
3. Voir *supra* [3.3].
4. *DA* II 12, 424a18-19.
5. On peut comprendre en ce sens « en général » (ὅλως), que je rapporte pour cette raison à τὰ εἴδη. Voir S.G. Seminara, *Matter and Explanation*, *op. cit.*, p. 159.

qu'elles existent en un temps donné, mais n'existent pas en un autre, comme l'expliquent les auteurs des *Notes*[1]. Il n'est pas nécessaire pour autant de compliquer la situation autant que le font ces derniers lorsqu'ils affirment que les réalités en question sont engendrées et détruites, même si elles ne sont pas engagées dans un processus de génération ou de destruction[2]. Aristote le dit très clairement : « ce n'est pas le blanc qui devient, mais le bois qui devient blanc. » Tout au plus pourrait-on parler d'une pseudo-genèse des formes. La lecture la plus économique est donc la suivante : telle forme peut être présente ou non, à tel moment et non à tel autre, en un substrat matériel donné ; toutefois ce n'est pas la forme elle-même qui est en devenir.

Concernant les points, Aristote semble admettre que l'on puisse douter de leur existence : « s'ils existent » (εἴπερ εἰσί). En réalité, il ne nie pas l'existence des limites géométriques, comme le point, la ligne ou la surface, mais il s'oppose en revanche à l'idée qu'elles puissent exister par elles-mêmes, c'est-à-dire comme des substances, ou encore comme des parties de substance. Il est possible, de ce point de vue, que cette incise ait une résonnance dialectique, anti-platonicienne et anti-pythagoricienne[3]. En d'autres termes, si les limites géométriques ne sont pas soumises au devenir, ce n'est pas parce qu'elles seraient des formes substantielles ou même des parties de substances. Cela tient bien plutôt au fait qu'elles n'ont pas de matière. Cet argument suffit aux auteurs des *Notes* pour écarter l'objection qu'ils avaient eux-mêmes ingénieusement construite en notant qu'il y a un processus, comme l'action d'une paire de ciseaux, par lequel la ligne est tracée et, ainsi, progressivement construite[4]. Complications inutiles en vérité, si l'on admet que le propos d'Aristote n'est pas d'expliquer la venue à l'être ou la disparition des points mais de rappeler le caractère incorporel des limites géométriques et, par conséquent, leur indifférence essentielle à toute forme de devenir.

Il résulte de la distinction entre les êtres soumis au devenir et ceux qui ne le sont pas que, dans les deux cas, le rapport entre les contraires n'est pas le même. Par conséquent, le rôle de la matière dans l'explication n'est pas le même non plus. Si le blanc par soi vient

1. *Notes*, p. 35.
2. *Notes*, p. 35-36.
3. Voir Ross, p. 236, qui renvoie à K 2, 1060b12 ; N 3, 1090b5. On peut aussi adopter une lecture minimale de l'incise en comprenant : « si vous m'accordez l'existence de telles choses » (voir en ce sens *Notes*, p. 36).
4. *Notes*, p. 36.

à la suite de son contraire (le noir par soi), ce n'est pas de la même façon que tel substrat (tel morceau de bois), de noir qu'il était d'abord, devient blanc. Il s'agit en fait de deux manières d'envisager les contraires à propos d'un seul et même processus, selon l'exemple : un processus de blanchissement. Dans le premier cas, on considère les qualités par elles-mêmes. Il y a alors une pure et simple succession de qualités contraires, et non pas un *devenir tel* à proprement parler : le noir ne devient pas blanc ou inversement [1]. Michel d'Éphèse insiste sur le fait que la pseudo-genèse des formes se produit « hors du temps et en un instant indivisible » [2], ce qui veut dire qu'il n'y a pas, à proprement parler, de processus génératif, de progression constitutive vers l'état ultime de réalisation de la forme, qu'il s'agisse de la forme substantielle ou de la forme de l'accident. Dans le second cas, on porte l'attention sur *ce qui* devient blanc : tel homme ou telle pièce de bois. Or, sous ce second point de vue, il y a matière, car c'est la matière qui joue le rôle de sujet du devenir, de sorte que l'on peut véritablement dire qu'il y a a « génération et changement de l'un dans l'autre » (44b27-28).

On en tirera cette conclusion que la matière est explicative pour les composés et les êtres soumis au devenir et non pas pour les êtres échappant au devenir, qui sont ici les limites géométriques, les formes en général et les accidents.

[5.2] *La matière, puissance des contraires.*

1044b29-1045a6 : « La difficulté se pose de savoir ce qu'il en est, au regard des contraires, de la [30] matière qui se trouve en chaque chose. Par exemple : si le corps est en puissance sain, et si la maladie est le contraire de la santé, le corps est-il en puissance les deux états ? Et l'eau est-elle en puissance vin et vinaigre ? N'est-ce pas qu'elle est matière du premier état en vertu d'une propriété positive et de la forme, tandis qu'elle est matière du second par privation et destruction contraire à la nature ? Il y a d'ailleurs une difficulté, qui est de savoir pourquoi le vin n'est pas [35] matière du vinaigre ni vinaigre en puissance (et pourtant c'est bien du vin que provient le vinaigre !) et pourquoi l'animal n'est pas non plus animal mort en puissance. Disons plutôt qu'il n'en est rien, et que c'est par accident [1045a] que se produisent les destructions en question, que c'est la matière même

---

1. Voir en ce sens Ps.-Alex., *In Metaph.* 559.23-26.
2. Ps.-Alex., *In Metaph.* 559.17.

de l'animal qui est, par destruction, puissance et matière de l'animal mort, et ainsi l'eau du vinaigre. <Vinaigre et cadavre> adviennent en effet <du vin et de l'animal> comme la nuit vient du jour. En tout cas, tout ce qui subit un changement réciproque doit revenir à la matière. Par exemple, et semblablement, si [5] un animal provient d'un animal mort, il y a d'abord retour à la matière, et ensuite advient un animal ; et une fois le vinaigre redevenu eau, advient ensuite du vin. »

Dire, cependant, que la matière est sujet du passage d'un contraire à l'autre ne suffit pas. Il convient de s'interroger sur le rapport précis que la matière d'un corps déterminé entretient avec les contraires. Il y a d'ailleurs là, dit Aristote, une difficulté (44b29). Elle ne concerne pas la matière en général, mais la matière de tel composé particulier, « la matière qui se trouve en chaque chose » (ἡ ὕλη ἡ ἑκάστου ; 44b29-30). Cette expression fait écho à H 4, 1044a18, qui stipulait qu'il y a une matière « appropriée à chacun » (οἰκεία ἑκάστου) des êtres en deve-nir. Or c'est cette matière, dite aussi « propre » (ἴδιον), qui constitue véritablement la matière de la chose, par opposition à la matière éloignée qu'est la simple composition élémentaire. Elle est donc la matière la plus explicative du devenir du composé. Cette matière est-elle pour autant explicative de *tout* devenir possible de la chose en question ? Est-elle, corrélativement, explicative de tout passage vers le contraire ? En d'autres termes, s'il est vrai qu'il y a une matière appropriée à chaque chose particulière, et qui représente son niveau de matérialité le plus élaboré, est-ce toujours de cette matière précisément que provient le devenir ?

Pour traiter cette difficulté, Aristote fait intervenir une notion qui était comme en sommeil depuis le chapitre 2 et qui, dans la section consacrée au devenir (chapitres 4 et 5), n'était pas encore apparue : la notion de puissance (δύναμις). L'exemple du corps, « en puissance sain », mobilise implicitement la thèse fondamentale selon laquelle la matière est puissance des contraires [1].

Notons avant toute chose que, dans le cas présent, Aristote ne se contente pas d'invoquer la puissance de premier degré, la simple possibilité pour A de devenir x ou y, ou encore x ou non-x. Il est d'emblée question de puissances déterminées : sain en puissance, malade en puissance, vin ou vinaigre en puissance. En d'autres termes, la matière envisagée n'est pas puissance des contraires à titre égal, mais puissance déterminée de tel ou tel état.

---

1. Voir *supra*, Introduction, p. 35.

Cela étant posé, la solution de l'aporie est donnée en deux temps. Le premier (i) est illustré par les exemples du corps (sain ou malade) et de l'eau (vin ou vinaigre); le second (ii), illustré par le vinaigre et le cadavre, représente un redoublement de l'aporie : « Il y a d'ailleurs une difficulté (ἀπορία δέ τις ἔστι), qui est de savoir pourquoi le vin n'est pas matière du vinaigre, ni vinaigre en puissance... » (44b34-35).

i) L'exemple du corps, qui peut être sain ou malade, est sans doute le plus clair : le corps peut être considéré comme matière de deux contraires, mais le premier (la santé) est sa réalisation positive tandis que le second (la maladie) est une privation, ou son contraire négatif. L'exemple de l'eau, qui peut devenir vin ou vinaigre, donne à Aristote l'opportunité de qualifier le second type de réalisation de « destruction contre nature » (φθορὰν τὴν παρὰ φύσιν). On doit donc supposer que le premier contraire correspond à la réalisation des propriétés positives de la matière concernée, que ce soit le corps ou l'eau. De fait, on observe une étroite similarité avec le passage de *DA* II 5, 417a9-b16, qui doit expliquer pourquoi et en quel sens la sensation est altérée par le sensible [1]. La sensation en acte ne réalise pas le contraire de la faculté de sentir : elle en est l'actualisation positive, comme la science en acte est l'actualisation positive de l'aptitude du savant à l'exercer. Or la faculté sensible est à la sensation en acte – et la science en puissance à son exercice – ce que la « propriété positive » (ou l'aptitude : ἕξις) est à la forme : ce ne sont pas des possibilités indéterminées, à égale distance des contraires, mais des puissances déterminées, téléologiquement orientées vers la forme plutôt que vers sa privation. Ici, la maladie est privation de l'état naturel du corps, à savoir la santé; le vinaigre est une corruption et non pas une réalisation positive. Ainsi, bien que la matière soit puissance des contraires, toute matière n'a pas la même relation avec les deux termes d'un même couple de contraires. Le rapport entre la matière et chacun des contraires est asymétrique.

Ce passage peut laisser perplexe : d'une part, les deux exemples de matière ne sont pas sur le même plan, puisque le corps est une matière prochaine et l'eau une matière éloignée; d'autre part, on ne

---

1. Il n'y a pas lieu, ici, d'entrer dans le débat concernant la nature même de cette « altération » : faut-il la prendre au sens littéral et considérer que le sujet ou son organe sensoriel sont effectivement modifiés lors de la sensation? Faut-il à l'inverse penser qu'un tel processus est purement immatériel, sans dimension physiologique, et ne peut donc constituer une altération au sens strict?

voit pas précisément en quoi le vinaigre serait moins « naturel » que le vin, qui est un artefact. De plus, s'il ne devait servir qu'à fabriquer du vinaigre, il ne serait lui-même qu'un instrument en vue d'une fin autre que celle que lui assigne visiblement Aristote (être bu en tant que vin). Peut-être Aristote veut-il en réalité montrer, pour le premier point, que la distinction entre contraire positif et contraire négatif s'applique à la matière à différents niveaux de détermination. Sur le second point, il est sans doute indifférent que le vin soit un artefact : l'essentiel est de montrer que, pour une forme donnée, quelle qu'elle soit (ici le vin), la même matière est matière des contraires mais de manière asymétrique, d'un côté parce que la forme est effectivement réalisée (encore une fois, il s'agit d'une forme posée arbitrairement), de l'autre parce qu'elle est corrompue. La différence entre les deux exemples tient finalement à ce que, dans celui du corps, le point de vue privilégié est celui de la matière – dont il s'agit de se demander dans quel cas elle devient positivement ce qu'elle est téléologiquement déterminée à être –, tandis que, dans celui du vin, le point de vue de référence est la forme, dont il s'agit d'expliquer pourquoi elle a, avec la matière, un rapport plus « naturel » (au sens large) que la privation.

ii) Le cas du vinaigre et du cadavre n'en est pas moins contre-intuitif : on ne voit pas pourquoi le vin n'est pas « matière » du vinaigre, alors que celui-ci vient de celui-là. C'est du reste l'objection qu'Aristote semble s'adresser à la ligne 44b35-36. L'idée est manifestement la suivante : je peux dire que le vinaigre vient du vin, mais je ne peux pas dire – du moins pas en toute rigueur – que le vin est *matière* du vinaigre. Je peux dire que le cadavre vient du vivant, mais pas que le vivant est *matière* du cadavre.

On peut cependant inférer de (i) que si l'animal, c'est-à-dire le composé âme-corps, n'est pas matière du cadavre, c'est parce qu'il n'a pas pour puissance déterminée et pour potentialité naturelle, *en tant qu'animal*, de devenir cadavre. En revanche, la matière de l'animal est « puissance et matière » (δύναμις καὶ ὕλη ; 45a2) du cadavre. De même, le vin n'a pas pour puissance positive de devenir vinaigre, tandis que l'eau peut être indifféremment vin ou vinaigre sans qu'aucune de ces deux réalisations soit contraire à sa nature.

Se pose également la question de la nature exacte de la « matière de l'animal » : s'agit-il du corps, dont on peut dire en effet qu'il est matière du composé âme-corps que forme l'animal, ou bien d'un niveau de matière inférieur au corps lui-même, c'est-à-dire de la matière éloignée ? Le fait que le corps soit pris en exemple, en (i), pour évoquer la matière prochaine, alors qu'Aristote établit en

(ii) que la matière prochaine n'est ni matière ni puissance de sa propre destruction, invite à considérer qu'il s'agit ici de la matière éloignée [1] et non du corps [2].

La matière éloignée (l'eau ou la matière de l'animal) peut être matière de la destruction (le vinaigre ou le cadavre), parce qu'elle est puissance des deux contraires à titre égal. Elle ne perd donc pas sa nature. En revanche, les composés élaborés que sont le vin et l'animal ne peuvent pas être matière de la destruction, car ils ne sont pas puissance des deux contraires à titre égal mais perdent leur nature propre du fait de la destruction en question (le passage à l'état de vinaigre ou la mort). Or le propre de la matière, en tant que sujet du devenir, est de perdurer sous le passage d'un contraire à l'autre.

Plus encore, le vin et l'animal sont des réalisations ultimes, de niveau formel, de sorte qu'il n'est pas conforme à leur nature de devenir autres que ce qu'ils sont. Aristote ajoute un élément supplémentaire qui renforce cette explication : « c'est par accident que se produisent les destructions en question » (κατὰ συμβεβηκὸς αἱ φθοραί; 44b36-45a1). Le vin n'a pas à jouer le rôle de la matière, car il est un processus abouti d'information. S'il sert en un sens de matière pour le vinaigre, ce n'est donc pas par essence, mais seulement par accident. C'est par accident que le vin est matière du vinaigre, que l'animal est matière du cadavre, et non pas au sens strict [3]. Il se transforme cependant bel et bien en vinaigre. Il faut donc poser une matière de niveau inférieur - ici, l'eau - pour expliquer l'aptitude du vin à devenir vinaigre et pour rendre compte du processus dans sa continuité.

On peut ainsi dire (45a2) que les états corrompus viennent de la matière prochaine comme la nuit vient du jour : le jour n'est pas matière de la nuit, mais celle-ci lui succède. S'il y a une matière sous-jacente au passage du jour à la nuit, ce devrait être l'air [4], et non le jour lui-même, qui est un des contraires et qui ne peut donc pas être substrat du changement.

---

1. Ou plus précisément la matière élémentaire, comme le pense Michel d'Éphèse, Ps.-Alex., *In Metaph.* 560.16-17.
2. Voir en ce sens M.L. Gill, « *Metaphysics* H 1-5 on Perceptible Substances », art. cit., p. 226, qui signale que selon *Meteor.* IV 1, 379a2-b3 la terre est le terme dernier de la décomposition organique.
3. Voir Ps.-Alex., *In Metaph.* 560.11-14.
4. Λ 4, 1070b21.

Par conséquent encore (45a3-6), si l'on observe un « changement réciproque », c'est-à-dire un retour à l'état antérieur, on ne verra pas le vinaigre redevenir vin ni le cadavre redevenir animal : si, à terme, du vin ou un vivant advient à partir de ce processus, c'est qu'un retour à la matière éloignée (l'eau ou la matière de l'animal) l'aura permis. Il est possible qu'Aristote fasse ici allusion à la putréfaction, processus qui permet à un vivant d'advenir à partir d'un substrat matériel qui est lui-même le résidu d'une dissolution. Quoi qu'il en soit, on a sans doute là un aperçu de ce que peut donner la méthode de résolution ou réduction évoquée en H 4, 1044a24.

La matière est donc puissance des contraires (44b21-34), mais ce qui subit une corruption accidentelle (comme le vin lorsqu'il devient vinaigre ou le vivant lorsqu'il devient cadavre) n'est pas à proprement parler « matière » de ce qui provient de lui (44b34-45a6). En effet, « x vient de y » ne signifie pas nécessairement que « y est matière de x ». En d'autres termes, la relation « être matière de » a moins d'extension que la relation « provenir de », dont elle est une spécification [1].

D'une manière générale, le chapitre 5 précise les conditions de l'explication par la matière : il est vrai qu'il faut toujours rechercher la matière prochaine, ainsi que le chapitre 4 l'a recommandé. Cela ne suffit pas, cependant, pour expliquer la corruption ou passage de la forme à la privation. Il faut dans ce cas faire appel à une matière éloignée, sans doute la matière élémentaire. La matière propre ou prochaine ne suffit donc pas à expliquer toute forme de devenir. La méthode de définition et d'explication des composés hylémorphiques et de leurs propriétés passe en tout cas par une conception raffinée de la matière, conception dont les chapitres 4 et 5 dessinent les grandes lignes, ce qui n'est fait nulle part ailleurs dans la *Métaphysique*.

---

1. S.G. Seminara, *Matter and Explanation*, *op. cit.*, p. 169, distingue pour sa part entre la « dérivation matérielle », pour le cas de la matière par accident, ce que je préfèrerais appeler une provenance non-matérielle, et la « composition matérielle », pour l'autre cas.

COMMENTAIRE AU CHAPITRE 6

Résumé du chapitre

[6.1] *Aporie de la définition. Problème de l'unité de la définition. Ce problème est accru et non résolu par la doctrine platonicienne de la participation.*

[6.2] *L'unité du composé sensible est de type hylémorphique : unité de la matière et de la forme et corrélativement de la puissance et de l'acte. La cause de l'être en acte de ce qui est en puissance est l'être essentiel.*

[6.3] *Extension de la relation matière-forme à la définition et solution de l'aporie. La structure de la définition est donc de type matière-forme, comme l'unité du défini, même si on parlera, pour la définition, d'une matière « pour la raison » (matière intelligible). Les natures simples, qui n'ont pas de matière (ni sensible ni intelligible), ont leur unité dans leur être même.*

[6.4] *Conclusion polémique. Critique des conceptions conjonctives de la définition. Ceux qui les soutiennent cherchent un principe d'unification de la puissance et de l'acte, ce qui est absurde, en vertu de l'identité de la matière prochaine et de la forme, qui implique précisément l'unité de la puissance et de l'acte.*

[6.1] *Aporie de la définition.*

1045a7-22 : « À propos de la difficulté dont on a parlé, concernant les définitions et les nombres : quelle est la cause de leur unité ? Car en tout ce qui contient plusieurs parties et qui forme un tout, non pas comme un tas [10] mais comme un ensemble en plus des parties, il y a à cela une cause, puisque dans les corps également on a, pour cause de l'unité, tantôt le contact, tantôt la viscosité ou quelque autre caractère semblable. Or la définition est une énonciation *une*, non pas par conjonction comme l'*Iliade*, mais du fait qu'elle se rapporte à une chose *une*. Qu'est-ce donc qui fait l'homme *un*, et pourquoi [15] *un* et non pas plusieurs, comme « Animal *et* Bipède », et la question se pose plus encore si, comme le disent certains, il est « Animal en soi *et* Bipède en soi » ? Mais qu'est-ce qui empêchera alors que l'homme soit ces entités-là, et que les hommes existent par participation, non pas à l'Homme ni à une entité *une*, mais à deux entités, Animal et Bipède ? Et d'une manière générale, pourquoi [20] l'homme ne serait-il pas, non pas *un* mais plusieurs, Animal *et* Bipède ? Il est en tout cas manifeste que si l'on s'accorde avec la manière qu'ils ont de définir et de s'exprimer, on ne peut ni donner d'explication ni résoudre la difficulté. »

La phrase d'ouverture pose la difficulté que la plupart des interprètes ont soulevée à propos de l'ensemble du chapitre, celui de son objet même [1]. La question du nombre ne sera plus évoquée dans la suite, sinon par l'intermédiaire de l'exemple des figures géométriques, dans lesquelles on peut identifier une matière non sensible ou matière pour la raison (45a35). La question s'effacera en tout cas derrière celle de la définition. S'agit-il cependant de l'unité de l'énoncé de définition, ou bien de l'unité du défini, c'est-à-dire de l'unité proprement substantielle ? De plus, celle-ci peut s'entendre de deux manières : comme unité de la définition ou de la forme, ou bien comme unité de la substance qu'est le composé sensible. De fait, alors que l'interrogation initiale nous oriente vers la question de l'unité de la définition, sa justification (45a8-12) ouvre un champ plus large : si la question de l'unité se pose, c'est parce qu'en toute totalité composée de parties il y a une cause de l'unité. On peut donc penser qu'Aristote a en vue, non pas – ou non pas seulement – la forme, mais le composé. Par ailleurs, nous avons vu que H2 proposait une typologie des définitions faisant place aux définitions mentionnant la matière. Dans ces conditions, le problème devient le suivant : H6 porte-t-il sur l'unité de l'objet défini, et dans ce cas sur la forme ou sur le composé ? Ou bien a-t-il pour principal objet l'unité de la définition ? Dans ce cas, vise-t-il uniquement les définitions mentionnant la seule forme ou également les définitions mentionnant aussi la matière ?

L'interprétation proposée ici consiste à faire droit aux oscillations du texte, qui souligne alternativement tel ou tel aspect d'une

---

1. Voir *supra*, Introduction, p. 47-59.

problématique en réalité globale[1]. H6 ne donne pas de priorité absolue à l'un de ces objets plutôt qu'aux autres, parce qu'il montre que la question de l'unité substantielle ne trouve de réponse qu'à la condition d'admettre trois types d'unités : l'unité du composé sensible, l'unité de la définition comme unité du genre et de la différence, et enfin l'unité des êtres simples[2].

Voyons maintenant à quoi peut se référer la première phrase, lorsqu'elle évoque ce qui a été dit à propos de la difficulté en question. Bien que plusieurs « difficultés » aient été examinées dans les chapitres précédents, ainsi qu'en Z[3], il est clair que l'entame du chapitre 6 fait avant tout référence au chapitre 3, qui a explicitement posé la question de l'unité de la définition, mais aussi du nombre, au travers de l'analogie entre nombre et substance. Les autres chapitres de H ne sont pas absents pour autant de cette nouvelle formulation du problème de l'unité. Aristote, en effet, demande maintenant, non seulement ce qui opère le passage de la pluralité à l'unité[4], mais aussi quelle est la cause, le facteur explicatif (τί αἴτιον), de l'unité elle-même. Ce faisant, il retrouve la ligne étiologique ou explicative ouverte en H2, lorsqu'il avait précisé que la substance était la « cause » de l'être de chaque chose[5], ligne croisée en H3 dans des termes analogues[6], puis reprise à propos de la génération en H4, pour rappeler les règles de bonne méthode en matière de recherche causale[7]. Du reste, les justifications qui sont données en faveur d'une recherche de la cause de l'unité – les causes physiques de l'unité des corps, comme la viscosité ou le contact – font écho au passage de H2 sur l'étude des différences, où l'on envisageait les différents modes d'unité que l'on peut répertorier parmi les touts physiques (mélange, lien, collage, etc.)[8].

H6 ne compte pas s'en tenir à l'unité physique, puisqu'il pose comme un principe très général qu'il y a une cause de l'unité des

---

1. C'est globalement la lecture du Ps.-Alex, *In Metaph.* 560.34-35.
2. Voir *supra*, Introduction, p. 47-59.
3. Burnyeat, *Map*, p. 76, renvoie à Z11. Jaeger estime également que l'allusion conduit à Z 11, 1037a17-20, où on demande pourquoi la définition est un discours *un*, et suppose que Z12 et H6 sont des ajouts postérieurs d'Aristote (voir son apparat critique à 1037a20).
4. H 3, 1044a5.
5. H 2, 1043a2-3.
6. H 3, 1043b14.
7. H 4, 1044a25-b20.
8. H 2, 1042b15-31.

parties dans le tout quel qu'il soit – du moment que nous n'avons pas affaire à un simple tas sans unité véritable –, qu'il s'agisse d'un tout sensible ou d'une totalité non sensible. Dans ce second cas : l'énoncé de définition ou la forme elle-même. Aristote montre en effet, en Z10, qu'il y a une méréologie propre aux formes, les parties de la forme étant antérieures aux parties du corps (ou à la plupart d'entre elles). Néanmoins, le mouvement de l'argumentation est ici significatif : ce principe est établi à partir de ce que l'on observe communément dans les corps : « puisque dans les corps également… » (45a10-11).

L'amorce de H6 indique en tout cas que le problème d'Aristote ne peut être réduit à la question abstraite de l'unité de la définition, prise indépendamment de ses contenus possibles, mais qu'il concerne l'unité effective du défini, à savoir la substance. Plus généralement, comme H3 l'avait déjà fait [1], le texte développe l'acquis fondamental de Z17 [2] : l'enquête sur la substance a une visée explicative et c'est dans la substance formelle qu'il faut rechercher la cause principale, celle qui explique pourquoi telle matière est telle chose déterminée ; le principe de l'unité substantielle n'est pas l'addition des parties, ni même cette addition conjointe à leur mode de juxtaposition, mais l'essence même de la chose, qui constitue la cause véritable de l'être et de l'unité [3]. L'unité véritable n'est pas le résultat d'une conjonction de parties mais l'effet immédiat d'un lien substantiel.

Ce principe est appliqué à l'énoncé de définition à partir de 45a12. L'exemple de l'*Iliade* fait écho à Z4, où le poème homérique – dont la composition ou la déclamation est une succession de mots et de lettres et non pas une définition – illustrait déjà le cas des unités par simple juxtaposition. Comme en Z 4, 1030b9-10, l'unité de l'*Iliade* n'est qu'une unité « par conjonction » (συνδέσμῳ) [4]. Comme en Z12 [5], il s'agit de déterminer pourquoi l'homme n'est pas l'addition de l'Animal et du Bipède, mais un être *un* dont l'essence conserve sa simplicité malgré la pluralité qu'implique l'expression de la différence. La cause de l'unité de la définition est dans la chose elle-même, c'est-à-dire dans le défini : « la définition est une énonciation *une* (…) *du fait qu'elle se rapporte à une chose une* (τῷ ἑνὸς εἶναι) » (45a13-14).

---

1. Comme le note S.G. Seminara, *Matter and Explanation, op. cit.*, p. 183. Voir *supra* [3.2].
2. Voir l'ensemble du mouvement compris dans les lignes Z 17, 1041b4-33.
3. Voir le rappel de cette thèse en H 3, 1043b5-14.
4. H 6, 1045a13. Le même terme est repris en 45b11.
5. Voir Z 12, 1037b8-27 et *supra*, Introduction, p. 43-45.

C'est ce que j'ai appelé plus haut l'unité *référentielle* de la définition, par opposition à son unité interne ou *structurelle*[1]. Aristote donne une formulation plus explicite encore de cette exigence d'unité objective ou référentielle de la définition en Z12 :

> Il faut en tout cas que les <éléments> qui entrent dans la définition soient un, car la définition est une énonciation une et qui se rapporte à la substance, de sorte qu'elle doit être l'énonciation de quelque chose d'un, car la substance signifie quelque chose d'un et un ceci, comme nous l'affirmons[2].

L'unité substantielle du défini garantit l'unité de la définition, dès lors que celle-ci est correctement formée. En d'autres termes, notre passage, en écho au texte de Z12, suggère qu'il y a antériorité de la substance par rapport à l'unité de l'énoncé de définition et que celle-ci ne peut être établie sans se référer à celle-là.

La difficulté principale que pose ici le texte de H6 est celle de savoir si l'homme évoqué en 45a14 est le composé sensible individuel – cet homme-ci – ou bien la forme « homme ». Si l'on considère qu'en principe, et selon la conception stricte de la définition, celle-ci est expression de la forme ; puisque le point en discussion est précisément l'unité de la définition ; puisqu'en outre cette unité est fondée sur l'unité objective de son référent ; alors il faut conclure que c'est de la forme « homme » qu'il s'agit[3].

Notons cependant deux choses, qui ne seront pas sans conséquences pour la suite. En premier lieu, les deux options ne sont pas *réellement* exclusives l'une de l'autre, puisque la définition du composé de forme X sera prioritairement définition de la forme X, sans pour autant que la mention de la matière en soit exclue[4]. En second lieu, la possibilité qu'il s'agisse de la forme « homme » plutôt que du composé sensible ne signifie pas que l'objet de l'argumentation menée dans l'ensemble de H6 soit la forme de préférence au composé[5]. De fait, si l'unité de la définition et de la forme est menacée, par exemple à cause de l'hypothèse d'une double

---

1. Voir *supra*, Introduction, p. 49.
2. δεῖ δέ γε ἓν εἶναι ὅσα ἐν τῷ ὁρισμῷ· ὁ γὰρ ὁρισμὸς λόγος τίς ἐστιν εἷς καὶ οὐσίας, ὥστε ἑνός τινος δεῖ αὐτὸν εἶναι λόγον· καὶ γὰρ ἡ οὐσία ἕν τι καὶ τόδε τι σημαίνει, ὡς φαμέν. (Z 12, 1037b24-27). Le rapprochement est signalé dans les *Notes*, p. 39. Voir également Z 4, 1030b9.
3. Voir par exemple *Notes*, p. 39-40.
4. Voir *supra* [2.4].
5. Voir *supra*, Introduction, p. 48.

participation à l'Animal et au Bipède, alors l'unité du composé de matière et de forme, de l'homme sensible individuel, le sera également.

À ce stade, en tout cas, la difficulté mentionnée au début du chapitre est loin d'être résolue. Elle l'est encore moins si l'on ajoute à l'énoncé de l'Animal et du Bipède qu'ils sont l'Animal *en soi* et le Bipède *en soi*, comme le voudrait l'Académie, manifestement visée par « comme le disent certains » (ὥσπερ φασί τινες) en 45a16. La doctrine platonicienne de la participation exige en effet que l'homme « participe » à ses déterminants intelligibles, en l'occurrence l'Animal et le Bipède, dont chacun existe par soi, de sorte qu'il participera nécessairement à deux entités et qu'il aura ainsi une essence double.

En adoptant la manière de définir qui est celle de nos adversaires, dit Aristote en 45a22, « on ne peut ni donner d'explication ni résoudre la difficulté » (οὐκ ἐνδέχεται ἀποδοῦναι καὶ λῦσαι τὴν ἀπορίαν). La formule est allusive et l'on peut se demander s'il s'agit : (a) d'une simple redondance – expliquer, en l'occurrence, c'est précisément résoudre la difficulté déjà mentionnée et ainsi expliquer l'unité elle-même (que ce soit celle de la définition ou celle du défini) –, (b) d'expliquer la définition, ou encore, (c) de parvenir, plus généralement, à un discours explicatif. De fait, si les définitions proposées n'en sont pas, elles ne pourront pas « montrer l'essence » [1], de sorte que l'on ne pourra pas en tirer de bonnes prémisses pour former des raisonnements déductifs valides. Il me semble que la solution (a) est à la fois la moins spéculative et la plus naturelle, dans la mesure où elle suit le mouvement du texte, scandé par les répétitions du terme ἀπορία, en 45a7, 22 (le passage en question), 24, 25, 29, b8. Je comprends donc : les adversaires échouent à résoudre la difficulté évoquée (45a7), à savoir celle de l'unité, parce qu'ils ne comprennent pas ce qu'est une définition, et ne voient pas la solution hylémorphique à l'aporie (45a24, 25, 29, b8), qui supprime celle-ci *de facto*. Ainsi, il ne suffit pas de dire que l'unité de la définition est fondée sur l'unité du défini : il faut maintenant analyser cette dernière.

[6.2] *L'unité du composé sensible est de type hylémorphique.*

1045a23-33 : « Mais s'il y a, comme nous l'affirmons, d'une part la matière et d'autre part la forme, c'est-à-dire d'un côté ce qui est en puissance et de l'autre ce qui est en acte, il semblerait bien que l'objet

---

1. *An. Post.* II 3, 91a1 ; 10, 93b39.

de l'enquête ne pose plus de difficulté. [25] La difficulté, en effet, est la même que dans le cas où l'on poserait, comme définition de « vêtement », « cylindre de bronze ». Ce nom vaudra en effet comme signe de l'énonciation, de sorte que ce sur quoi portera l'enquête, c'est la cause en vertu de laquelle la sphère et le bronze sont une seule chose. Or la difficulté disparaît, parce que l'un est matière, et l'autre forme. [30] Quelle est donc la cause qui fait que ce qui est en puissance est en acte, dans les êtres en devenir, en dehors du facteur productif? Car il n'y a pas d'autre cause du fait que la sphère en puissance est sphère en acte, sinon ce qui constitue l'être essentiel de chacune des deux. »

En se référant dès l'entame de cette section à une doctrine déjà formulée de la matière et de la forme ou aspect (μορφή), et corrélativement à la distinction de la puissance et de l'acte, Aristote vise-t-il la forme ou le composé sensible? À ce moment du texte, où l'application du couple forme-matière aux composants intelligibles des définitions n'a pas encore été évoquée[1], il est bien plus probable qu'il soit question du composé sensible[2]. Du reste, dans le livre H, les précédentes évocations de la structure hylémorphique (et de sa traduction modale en termes de puissance et d'acte) concernaient les composés sensibles[3]. Par ailleurs, l'exemple de la sphère de bronze, en 45a26, suggère clairement qu'il s'agit ici de l'unité de la forme et de la matière sensible. Enfin, Aristote implique nettement les composés sensibles dans son argument, lorsqu'il s'interroge sur la cause du passage de la puissance à l'acte « dans les êtres en devenir » (ἐν ὅσοις ἔστι γένεσις), en 45a31.

Or Aristote soumet la solution de l'aporie initiale à la thèse hylémorphiste : s'il y a matière et forme, puissance et acte, alors il n'y a plus de difficulté (45a23-25). Faut-il comprendre que la connaissance de la structure des substances sensibles résout le problème posé?

Pour illustrer la difficulté, en 45a25, Aristote prend l'exemple sémantiquement absurde d'un terme unique, « vêtement », qui serait défini par la dualité « cylindre de bronze »[4]. Il est possible qu'il veuille indiquer, à la suite de ce qu'il a laissé entendre en H3[5], que la bonne

---

1. Voir *infra* [6.3].
2. Voir en ce sens Burnyeat, *Map*, p. 75.
3. Voir H 1, 1042a25-31 ; H 2, 1042b9-11 ; 1043a6, 12, 27-28 ; H 3, 1043a29-33.
4. Il adopte une démarche similaire en Z 4, 1029b27-28.
5. Voir [3.4].

manière de former des définitions n'est pas la prédication au sens logique, mais la prédication hylémorphique. Ce qui fait, en tout cas, l'unité de la définition, au-delà de son expression linguistique, c'est l'unité du défini. Or cette unité est garantie par l'hylémorphisme : l'une des deux déterminations (bronze) exprime la matière ; l'autre (sphère) exprime la différence formelle. Le genre est contenu dans la différence ultime qui contient ainsi, de manière intensive, la série entière de ses déterminations.

Ainsi que [6.3] va le montrer, ce modèle peut être appliqué à l'unité de « Animal-Bipède », dans la définition de « Homme », puisque « Animal », comme genre, vaut comme matière et que « Bipède », comme différence spécifique, vaut comme forme [1]. Cependant, il est clair qu'à ce point du texte, où Aristote prend l'exemple de la sphère de bronze et évoque les « êtres en devenir », l'analyse porte sur les substances sensibles – peut-être pas exclusivement, mais en tout cas au premier chef – et, par conséquent, sur l'unité de la forme et de la matière sensible [2]. Le cas des substances sensibles, parce qu'elles sont en devenir, illustre parfaitement l'unité immédiate de la forme et de la matière et, conjointement, de ce qui est en puissance et de ce qui est en acte : on voit clairement, en partant de l'analyse du changement, quelles sont les causes de l'unité au cours du passage de la puissance à l'acte. Le « facteur productif » – comme le géniteur, la semence, l'artiste ou encore la forme elle-même comme principe inhérent –, est cause du changement, mais l'unité elle-même de ce qui est ainsi produit est le fait de l'essence comprise comme être essentiel. Parce que ce qui est engendré a une essence une et déterminée, il est d'emblée une chose une. Comment l'expliquer ? La réponse est donnée en 45a31-33 : le composé est constitué, non seulement de matière et de forme, mais aussi et par là même de puissance et d'acte ; or la puissance et l'acte, par essence (« ce qui constitue l'être essentiel de chacun des deux »), ont l'une et l'autre pour propriété de faire unité avec l'autre terme. Cet argument peut s'entendre en deux sens. Selon le premier [3], on comprendra : la puissance a pour essence de devenir forme et acte ; l'acte, par essence, accomplit la puissance qui lui est corrélée. Selon le second, on dira que la puissance et l'acte de la sphère ont l'une et l'autre une essence

---

1. Voir en ce sens le commentaire du Ps.-Alex., In Metaph. 561.28-34.
2. Voir en ce sens Notes, p. 40, tout au moins pour la section 45a30-33.
3. Voir Ross, p. 238, à la suite du Pseudo-Alexandre.

déterminée, mais que cette essence est une et la même, car la définition de la sphère en puissance ne diffère pas de la définition de la sphère en acte.

De ce point de vue, il ne fait pas de différence que l'acte en question soit la sphère sensible réalisée, et existant pour cette raison *en acte*, ou bien la forme identifiée à l'acte lui-même. On peut en effet hésiter sur ce point. L'essentiel est dans tous les cas d'admettre que la cause de l'unité de la sphère en puissance et de la sphère en acte est inhérente à ces termes mêmes, de sorte que nous ne devons pas rechercher d'autre cause. Il n'y a aucun principe supplémentaire qui soit requis pour expliquer l'unité de la substance et qui s'ajouterait à la corrélation nécessaire de la matière et de la forme. Par conséquent, l'unité de la matière et de la forme est radicale et la difficulté initiale, dit Aristote, disparaît[1]. L'unité du composé sensible échappe ainsi à l'aporie exposée en Z13, qui consistait à montrer que deux composants existant en acte (ou entéléchie), comme les atomes de Démocrite, ne peuvent pas constituer une substance, parce qu'ils ne peuvent pas constituer une totalité réellement *une*[2].

Peut-on aller jusqu'à dire que la solution viendrait de l'analyse des substances sensibles comme composés de matière et de forme ? La substance composée étant postérieure à la substance formelle, l'unité de la définition, qui exprime d'abord cette dernière, ne peut pas dépendre de la première. Faut-il considérer dès lors qu'Aristote propose de recourir à une simple analogie, en invitant à transposer aux définitions en général une solution identifiée sur le plan des totalités sensibles ? Présenté ainsi, l'argument d'Aristote semble assez défectueux[3].

---

1. Comme le dit justement C. Witt, *Substance and Essence in Aristotle, an interpretation of* Metaphysics *VII-IX*, Ithaca-London, Cornell University Press, 1989, p. 141, matière et forme sont deux manières d'être la substance, plutôt que deux êtres (« *two ways of being the substance, rather than two beings* »). Pour C. Witt, la distinction de la puissance et de l'acte représente le point final de la discussion d'Aristote sur l'unité.

2. Voir *supra*, Introduction, p. 45-47.

3. Voir Bostock, p. 282. Dans cette perspective, M.L. Gill, « Unity of Definition in *Metaphysics* H. 6 and Z. 12 », art. cit., p. 112, propose d'ailleurs de modifier le texte de la phrase introductive du passage, 45a25, en lisant, non pas ἔστι γὰρ αὕτη ἡ ἀπορία... (« la difficulté est en effet la même... »), mais : ἔστι γ᾽ ἄρ αὕτη ἡ ἀπορία... (en comprenant : « la difficulté est dès lors la même... »). La réécriture proposée aurait pour conséquence que la thèse de l'assimilation de la matière au genre (donc la matière intelligible) serait première, dans la résolution de l'aporie, par rapport à la thèse de l'unité du composé sensible.

Ma lecture suppose pourtant que l'hylémorphisme des substances sensibles est premier, dans l'ordre de l'argumentation, par rapport à la relation entre genre et différence, ou encore qu'Aristote procède à une extension de l'hylémorphisme à partir de son analyse de l'unité des composés sensibles. Je vois au moins trois arguments en faveur de cette lecture. (i) On admettra aisément que l'homme singulier sensible est pour nous un tout immédiat, et non pas l'addition (et donc la séparation) de l'Animal et du Bipède. C'est un argument intuitif, il est vrai, mais il peut se justifier par une induction du tout perceptible vers ses principes imperceptibles. (ii) À l'intérieur même du chapitre 6, dans le mouvement de balancier qui caractérise le propos d'Aristote, c'est après (et non avant) le passage sur la sphère de bronze et les « êtres en devenir », en 45a33 *sq.*, que le deuxième niveau d'hylémorphisme est explicitement envisagé. Du reste, dans le passage consacré à la critique de la doctrine platonicienne, Aristote a discrètement mais clairement introduit le composé sensible, en 45a18, évoquant « les hommes » (οἱ ἄνθρωποι) – donc, les êtres humains sensibles – qui participeraient de l'Animal et du Bipède. (iii) On a pu également remarquer, dans ce qui précède, que le mouvement d'ensemble du livre H – si l'on admet en tout cas qu'il y en a un – partait des substances sensibles, objets d'un large consensus selon H1[1], pour parvenir aux thèses de H6 par le biais d'une élaboration, certes chaotique, de la notion de matière du point de vue des composés sensibles[2]. On a notamment constaté que les chapitres 1 à 3 du livre H, sans nier la priorité de la forme dans la structure du composé sensible, sont néanmoins partis de celui-ci pour parvenir à celle-là. Les acquis du livre Z concernant l'unité et la priorité de la forme sont présents en toile de fond, mais à l'évidence Aristote n'estime pas qu'ils nous dispensent d'un nouvel examen de la question. Je renvoie sur ce point à l'analyse de la première partie de H1.

[6.3] *Extension de la relation matière-forme à la définition et solution de l'aporie.*

1045a33-b7 : « Or, il y a d'une part la matière pour la raison et d'autre part la matière pour la sensation et, dans la définition, il y a, toujours, d'une part la [35] matière et d'autre part l'acte. Par

---

1. H 1, 1042a7 ; 24.
2. Sur ce choix méthodologique dans ma lecture de l'ensemble du livre, je renvoie à l'Introduction.

exemple : « le cercle est une figure plane ». Pour ce qui est des entités qui n'ont de matière, ni pour la raison ni pour la sensation, [1045b] chacune d'elles est immédiatement une certaine unité, de même qu'elle est un certain être : le ceci, la qualité, la quantité. C'est pourquoi n'entrent dans les définitions ni l'être ni l'un. L'être essentiel également est immédiatement une certaine unité et un certain être. C'est pourquoi il n'y a pour ces entités-là aucune cause autre [5] de leur unité et de même de leur être : chacune est immédiatement un certain être et une certaine unité, et cela non pas parce qu'elles appartiendraient à l'être et à l'un considérés comme un genre, ni parce qu'elles seraient des réalités séparées, à côté des particuliers. »

L'idée d'une matière « pour la raison », par opposition à une matière « sensible », bien qu'elle soit ici présentée comme un fait établi, pose un certain nombre de difficultés. La première concerne la matière saisie par la sensation. Aristote propose un critère permettant d'identifier la matière « sensible » : « la matière sensible (ὕλη αἰσθητή), c'est par exemple le bronze, le bois, ou toute autre matière admettant le changement (ὕλη κινητή) »[1]. La ὕλη αἰσθητή est donc ὕλη κινητή, au sens où elle est substrat des changements qui affectent la substance composée. Il n'en demeure pas moins que la matière n'est jamais par elle-même « sensible » au sens strict, puisque elle est toujours perçue en situation de composition. Elle est matière par relation avec la forme ou avec l'ensemble des déterminations formelles qu'elle reçoit. Je peux dire que le corps est matière du vivant et le percevoir en tant que tel, mais je le saisis toujours en composition, comme *matière de*. Dans le cas du cadavre, je l'identifie encore comme *matière du vivant* par privation. D'une manière générale, la matière est « inconnaissable par soi » (ἄγνωστος καθ᾽ αὐτήν)[2]. Là n'est pas l'essentiel, cependant, pour notre texte. Nous pouvons fort bien admettre que, par opposition avec une matière que l'on dira « sensible », la ὕλη νοητή est matière « pour la raison », dans la mesure où le composé dont elle est le substrat n'est pas un composé sensible et dans la mesure où cette matière n'est pas substrat d'un changement.

L'embarras des commentateurs concerne principalement la nature du composé dont nous pouvons dire qu'il a une matière

1. Z 10, 1036a10-11.
2. Z 10, 1036a9.

« intelligible ». S'il est saisi par la raison, cela peut vouloir dire que ce composé est, ou bien un objet mathématique [1], ou bien la substance formelle en tant qu'elle est l'objet de la définition [2], ou encore tout type de substance composée, qu'elle soit intelligible ou sensible, dans la mesure où la substance sensible elle aussi a une matière intelligible (le genre) en plus de sa matière sensible [3]. La première option a pour elle, outre la rareté de l'expression ὕλη νοητή, les exemples pris par Aristote pour illustrer son propos. Dans notre passage, l'exemple est celui de la définition du cercle comme « figure plane », définition dans laquelle ce dernier terme vaut comme matière. En Z10 [4], Aristote comprend la ὕλη νοητή comme étant la matière « présente dans les êtres sensibles, dès lors qu'on ne les considère pas en tant que sensibles », et précise : « comme les objets mathématiques ». En Z 11, 1036b32-37a5, la distinction entre les deux types de matière vient clore un développement sur les objets mathématiques. La notion de matière « intelligible » ne serait en ce sens pertinente que pour les objets mathématiques.

Cette hypothèse est toutefois difficile à tenir. La convergence des exemples, en effet, autorise-t-elle à en faire autre chose que des exemples, et à décréter que les objets mathématiques constituent les seuls cas d'application du concept ? L'abstraction mathématique est une bonne illustration de la séparation mentale que l'on est amené à faire à propos de la substance formelle, car elle permet de saisir par analogie ce que peut être la matière intelligible en général, y compris pour des objets autres que mathématiques. On ne peut par ailleurs exclure que Z et H ne soient pas parfaitement concordants, le premier pouvant réserver l'expression au substrat commun des objets mathématiques, tandis que le second l'élargirait aux autres cas. Par ailleurs encore, l'assimilation du genre à une « matière », sans restriction, est

---

1. Voir Thomas d'Aquin, *Sent. Metaph.* lib. VIII, l. 5, n. 6-7 ; R. Rorty, « Genus as Matter : a Reading of *Metaphysics* Books Z H », *in* E.N. Lee, A.D.P. Mourelatos, R.M. Rorty (eds), *Exegesis and Argument, Studies in Greek Philosophy Presented to Gregory Vlastos*, Assen, Van Gorcum, 1973, p. 393-420 ; Bostock, p. 284-285 ; V. Harte, art. cit.

2. Voir par exemple E. Keeling, art. cit.

3. Ross, p. 199-200. Voir encore S. Delcomminette, « *Métaphysique* H 6 : unité de l'*ousia*, unité de l'*eidos* », *Elenchos* XXV, 2014-1, p. 109 : « La matière intelligible est la matière de ce qui n'est pas sensible, ou du sensible non pris en tant que sensible – c'est-à-dire de ce qui est intelligible ou de ce qui est pris en tant qu'intelligible. » C'est la position qui me paraît la plus satisfaisante.

4. Z 10, 1036a9-12. Passage supprimé par Jaeger.

un point de doctrine bien établi chez Aristote [1]. Le genre, selon le livre Δ, est matière des espèces, parce qu'il est le « premier constituant interne » (τὸ πρῶτον ἐνυπάρχον), exprimé dans l'essence, et qualifié par les différences [2]. Or ce passage de Δ, qui porte sur l'occurrence spécifique de γένος quand il est appliqué aux « définitions », ne vient qu'après la mention, clairement distincte, du genre des objets mathématiques – comme la surface ou le solide. Il est d'ailleurs remarquable de retrouver ici la terminologie de l'inhérence, avec le même verbe, ἐνυπάρχειν, qu'en Z13 [3]. On constate à cette occasion qu'Aristote admet pour son propre usage cette terminologie de l'inhérence : le genre est bien inhérent à la quiddité. Ce qui est rejeté, c'est l'idée qu'il puisse être à la fois inhérent et coexistant, qu'il puisse exister en acte, comme voudrait le faire admettre la théorie de la participation. Le texte convergent de I 8, 1057b35-1058a8 est à ce sujet très significatif : il montre que, bien que le genre soit un terme « commun » aux différences rassemblées sous lui – « Animal » est commun à « Homme », « Canard », « Lapin » –, il est cependant « autre » en chacune. En d'autres termes, il est par nature instancié, inhérent aux différences, et n'est rien par soi. Le genre est matière pour les différences, parce qu'il est présent dans leurs définitions respectives. Il peut donc à bon droit être dit « matière », au sens où il est déterminé par les différences d'espèce ou de qualité spécifique. De fait, en Z 12, 1038a5-9, le genre est défini comme matière inhérente aux espèces ou formes, qui en constituent les différences. L'exemple, on l'a rappelé, est alors celui des lettres ou du son articulé, qui différencient la voix ou l'expression verbale.

Nous avons vu, par ailleurs, que la réflexion sur le genre et la définition commençait en H2, c'est-à-dire dans le contexte d'une analyse qui porte sur la substance sensible. Les différences, dont il s'agit précisément d'identifier les genres (1042b32), sont les déterminations actuelles et les véritables causes des propriétés (1043a3) et sont en ce sens analogues aux substances elles-mêmes (1043a5). Dans les deux cas, la définition consiste à rapporter un « acte » à une « matière », comme lorsque l'on dit que la glace est de l'eau congelée ou que le seuil de la porte consiste en une certaine disposition de pièces de bois ou de briques (1043a5-12). Les deux types de structure

1. Voir, outre les textes mentionnés ci-dessous, *Metaph.* I 8, 1058a23 ; *Phys.* II 9, 200b7-8 et le commentaire du Ps.-Alex., *In Metaph.* 562.13-19.
2. Δ 28, 1024b4-6.
3. Voir *supra*, Introduction, p. 000.

– intelligible et sensible – sont isomorphes et, dans les deux cas, l'erreur dénoncée est la même : elle consiste à additionner des entités comme si elles coexistaient en acte, alors que nous avons affaire à deux aspects d'une seule et même réalité, qu'il s'agisse de la glace comme eau congelée ou de l'Homme comme Animal-Bipède. Dans les deux cas, la définition est constituée du genre et de la différence et le genre est appelé à s'effacer derrière les différences, dont la dernière est la seule réalité en acte, ainsi que Z12 semble l'avoir requis en 1038a9-34. En d'autres termes, la seule manière pour le genre d'exister en plus de la différence, c'est d'en être la matière ou la puissance[1], ou encore d'être un « déterminable » comme J. Brunschwig l'a montré dans son article de référence sur la question[2]. L'analyse des substances sensibles, dans les chapitres précédents, a bien préparé le lecteur de H6 à concevoir cela. Comme on l'a vu, l'hylémorphisme des substances sensibles, dans la mesure même où il implique la priorité de la forme, conduit à élargir le champ d'application de la relation matière-forme à la définition.

Parvenus à ce point de l'analyse, nous avons obtenu des résultats notables. Aristote a établi qu'il y a au moins deux types d'unité, qui sont tous deux de nature hylémorphique : l'unité des substances sensibles et celle des définitions. Reste maintenant à statuer sur les entités qui n'ont pas de structure hylémorphique et qui trouvent pourtant place dans le discours de définition. Aristote aborde cette question en 45a36 : les entités qui n'ont ni matière intelligible ni matière sensible sont chacune « immédiatement » (εὐθὺς)[3] un être *un*. Ce sont donc des êtres simples, tout au moins au sens où ils peuvent être saisis indépendamment de toute situation de composition hylémorphique. L'unité des termes simples contenus dans les définitions est du reste opposée à la relation « ceci est prédiqué de cela » (τι κατὰ τινος), en H 3, 1043b30-31, où il s'agit d'une prédication de type hylémorphique[4]. Aristote prend soin de préciser que cette séparation par rapport à la matière n'implique nullement la séparation absolue, comme si les termes simples en question pouvaient exister « à côté des particuliers » (45b7), à l'instar des Idées

1. Voir A. Jaulin, Eidos *et* ousia, *op. cit.*, p. 160-165.
2. J. Brunschwig, « La forme, prédicat de la matière? », art. cit.
3. H 6, 1045a36; b3; 5.
4. Voir *supra* [3.4].

platoniciennes. Il s'agira donc de cas de séparation « en raison », comme en H 1, 1042a29, et non pas de séparation réelle [1].

Les exemples donnés – le ceci, la qualité, la quantité – laissent penser qu'il s'agit des catégories comme genres suprêmes, c'est-à-dire comme ne pouvant être prédiquées d'un genre plus étendu qui vaudrait comme matière intelligible [2]. Peut-être s'agit-il en réalité des « formes » au sens large [3], c'est-à-dire de tout type de détermination séparable « en raison » de la matière, y compris l'être essentiel. On comprendra dans ce cas que ce dont l'unité est immédiate n'est pas la catégorie elle-même, mais ce qui est contenu sous cette catégorie [4] – non pas la qualité, par exemple, mais le blanc ou le chaud –, pour autant qu'il soit considéré sans la matière.

L'être, quant à lui, ne constitue pas un genre qui serait comme la matière de ces êtres premiers, car l'être n'est précisément pas un genre [5]. Il est immédiatement impliqué dans les termes simples qui tombent sous les différentes catégories comme dans les catégories elles-mêmes, genres premiers qui de ce fait permettent d'entendre l'être selon les différents sens qui l'expriment (comme substance, comme qualité, comme quantité, etc.). Il en va de même de l'un, car dès que l'on pose un terme à définir, on le pose comme étant *un*, de sorte que vouloir prédiquer l'unité serait également tautologique. C'est d'ailleurs la raison pour laquelle, ajoute Aristote, « ni l'être ni l'un » ne servent à définir, puisqu'ils sont déjà impliqués dans les genres suprêmes.

En 45b3, Aristote précise que l'être essentiel lui aussi peut être considéré immédiatement comme une unité et comme un être, ce qui donne à penser que non seulement la substance comme sujet logique, mais également la forme comme objet de la définition est d'emblée *une*. Il ne va pourtant pas du tout de soi que la forme soit *une*, au sens où elle serait incomposée, puisque la thèse de l'unité hylémorphique du genre et de la différence a précisément conduit à comprendre la définition comme une pluralité intelligible. De plus, en Z10-11,

---

1. On ne peut pas exclure que la substance effectivement séparée, telle que la conçoit le livre Λ de la *Métaphysique*, puisse tomber ici sous la même rubrique. De fait, elle est, comme acte pur, un être simple. Voir notamment Λ 9, 1075a5-10. Le livre H donne cependant très peu d'indices en faveur de la thèse d'un rapprochement intentionnel avec le livre Λ.

2. Voir en ce sens Ross, p. 238 ; *Notes*, p. 42.

3. Voir H 5, 1044b22-23 et *supra* [5.1].

4. Voir en ce sens S.G. Seminara, *Matter and Explanation, op. cit*, p. 197-199.

5. De fait, voir *Metaph*. B 3, 998b17 *sq.* ; *An. Post*. II 7, 92b14.

Aristote s'est longuement interrogé sur les parties de la définition et sur celles qui, par opposition aux parties matérielles, constituent la forme comme telle. Il semble cependant que la forme soit *une*, dans le présent contexte, au sens où, à la différence du composé (intelligible ou sensible), elle peut être pensée hors composition, c'est-à-dire en dehors du complexe unitaire qu'elle constitue avec le genre ou avec la matière sensible. La définition pourra bien, comme discours complexe, déployer la série qui conduit à la différence ultime, série grâce à laquelle nous pourrons dire, par exemple, que l'homme est Animal-Terrestre-Bipède, ou une âme de telle ou telle sorte. Elle pourra également énoncer à la fois la forme et la matière, comme lorsque l'on dit que le seuil est une pierre posée de telle manière. Il n'en demeure pas moins que, comme différence ultime et substance première, la forme ou être essentiel est une et indivisible, non pas au sens où elle serait absolument sans parties, mais parce qu'elle est, prise en elle-même, pure de toute matière et de toute puissance[1]. La seule question qui demeure sur ce point est, en définitive, la suivante : doit-on reprocher à Aristote de traiter successivement de deux manières un même objet – la forme, objet de la définition –, d'abord dans le cadre d'une composition hylémorphique, puis en le comptant parmi les êtres immédiatement simples ?

La leçon générale de l'argument est en tout cas celle-ci : l'unité et l'être des termes simples contenus dans les définitions, le troisième type d'unité que l'on rencontre en H6, sont immédiatement posés. Ils n'ont donc pas à être démontrés. Comme dans le cas des deux types d'unités précédemment envisagés, la difficulté disparaît, non par production d'un *explanans*, mais par élimination d'un *explanandum* fictif. Il n'y a pas à expliquer l'unité dans les cas envisagés, car elle est donnée d'elle-même avec les cas en question.

[6.4] *Conclusion polémique.*

1045b7-23 : « C'est pourtant en raison de cette difficulté que certains parlent de « participation », et ils sont dans l'embarras à propos de ce qui est cause de la participation et ce que c'est que

---

1. Lecture qui me semble s'accorder avec celle de S. Delcomminette, art. cit., p. 115-116, qui comprend la différence dernière « comme indivisible ultime dont est "composée" la définition ». Voir également p. 117 : « le caractère "composé" de la définition est tout à fait compatible avec l'indivisibilité de son objet, dans la mesure où il s'agit simplement du déploiement discursif de deux états de cet objet unique (l'*eidos*), considéré d'abord en puissance (le genre), puis en acte (la différence). »

participer. D'autres parlent de « coexistence », [10] comme Lycophron dit que la connaissance est la coexistence du connaître et de l'âme. D'autres disent que la vie est une juxtaposition ou une conjonction de l'âme au corps. Mais c'est à chaque fois le même discours ! En effet, le fait d'être en bonne santé sera la coexistence ou la conjonction ou la juxtaposition de l'âme et de la santé, et le fait que le bronze est un triangle sera [15] une juxtaposition du bronze et du triangle, et le fait d'être blanc sera une juxtaposition d'une surface et de la blancheur. C'est parce qu'ils cherchent une raison unificatrice de la puissance et de la réalité effective, ainsi qu'une différence. Or, ainsi qu'on l'a dit, la matière prochaine et la forme sont une seule et même chose, l'une en puissance et l'autre en acte, de sorte que procéder comme ils le font, cela revient à rechercher [20] une cause de l'unité et du fait d'être *un*. Chaque chose particulière est en effet *une* et ce qui est en puissance et ce qui est en acte font *un* en un sens, de sorte qu'il n'y a pas ici d'autre cause que ce qui, en tant que moteur, fait passer de la puissance à l'acte. Quant aux choses qui n'ont pas de matière, chacune est purement et simplement une chose *une*. »

H6 pourrait s'achever en 45b7. Il est en effet acquis, désormais, que les composés de matière et de forme ont l'unité de ce dont l'essence s'exprime selon la puissance et selon l'acte et que les êtres simples, c'est-à-dire sans matière, ont une unité immédiate. La réponse de Z17 à la question de l'unité du composé sensible est ainsi confirmée et doublée d'une justification supplémentaire par la puissance et l'acte : l'unité du composé tient à son être essentiel, véritable cause en vertu de laquelle telle matière est telle chose déterminée. L'aporie de l'unité de la définition est supprimée, et donc résolue *de facto*, parce que le genre, compris comme matière, est contenu dans l'unité qu'il constitue avec la différence et qu'il ne s'additionne pas à celle-ci.

Aristote revient dans les dernières lignes du chapitre sur ces acquis, de manière apparemment répétitive. Les lignes 45b20-23 sont apparemment une simple reprise de la thèse de 45a29-33. Il y a toutefois une nuance dans le propos : Aristote entend conclure ici sur le plan dialectique, expliquant le verdict qu'il a énoncé en 45a20-22 : si l'on procède comme l'Académie, que l'on prétend définir l'homme comme « animal *et* bipède », on ne peut ni définir ni expliquer.

L'évocation de la participation (μέθεξις) en 45b8-9 indique clairement que la thèse visée est la position platonicienne, qui serait en fait incapable d'expliquer la participation elle-même[1]. D'une manière générale, aux yeux d'Aristote, la participation est une relation dans laquelle ce qui participe (l'homme singulier) reste séparé de son essence (l'Idée d'homme), elle-même fragmentée, du fait de sa propre participation à des universaux réellement distincts, comme l'Animal et le Bipède. Le seul type d'unité que peut fonder une telle relation est une unité par addition. Cela ne fait pas une unité substantielle.

La position du sophiste et orateur Lycophron (45b10) consiste à invoquer une « coexistence » (συνουσία) entre les termes de la définition. Un passage de la *Physique* indique que Lycophron, voulant éviter de confondre l'un et le multiple, supprimait le « est », probablement la copule[2], cherchant ainsi à lier les termes plus étroitement que dans une prédication classique du type *X* est *Y*. D'autres (45b12), non identifiés, estiment que la définition réalise une juxtaposition (σύνθεσις) ou une conjonction (σύνδεσμος), comme si l'on définissait la vie comme étant la juxtaposition ou la conjonction de l'âme et du corps. Il est difficile de savoir si Aristote vise un ensemble de positions théoriques distinctes et clairement identifiables. Là n'est pas cependant l'essentiel, puisqu'il estime que dans tous les cas, le discours est le même (45b12), ce qui se concrétise par la répétition indistincte dans les lignes suivantes des trois termes « coexistence », « conjonction » et « juxtaposition ». Par ailleurs, les connotations de ces deux derniers termes sont lestées du poids des occurrences antérieures, à l'intérieur même du livre H[3]. Dans tous les cas, il s'agit d'unités non substantielles, comme un mélange ou comme les lettres composant la syllabe. Ce sont donc des compositions accidentelles.

L'erreur commune à ces différentes versions – en réalité convergentes – de la définition est de rechercher à la fois une « raison unificatrice » de la puissance et de l'acte (ou entéléchie), et une « différence ». Comme l'a établi [6.3], il n'y a pas à rechercher l'unité de ce qui est puissance et de ce qui est acte pour une même réalité. L'interprétation de καὶ διαφοράν est plus délicate. Le plus simple

---

1. Critique déjà formulée dans la *Metaph.*, en A 6, 987b13. Voir également les critiques formulées en Z12 et, à ce sujet, *supra*, Introduction, p. 43-45.

2. *Notes*, p. 44. Voir *Phys.* I 2, 185b27-28.

3. Pour σύνθεσις, voir H 2, 1042b16; 1043a13; 3, 1043b6-8; pour σύνδεσμος, voir H 6, 1045a13.

serait de comprendre, avec Ross et Tricot par exemple : « ils ont cherché à poser une différence entre la puissance et l'acte », en sous-entendant qu'il n'y a pas pour Aristote de différence *réelle* entre la puissance et l'acte d'une même substance, mais une unité de fait. Cependant Aristote peut aussi vouloir dire que ceux qu'il critique n'ont pas su saisir la nature de la différence, faute, par exemple, d'avoir saisi ce qui est dit à ce sujet en Z12 et H2 : la différence ou détermination ultime est analogue à l'acte et à la forme (H2)[1]; elle contient donc en elle-même et de manière intensive la série des différences antérieures, y compris le genre et ses subdivisions (Z12).

En 45b17-23, il se réfère donc à ce qui a été dit antérieurement, probablement en 45a22-23, pour affirmer de nouveau l'unité de la matière et de la forme, de la puissance et de l'acte, et pour dénoncer l'impasse que représenterait la recherche d'une unité déjà donnée. Ce n'est pas, cependant, une pure répétition. Aristote apporte en effet une légère modification à son propos, en affirmant cette fois « l'identité et <de> l'unité de la matière prochaine et de la forme » (ἡ ἐσχάτη ὕλη καὶ ἡ μορφὴ ταὐτὸ καὶ ἕν).

Deux points doivent être éclaircis : ce qu'il faut entendre ici par « matière prochaine » et ce que signifie cette identité. Il est possible que la matière dite ici « prochaine », comme la matière « propre » en H 4, 1044b2, soit la matière la plus élaborée et la plus proche de la forme[2], comme le corps complet est la matière la plus appropriée à l'âme. Aristote, en choisissant l'exemple de la sphère de bronze, a toutefois pris le parti de considérer un niveau de matière moins élaboré que la matière fonctionnelle de l'être vivant[3]. Il y a donc ici une équivoque sur la nature de la ἐσχάτη ὕλη. On peut cependant se demander si Aristote veut véritablement assigner à cette dernière une nature fixe, comme si l'expression ἐσχάτη ὕλη désignait un niveau toujours identique de matérialité. De ce point de vue, l'équivoque aurait une signification positive qui, par rapprochement avec la question de la définition telle qu'elle est envisagée en H2, pourrait

---

1. Voir les *Notes*, p. 44, qui expliquent l'évocation d'une « différence » par une allusion à H2.

2. Voir en ce sens *Notes*, p. 44; E.C. Halper, *One and Many in Aristotle's Metaphysics*, *op. cit.*, p. 199. Voir également Z 10, 1035b30-31, où la matière « prochaine » désigne la matière la plus élaborée du composé sensible particulier (Socrate), par opposition à la matière « considérée universellement » (ὡς καθόλου), celle du composé « homme » ou « cheval » pris en général.

3. Voir en ce sens M.L. Gill, « Unity of Definition in *Metaphysics* H. 6 and Z. 12 », art. cit.

être celle-ci : dans un composé donné, la forme et la matière « dernière », c'est-à-dire celle que l'on mentionne quand on donne la définition hylémorphique – une définition incluant la matière – la plus précise possible du composé, constitue une seule et même entité, car la forme et la matière en question sont substantiellement corrélées (dans le composé concerné).

Cependant, forme et matière ne sont pas identiques selon leurs définitions respectives, même si l'être qu'elles composent a une seule et unique essence. La forme *n'est pas* la matière prochaine : le corps n'est pas le vivant à lui seul, car il n'est effectivement le corps du vivant qu'à condition d'être informé par l'âme et d'être ainsi animé. En outre il conserve, grâce à ses propriétés matérielles, un certain nombre de potentialités qui ne sont pas actualisées par l'âme, notamment la capacité qu'ont ses parties de persister sous telle ou telle configuration et pour une certaine durée, après la mort du vivant. Enfin, la matière la plus élaborée, même si elle manifeste une aptitude certaine au mouvement et à la réalisation de la fin, n'est elle-même ni la cause motrice ni la cause finale, qui sont l'apanage de la seule forme. Il n'en demeure pas moins que forme et matière prochaine ne sont pas séparables actuellement, parce qu'elles n'accomplissent leurs fonctions respectives qu'au travers de leur mutuelle relation, tout comme la puissance et l'acte coïncident, dans l'être réalisé, sans être pour autant identiques [1].

C'est sans doute cette restriction à l'unité de la forme et de la matière, de l'acte et de la puissance, que sous-entend la précaution « en un sens » (πώς) dans la proposition « ce qui est en puissance et ce qui est en acte font *un* en un sens » (45b20-21). Inversement, en 45b23, ce qui est immédiatement *un* est « purement et simplement » (ἁπλῶς) une chose une. On peut expliquer cette opposition par le fait que, dans les composés hylémorphiques (sensibles ou intelligibles), le passage de la puissance à l'acte exige une cause motrice (45b22) [2]. Toutefois, il se peut aussi que cette distinction entre unité πώς et unité ἁπλῶς repose sur la différence entre, d'une part, ce qui conserve quelque chose de déterminable (la matière sensible du composé sensible conserve une part d'indétermination, voire de résistance à

---

1. Je fais mienne la formule éclairante de E. Keeling, art. cit., p. 251 : la nature de la sphère en acte et celle de la sphère en puissance ne sont pas les mêmes; elles sont corrélatives.

2. Comme le pense S.G. Seminara, *Matter and Explanation, op. cit.*, p. 203.

l'information [1]) et, d'autre part, ce qui est par soi en acte de sorte qu'il ne contient rien qui serait encore déterminable. Les entités immédiatement unes, en tout cas, ne dépendent ni d'une cause motrice, ni d'une matière sensible, ni d'un genre pour être ce qu'elles sont (du moins si on les considère comme séparées de leur matière « en raison »). Elles sont, de ce point de vue, immédiatement et complètement déterminées.

Il est enfin significatif que cette thèse ait un lieu parallèle fameux, dans le *DA*, où Aristote affirme en des termes similaires :

> il ne faut pas chercher si l'âme et le corps sont une seule chose, pas plus qu'on ne doit le faire pour la cire et la figure, ni d'une manière générale pour la matière d'une chose singulière et ce dont elle est matière, car c'est la réalité effective qui est au sens propre l'un et l'être, même si ces derniers se disent en plusieurs sens [2].

En d'autres termes, l'acte (la réalité effective ou entéléchie) – et selon H6 la forme – est *un* et être au sens propre (κυρίως) ; or la forme ne se distingue pas substantiellement de la matière ou puissance dont elle est acte. L'acte comme forme implique donc à la fois l'être et l'unité du composé dont il est acte. La proximité de ce texte avec celui de H6 donne d'ailleurs une justification particulière à certains des exemples qui viennent d'être donnés : la « conjonction » de l'âme au corps, évoquée faussement pour définir la vie, ou bien la « juxtaposition » accidentelle de l'âme et de la santé sont récusées, en négatif, par la force de l'hylémorphisme. La corrélation nécessaire de la forme et de la matière prochaine confère au composé, tout à la fois, son être et son unité.

---

1. Voir *supra*, Introduction, p. 58.
2. *DA* II 1, 412b6-9.

BIBLIOGRAPHIE

Éditions et traductions de la Métaphysique :

Aristotelis Opera, ex recensione I. Bekker edidit Academia Regia Borussica, 1831 ; editio altera quam curavit O. Gigon, Berlin, W. de Gruyter, 1960.

Aristotelis Metaphysica, ed. H. Bonitz, 2 vol., Bonn, Marcus, 1848-1849 ; Hildesheim, Olms, 1960.

Aristotelis Metaphysica, recognovit W. Christ, Leipzig, Teubner, 1886 ; 1895.

Aristotle's Metaphysics. Text with Introduction and Commentary by D. Ross, Oxford, Clarendon Press, 2 vol., 1924 ; 1958 ; 1966.

ARISTOTE, *La Métaphysique*, traduction, introduction, notes par J. Tricot, Paris, Vrin, 1966.

ARISTOTELE, *La Metafisica*, traduzione, introduzione, commento, a cura di G. Reale, Napoli, Loffredo, 2 vol., 1968.

ARISTOTLE, *Metaphysics*. Books Zeta, Eta, Theta, Iota (VII-X), translated by M. Furth, Indianapolis, Hackett Publishing Company, 1985.

ARISTOTLE, *Metaphysics*. Books *Z* and *H*, translated with a commentary by D. Bostock, Clarendon Press, 1994.

ARISTOTE, *Métaphysique*, Présentation et traduction par M.-P. Duminil et A. Jaulin, Paris, GF-Flammarion, 2008.

ARISTOTE, *Métaphysique*, Livre Delta, Introduction, traduction et commentaire par R. Bodéüs et A. Stevens, Paris, Vrin, 2014.

ARISTOTE, *Métaphysique*, Texte traduit par C. Rutten et A. Stevens, présenté et annoté par A. Stevens, dans Aristote. *Œuvres*, Édition publiée sous la direction de R. Bodéüs, Paris, Gallimard, 2014.

ARISTOTE, *Métaphysique*, Livre Epsilon, Introduction, traduction et commentaire par E. Berti, Paris, Vrin, 2015.

Autres œuvres d'Aristote [1] :

Topiques, texte grec et trad. fr., intr. et notes par J. Brunschwig, Paris, Les Belles Lettres, vol. I (livres I-IV), 1967 ; vol. II (livres V-VIII), 2007.

De la génération et la corruption, texte grec et trad. fr., intr. et notes par M. Rashed, Paris, Les Belles Lettres, 2005.

Commentaires anciens et médiévaux :

ALEXANDRI APHRODISIENSIS *in Aristotelis Metaphysica commentaria* (*CAG* 1), ed. M. Hayduck, Berlin, Reimer, 1891 ; traduction italienne dans G. Movia (a cura di), *Alessandro di Afrodisia, Commentario alla Metafisica di Aristotele*, Milano, Bompiani, 2007.

S. THOMAE AQUINATIS, *In duodecim libros Metaphysicorum Aristotelis expositio*, éd. M.-R. Cathala-R. M. Spiazzi, Torino-Roma, Marietti, 1950 ; 1964.

Métaphysique d'Aristote. Commentaire de Thomas d'Aquin, trad. G.-F. Delaporte, T. I : Livres I à V ; T. II : Livres VI à XII, Paris, L'Harmattan, 2012.

Études – Commentaires :

AUBENQUE P., *Le Problème de l'être chez Aristote. Essai sur la problématique aristotélicienne*, Paris, P.U.F., 1962.

AUBRY G., *Dieu sans la puissance. Dunamis et energeia chez Aristote et Plotin*, Paris, Vrin, 2006.

BAGHDASSARIAN F., « Aristote, *Métaphysique* H 5 : la génération des contraires et la matière », *Elenchos* XXV, 2014-1, p. 61-88.

BOLTON R., « The Material Cause : Matter and Explanation in Aristotle's Natural Science », *in* W. Kullmann, S. Föllinger (eds), *Aristotelische Biologie. Intentionen, Methoden, Ergebnisse*, Philosophie der Antike, Band 6, Franz Steiner Verlag, Stuttgart, 1997, p. 97-124.

– « Subject, Soul and Substance in Aristotle », dans C. Cerami (éd.), *Nature et sagesse. Les rapports entre physique et métaphysique dans la tradition aristotélicienne. Recueil de textes en hommage à Pierre Pellegrin*, Louvain-La-Neuve, Éditions Peeters, 2014, p. 149-175.

BONITZ H., *Index aristotelicus*, Berlin, 1970 ; Graz, 1955.

BRANCACCI A., *Oikeios logos. La filosofia del linguaggio di Antistene*, Napoli, Bibliopolis, 1990 ; trad. fr., *Antisthène. Le discours propre*, Paris, Vrin, 2005.

BRUNSCHWIG J., « Dialectique et ontologie chez Aristote. À propos d'un livre récent », *Revue Philosophique* 154, 1964, p. 179-200.

---

1. Éditions citées dans le commentaire.

– « La forme, prédicat de la matière ? », dans P. Aubenque (éd.), *Études sur la Métaphysique d'Aristote*, Paris, Vrin, 1979, p. 131-158.

– « Aristote, Platon et les formes d'objets artificiels », dans P.-M. Morel (éd.), *Aristote et la notion de nature. Enjeux épistémologiques et pratiques*, Bordeaux, Presses universitaires de Bordeaux, 1997, p. 45-68.

BURNYEAT M., *Notes on H-Θ of Aristotle's Metaphysics*, being the record by M. Burnyeat and others, Oxford, 1984.

– *A Map of* Metaphysics *Zeta*, Pittsburg, Mathesis Publications, 2001.

CHARLES D., « Matter and Form : Unity, Persistence, and Identity », *in* T. Scaltsas, D. Charles, M.L. Gill (eds), *Unity, Identity, and Explanation in Aristotle's* Metaphysics, Oxford, Clarendon Press, 1994, p. 75-105.

– *Aristotle on Meaning and Essence*, Oxford, Clarendon Press, 2000.

– « Θ 7 et 8 : quelques questions à propos de la potentialité (*dunamis*) et de l'actualité (*energeia*) » dans M. Crubellier, A. Jaulin, D. Lefebvre, P.-M. Morel (éd.), Dunamis. *Autour de la puissance chez Aristote*, « Aristote. Traductions et études », Louvain-La-Neuve, Éditions Peeters, 2008, p. 353-390.

CHIARADONNA R., « Interpretazione filosofica e ricezione del *corpus*. Il caso di Aristotele (100 a. C. - 250 d. C.) », *Quaestio* 11, 2011, p. 83-114.

– « La chair et le bronze. Remarques sur *Métaphysique* Z, 11 et l'interprétation de M. Frede et G. Patzig », *Les Études Philosophiques*, 2014-3, p. 375-388.

DÉCARIE V., *L'objet de la métaphysique selon Aristote*, Montréal-Paris, Vrin, 1961 ; 1972 ².

DELCOMMINETTE S., « *Métaphysique* H 6 : unité de l'*ousia*, unité de l'*eidos* », *Elenchos* XXV, 2014-1, p. 89-125.

DESLAURIERS M., *Aristotle on Definition*, Leiden-Boston, Brill, 2007.

DEVEREUX D., « The relationship between Books Zeta and Eta of Aristotle's *Metaphysics* », *Oxford Studies in Ancient Philosophy* XXV, Winter 2003, p. 159-211.

DÖRING K., « The Students of Socrates », *in* D.R. Morrison (ed.), *The Cambridge Companion to Socrates*, Cambridge, Cambridge University Press, 2011, p. 24-47.

FAZZO S., « Nicolas, l'auteur du *Sommaire de la philosophie d'Aristote*. Doutes sur son identité, sa datation, son origine », *Revue des Études Grecques* 121, 2008-1, p. 99-126.

FINE G., *On Ideas : Aristotle's Criticism of Plato's Theory of Forms*, Oxford, Oxford University Press, 1993.

FREDE M., « The Definition of Sensible Substances in *Metaphysics* Z », *in* D. Devereux, P. Pellegrin (éd.), *Biologie, logique et métaphysique chez Aristote*, Actes du Séminaire C.N.R.S.-N.S.F., Oléron, 28 juin-3 juillet 1987, Paris, 1990, p. 113-129.

— et PATZIG G., *Aristoteles Metaphysik Z*, Text, Übersetzung und Kommentar, 2 vol., München, 1988.

FURTH M., *Substance, Form and Psyche: an Aristotelean Metaphysics*, Cambridge, Cambridge University Press, 1988.

GALLUZZO G., « Universals in Aristotle's *Metaphysics* », *in* R. Chiaradonna, G. Galluzzo (eds), *Universals in Ancient Philosophy*, Pisa, Edizioni della Normale, 2013, p. 209-253.

— et MARIANI M., *Aristotle's Metaphysics Book Z: The Contemporary Debate*, Pisa, Edizioni della Normale, 2006.

GAUTHIER-MUZELLEC M.-H., « Le paradigme naturaliste dans la *Métaphysique* d'Aristote », dans P.-M. Morel (éd.), *Aristote et la notion de nature. Enjeux épistémologiques et pratiques*, Bordeaux, Presses universitaires de Bordeaux, 1997, p. 69-94.

GILL M.L., « Aristotle on Matters of Life and Death », *Proceedings of the Boston Area Colloquium in Ancient Philosophy*, Volume IV, 1988, p. 187-205.

– *Aristotle on Substance. The Paradox of Unity*, Princeton, Princeton University Press, 1989.

– « *Metaphysics* H 1-5 on Perceptible Substances », *in* C. Rapp (ed.), *Aristoteles*. Metaphysik. *Die Substanzbücher (Z-H-Θ)*, Berlin, Akademie Verlag, 1996, p. 209-228.

– « Aristotle's *Metaphysics* Reconsidered », *Journal of History of Philosophy* 43, 2005-3, p. 223-251.

– « Form-Matter predication in *Metaphysics* Θ 7 », dans M. Crubellier, A. Jaulin, D. Lefebvre, P.-M. Morel (éd.), Dunamis. *Autour de la puissance chez Aristote*, « Aristote. Traductions et études », Louvain-La-Neuve, Éditions Peeters, 2008, p. 391-427.

– « Unity of Definition in *Metaphysics* H. 6 and Z. 12 », *in* J. Lennox, R. Bolton (eds), *Being, Nature, and Life in Aristotle. Essays in Honor of Allan Gotthelf*, Cambridge, Cambridge University Press, 2010, p. 97-121.

– « The Problem of Substance in Aristotle's Metaphysics Z », *in* C. Cerami C. (éd.), *Nature et sagesse. Les rapports entre physique et métaphysique dans la tradition aristotélicienne. Recueil de textes en hommage à Pierre Pellegrin*, « Aristote. Traductions et études », Louvain-La-Neuve, Éditions Peeters, 2014, p. 37-50.

– « Two Versions of Hylomorphism in Aristotle's *Metaphysics* » (à paraître).

GOULET R., HECQUET-DEVIENNE M., LUNA C., NARCY M., « La Métaphysique. Tradition grecque », dans R. Goulet (dir.), *Dictionnaire des Philosophes antiques*, Supplément, Paris, CNRS Éditions, 2003, p. 224-258.

GUTAS D., *Theophrastus* On First Principles (*known as his* Metaphysics), Greek Text and Medieval Arabic Translation, Edited and Translated with Introduction, Commentaries and Glossaries, as Well as the Medieval Latin Translation, and with an Excursus on Graeco-Arabic Editorial Technique, Leiden-Boston, Brill, 2010.

GUYOMARC'H G., *Aux origines de la Métaphysique. L'interprétation par Alexandre d'Aphrodise de la* Métaphysique *d'Aristote*, Thèse, Université

Charles-de-Gaulle-Lille 3 - Université de Liège (à paraître aux Éditions Vrin), 2012.

HALPER E.C., *One and Many in Aristotle's* Metaphysics. *The Central Books*, Columbus, Ohio State University Press, 1989; Parmenides Publishing, 2005.

HARTE V., « Metaphysics H6 : A Dialectic with Platonism », *Phronesis* 41, 1996-3, p. 276-304.

IRWIN T.H., *Aristotle's First Principles*, Oxford, Clarendon Press, 1988.

JAULIN A., Eidos *et* ousia. *De l'unité théorique de la* Métaphysique *d'Aristote*, Paris, Klincksieck, 1999.

– « Démocrite au Lycée : la définition », *in* A. Brancacci, P.-M. Morel (eds.), *Democritus : Science, the Arts and the Care of the Soul*, Leiden-Boston, Brill, 2007, p. 265-275.

JUDSON L., « Formlessness and the Priority of Form : *Metaphysics* : Z 7-9 and Λ 3 », *in* M. Frede, D. Charles (eds), *Aristotle's* Metaphysics Lambda. *Symposium Aristotelicum*, Oxford, Clarendon Press, 2000, p. 111-135.

KEELING E., « Unity in Aristotle's *Metaphysics* H6 », *Apeiron* 45, 2012, p. 238-261.

KOSMAN L.A., « Animals and other Beings in Aristotle », *in* A. Gotthelf, J.G. Lennox (eds), *Philosophical Issues in Aristotle's Biology*, Cambridge, Cambridge University Press, 1987, p. 360-391.

LESZL W., *Aristotle's Conception of Ontology*, Padova, Antenore, 1975.

LEWIS F.A., « Aristotle on the Relation between a Thing and its Matter », *in* T. Scaltsas, D. Charles, M.L. Gill (eds), *Unity, Identity, and Explanation in Aristotle's* Metaphysics, Oxford, Clarendon Press, 1994, p. 247-277.

LOUX M.J., *Primary* Ousia. *An Essay on Aristotle's* Metaphysics Z *and* H, Cornell University Press, Ithaca-London, 1991.

LUNA C., *Trois Études sur la Tradition des Commentaires Anciens à la* Métaphysique *d'Aristote*, Leiden-Boston-Köln, Brill, 2001.

MENN S., « *Metaphysics* Z10-16 and the Argument-Structure of *Metaphysics* Z », *Oxford Studies in Ancient Philosophy* XXI, Winter 2001, p. 83-134.

– « On Myles Burnyeat's *Map of Metaphysics Zeta* », *Ancient Philosophy* 31, 2011, p. 161-202.

– *The Aim and the Argument of Aristotle's Metaphysics* (à paraître – voir : https://www.philosophie.hu-berlin.de/de/lehrbereiche/antike/mitarbeiter/menn/contents).

MIGNUCCI M., *L'argomentazione dimostrativa di Aristotele : commento agli Analitici secondi I*, Padova, Antenore, 1975.

MOREL P.-M., *Démocrite et la recherche des causes*, Paris, Klincksieck, 1996.

– *De la matière à l'action. Aristote et le problème du vivant*, Paris, Vrin, 2007.

– « Parties du corps et fonctions de l'âme en *Métaphysique* Z », *in* G. Van Riel, P. Destrée (eds), *Ancient Perspectives on Aristotle's* De Anima, Leuven, Leuven University Press, 2009, p. 125-139.

– *Aristote. Une philosophie de l'activité*, Paris, GF-Flammarion, 2003; 2013².

MORRISON D., « Some Remarks on Definition in *Metaphysics* Z », dans D. Devereux, P. Pellegrin (éd.), *Biologie, logique et métaphysique chez*

Aristote, Actes du Séminaire C.N.R.S.-N.S.F., Oléron, 28 juin-3 juillet 1987, Paris, 1990, p. 131-144.

NATALI C., « *Dynamis e techne* nel pensiero di Aristotele », dans M. Crubellier, A. Jaulin, D. Lefebvre, P.-M. Morel (éd.), Dunamis. *Autour de la puissance chez Aristote*, « Aristote. Traductions et études », Louvain-La-Neuve, Éditions Peeters, 2008, p. 271-290.

– *Aristotele*, Roma, Carocci Editore, 2014.

OLIVO-POINDRON I., « Οὐσία ὡς ἐνέργεια ou de l'existence chez Aristote », *Quaestio* 3, 2003, p. 71-109.

OWEN G.E.L., « The Snares of Ontology », *in* J.R. Bambrough (ed.), *New Essays on Plato and Aristotle*, London, Routledge and Kegan, 1965, p. 69-95.

OWENS J., *The Doctrine of Being in the Aristotelian Metaphysics*, Toronto, Pontifical Institute of Medieval Studies, 1951; 1978[2].

PELLEGRIN P., « Taxinomie, moriologie, division. Réponses à G.E.R. Lloyd », dans D. Devereux, P. Pellegrin (éd.), *Biologie, logique et métaphysique chez Aristote*, Actes du Séminaire C.N.R.S.-N.S.F., Oléron, 28 juin-3 juillet 1987, Paris, 1990, p. 37-47.

RASHED M., *Essentialisme. Alexandre d'Aphrodise entre logique, physique et cosmologie*, Berlin-New York, De Gruyter, 2007.

RORTY R., « Genus as Matter : a Reading of *Metaphysics* Books Z H », *in* E.N. Lee, A.D.P. Mourelatos, R.M. Rorty (eds), *Exegesis and Argument, Studies in Greek Philosophy Presented to Gregory Vlastos*, Assen, Van Gorcum 1973, p. 393-420.

SCALTSAS T., « Substantial Holism », *in* T. Scaltsas, D. Charles, M.L. Gill (eds), *Unity, Identity, and Explanation in Aristotle's* Metaphysics, Oxford, Clarendon Press, 1994, p. 107-128.

SELLARS W., *Philosophical Perspectives*, Springfield, Charles C. Thomas Publisher, 1967.

SEMINARA S.G., *Matter and Explanation. On Aristotle's* Metaphysics Book H, Thèse, École normale supérieure de Lyon - Università degli studi Roma Tre. Dipartimento di filosofia, 2014.

STEINFATH H., « Die Einheit der Definition und die Einheit der Substanz. Zum Verhältnis von Z 12 und H 6 », *in* C. Rapp (ed.), *Aristoteles. Metaphysik. Die Substanzbücher (Z-H-Θ)*, Berlin, Akademie Verlag, 1996, p. 229-251.

STEVENS A., *L'ontologie d'Aristote au carrefour du logique et du réel*, Paris, Vrin, 2000.

WEDIN M., *Aristotle's Theory of Substance*, Oxford, Oxford University Press, 2000.

WITT C., *Substance and Essence in Aristotle, an Interpretation of* Metaphysics *VII-IX*, Ithaca-London, Cornell University Press, 1989.

WOODS M., « The Essence of a Human Being and the Individual Soul in Metaphysics Z and H », *in* T. Scaltsas, D. Charles, M.L. Gill (eds), *Unity, Identity, and Explanation in Aristotle's* Metaphysics, Oxford, Clarendon Press, 1994, p. 279-290.

ZINGANO M., « L'homonymie de l'être et le projet métaphysique d'Aristote », *Revue internationale de Philosophie* 201, 1997-3, p. 333-356.

– « L'*ousia* dans le livre Z de la *Métaphysique* », dans M. Narcy, A. Tordesillas (éd.), *La* Métaphysique *d'Aristote. Perspectives contemporaines*, Paris-Bruxelles, Vrin-Ousia, 2005, p. 99-130.

GLOSSAIRES

GREC-FRANÇAIS

αἰσθητός (*aisthêtos*) : sensible
αἰτία / αἴτιος (*aitia / aitios*) : cause
ἀλλοίωσις (*alloiôsis*) : modification
ἀρχή (*archê*) : principe
αὔξησις (*auxêsis*) : augmentation
γένος (*genos*) : genre
γένεσις (*genesis*) : génération
δύναμις (*dunamis*) : puissance
εἶδος (*eidos*) : forme
ἐνέργεια (*energeia*) : acte
ἐντελέχεια (*entelecheia*) : réalité effective
ἴδιον (*idion*) : propre
καθ᾽ αὑτό (*kath'hauto*) : par soi
καθ᾽ ἕκαστον (*kath'hekaston*) : particulier
καθόλου (*katholou*) : universel
κατηγορεῖν (*katêgorein*) : prédiquer
μεταβολή (*metabolê*) : changement
μέθεξις (*metexis*) : participation
μίξις (*mixis*) : mélange
μορφή (*morphê*) : forme
νοητός (*noêtos*) : intelligible
ὁρισμός (*horismos*) : définition
ὅρος (*horos*) : définition
οὐσία (*ousia*) : substance
στοιχεῖον (*stoicheion*) : 1. élément ; 2. lettre
συμβεβηκός (*sumbebêkos*) : accident
σύνδεσμος (*sundesmos*) : conjonction
συνουσία (*sunousia*) : coexistence
σύνθεσις (*sunthesis*) : juxtaposition
τί ἔστιν (*ti estin*) : essence

τί ἦν εἶναι (*ti ên einai*) : être essentiel
τόδε τι (*tode ti*) : ceci
ὕλη (*hulê*) : matière
ὑποκείμενον (*hupokeimenon*) : sujet
φθίσις (*phthisis*) : diminution
φθορά (*phthora*) : destruction
φορά (*phora*) : changement de lieu

FRANÇAIS-GREC

accident : συμβεβηκός (*sumbebêkos*)
acte : ἐνέργεια (*energeia*)
augmentation : αὔξησις (*auxêsis*)
cause : αἰτία / αἴτιος (*aitia / aitios*)
ceci : τόδε τι (*tode ti*)
changement : μεταβολή (*metabolê*)
changement de lieu : φορά (*phora*)
coexistence : συνουσία (*sunousia*)
conjonction : σύνδεσμος (*sundesmos*)
définition : ὁρισμός (*horismos*) ; ὅρος (*horos*)
destruction : φθορά (*phthora*)
diminution : φθίσις (*phthisis*)
élément : στοιχεῖον (*stoicheion*)
essence : τί ἔστιν (*ti estin*)
être essentiel : τί ἦν εἶναι (*ti ên einai*)
forme : εἶδος (*eidos*) ; μορφή (*morphê*)
génération : γένεσις (*genesis*)
genre : γένος (*genos*)
intelligible : νοητός (*noêtos*)
juxtaposition : σύνθεσις (*sunthesis*)
lettre : στοιχεῖον (*stoicheion*)
matière : ὕλη (*hulê*)
mélange : μίξις (*mixis*)
modification : ἀλλοίωσις (*alloiôsis*)
par soi : καθ᾽ αὑτό (*kath'hauto*)
participation : μέθεξις (*metexis*)
particulier : καθ᾽ ἕκαστον (*kath'hekaston*)
prédiquer : κατηγορεῖν (*katêgorein*)
principe : ἀρχή (*archê*)
propre : ἴδιον (*idion*)

puissance : δύναμις (*dunamis*)
réalité effective : ἐντελέχεια (*entelecheia*)
sensible : αἰσθητός (*aisthêtos*)
substance : οὐσία (*ousia*)
sujet : ὑποκείμενον (*hupokeimenon*)
universel : καθόλου (*katholou*)

INDEX

INDEX LOCORUM

Les passages du livre Èta ne figurent pas dans l'index

INDEX NOMINUM

Les noms des éditeurs, des traducteurs et des auteurs, anciens et modernes, de commentaires continus du livre Èta de la *Métaphysique* ne figurent pas dans l'index.

REMERCIEMENTS

Je tiens à remercier les amis et collègues qui m'ont fait part de leurs avis ou suggestions à différentes étapes de ce travail, en particulier Riccardo Chiaradonna, Michel Crubellier, Gabriele Galluzzo, Mary Louise Gill, Annick Jaulin, Stephen Menn, Carlo Natali, Simone Seminara, Hakan Yücefer et Marco Zingano avec qui j'ai organisé un séminaire sur le livre èta à l'ENS de Lyon en 2012-2013. David Lefebvre et Marwan Rashed m'ont également apporté une aide précieuse, notamment en m'offrant de présenter certaines de mes hypothèses dans le cadre du séminaire Léon Robin.

TABLE DES MATIÈRES

Aristote
MÉTAPHYSIQUE
Livre Èta